Fußball: Das komplette Training für Torhüter

AF628286

Für Birgit, Noemi und Emilia
und alle Fußballkinder,
auch jene, die schon erwachsen geworden sind.

Leonhard Zeilinger

Ich widme dieses Buch allen Torhüter/innen und allen Torhütertrainer/innen,
dass Sie sich aus diesem wertvolle Tipps zur Umsetzung
von koordinativen und technischen Hilfestellungen für Ihr Spiel holen,
um dieses zu verbessern und um Freude und Spaß im Training
durch das Erlernte zu erzielen!

Franz Gruber

Allgemeiner Hinweis:

Aus Gründen der besseren Lesbarkeit haben wir uns entschlossen, durchgängig die männliche (neutrale) Anredeform zu nutzen, die selbstverständlich die weibliche sowie andere Geschlechtsformen mit einschließt.

Das vorliegende Buch wurde sorgfältig erarbeitet. Dennoch erfolgen alle Angaben ohne Gewähr. Weder die Autoren noch der Verlag können für eventuelle Nachteile oder Schäden, die aus den im Buch vorgestellten Informationen resultieren, Haftung übernehmen.

Sollte diese Publikation Links auf Webseiten Dritter enthalten, so übernehmen wir für deren Inhalte keine Haftung, da wir uns diese nicht zu eigen machen, sondern lediglich auf deren Stand zum Zeitpunkt der Erstveröffentlichung verweisen.

Leonhard Zeilinger | Franz Gruber

FUSSBALL

das komplette TRAINING für TORHÜTER

Motorik – Technik – Taktik – Psyche

MEYER & MEYER VERLAG

Fußball: Das komplette Training für Torhüter

Bibliografische Information der Deutschen Bibliothek
Die Deutsche Bibliothek verzeichnet diese Publikation in der Deutschen Nationalbibliografie; detaillierte bibliografische Details sind im Internet über <http://dnb.ddb.de> abrufbar.

Alle Rechte, insbesondere das Recht der Vervielfältigung und Verbreitung sowie das Recht der Übersetzung, vorbehalten. Kein Teil des Werkes darf in irgendeiner Form – durch Fotokopie, Mikrofilm oder ein anderes Verfahren – ohne schriftliche Genehmigung des Verlages reproduziert oder unter Verwendung elektronischer Systeme verarbeitet, gespeichert, vervielfältigt oder verbreitet werden.

© 2021 by Meyer & Meyer Verlag, Aachen

2., unveränderte Auflage 2024
Auckland, Beirut, Dubai, Hägendorf, Hongkong, Indianapolis, Kairo, Kapstadt, Manila, Maidenhead, Neu-Delhi, Singapur, Sydney, Teheran, Wien

Member of the World Sport Publishers' Association (WSPA)

Gesamtherstellung: Print Consult GmbH, München

FSC www.fsc.org MIX Paper from responsible sources FSC® C084279

ISBN 978-3-8403-7766-2
E-Mail: verlag@m-m-sports.com
www.dersportverlag.de

Inhalt

VORWORT VON PETER STÖGER

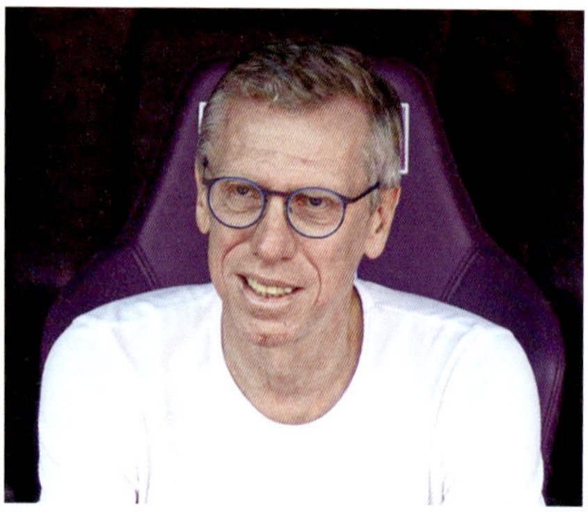

Die Anforderungen an den modernen Torhüter haben sich in den letzten Jahrzehnten enorm verändert und seine Fähigkeiten haben großen Einfluss auf den Erfolg, aber auch auf die Spielphilosophie einer Mannschaft. Daher ist eine umfassende und spezialisierte Ausbildung auf dieser Position von größter Wichtigkeit.

Das gelingt nur mit gut ausgebildeten Torhütertrainern!

Dieses Buch kann Torhütertrainern und Torhütern, unabhängig vom Geschlecht, auf ihrem Weg zur Bestleistung helfen und im Trainingsprozess für neue Impulse und Anregungen sorgen – in allen vier Aspekten des Spiels: Motorik, Technik, Psyche und Taktik.

Denn ein guter Torhüter muss ganzheitlich alle Bereiche entwickeln, um sein Leistungsmaximum zu erreichen.

Viel Spaß beim Lesen und Erfolg in der Umsetzung.

PETER STÖGER

Steckbrief

Größte Erfolge als Spieler:

- Mehrfacher österreichischer Nationalteamspieler
- WM-Teilnahme 1998
- 4x Meister in der österreichischen Bundesliga
- 3x österreichischer Cupsieger

Größte Erfolge als Sportdirektor:

- 1x österreichischer Meister und einmal Cupsieger mit FK Austria Wien

Größte Erfolge als Trainer:

- 1x österreichischer Meister und einmal Cupsieger mit FK Austria Wien
- Meister Regionalliga Ost mit First Vienna FC
- Meister in Deutschland 2. Liga mit 1. FC Köln und Aufstieg in die Bundesliga, Qualifikation für Euro-League
- Qualifikation für die Champions League mit Borussia Dortmund

VORWORT VON IRENE FUHRMANN

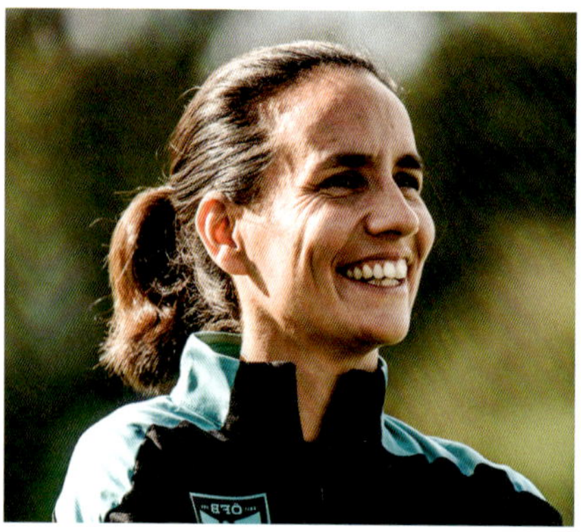

Mehr noch als ihre männlichen Kollegen stehen Torhüterinnen seit jeher im Fokus. An keiner anderen Spielposition lässt sich die Weiterentwicklung der immer noch sehr jungen Sportart Frauenfußball derart gut ablesen, wie an jener der Torfrau.

Lange Zeit aufgrund offensichtlicher athletischer und anthropometrischer Defizite von der Öffentlichkeit belächelt oder sogar verschmäht, zählen Torfrauen wie US-Ikone Hope Solo oder Welttorhüterin Sarah Bouhaddi heute nicht nur zu Identifikationsfiguren einer ganzen Frauenfußball-Generation, sondern vor allem zu unumstrittenen Leistungsträgerinnen in ihren Teams.

Auch im österreichischen Frauen-Nationalteam steht mit Manuela Zinsberger die derzeit populärste Kickerin und amtierende „APA Fußballerin des Jahres" zwischen den Pfosten. Die erstmalige Vergabe der prestigeträchtigsten Individualauszeichnung im heimischen Fußball an eine Torfrau ist ein starkes Signal und zeigt, dass sich die Position in den vergangenen Jahren extrem weiterentwickelt hat – und das ist kein Zufall.

Gerade Torhüterinnen profitieren in besonderem Maße von der Professionalisierung des Frauenfußballs, die neben einer gesteigerten Aufmerksamkeit und potenteren Sponsoren vor allem eines bringt: immer größere Personalressourcen. Während Spartentrainerinnen und -trainer noch bis vor einigen Jahren nur in den besten Frauenfußball-Teams zu finden waren, sind ExpertInnen für einzelne Bereiche wie eben auch jenen der Torfrauen mittlerweile sogar in Akademien und anderen Talentförderungseinrichtungen üblich.

Auch Zinsberger trainierte bereits ab dem Alter von 15 Jahren mehrmals pro Woche mit einem hoch qualifizierten Torfrautrainer der ÖFB Frauen-Akademie und entwickelte ihre athletischen sowie technisch-taktischen Fähigkeiten. Jenes Komplettpaket, das sie zu einer der besten Torhüterinnen Europas hat werden lassen, ist für eine erfolgreiche Karriere mittlerweile zur Grundvoraussetzung geworden.

Die besten Torhüterinnen zählen in ihren Teams immer auch zu den komplettesten Fußballerinnen. Als wichtiger Puzzlestein in der Spielphase des Spielaufbaus müssen sie zusätzlich zu ihren positionsspezifischen Fangtechniken gleichzeitig auch alle grundlegenden Pass- und Schusstechniken einer Feldspielerin beherrschen. Deshalb müssen Torhüterinnen schon in jungen Jahren speziell gefördert und gefordert werden. Umso wichtiger ist es, neben der Anzahl der fußballspielenden Mädchen – und demnach der Torhüterinnen – auch die Anzahl der ausgebildeten TorfrautrainerInnen zu erhöhen. So oder so, der Schlüssel zum Erfolg liegt wie so oft in der Ausbildung . . .

IRENE FUHRMANN

Steckbrief

Größte Erfolge als Spielerin:

- Mehrfache österreichische Nationalteamspielerin
- 2x Meisterin in der österreichischen Bundesliga
- 3x ÖFB-Cup-Siegerin
- 1x ÖFB-Supercup-Siegerin

Größte Erfolge als Trainerin:

- Erreichen der Endrunde der Europameisterschaft 2016 mit dem U19-Frauen-Nationalteam
- Erreichen des dritten Platzes bei der Europameisterschaft 2017 als Assistenztrainerin mit dem Frauen-Nationalteam
- Abschluss der UEFA-Pro-Lizenz als erste Frau in Österreich (2017)
- Debüt als Teamchefin des Frauen-Nationalteams am 22. September 2020 mit einem 5:0-Sieg gegen Kasachstan

VORWORT VON THORSTEN FINK

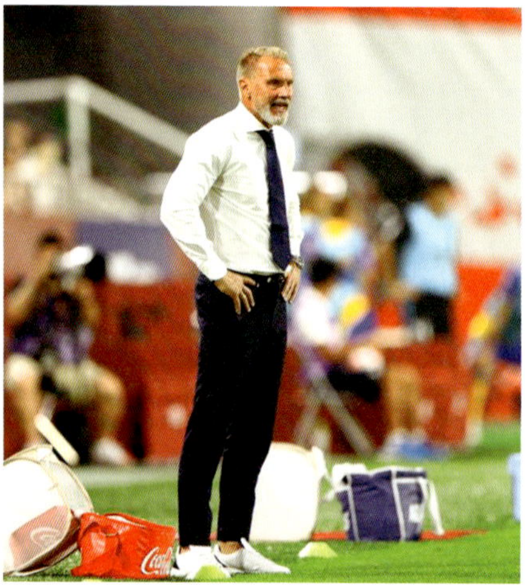

Die unterschiedliche Kultur in Deutschland, der Schweiz, Zypern, Österreich und Japan spiegelt sich in gewisser Weise auch auf dem Fußballplatz wider.

Ich hatte das Vergnügen, sowohl in meiner Zeit als Spieler als auch als Trainer mit einigen außergewöhnlichen Spielern und Torhütern zusammenzuarbeiten. Unabhängig von ihrer Herkunft und dem unterschiedlichen kulturellen Hintergrund haben die erfolgreichsten Spieler zwei Sachen gemeinsam: ihre Liebe zum Spiel und den Willen, sich ständig weiterzuentwickeln.

Ich mag eine offensive Spielanlage. Bei meiner letzten Trainerstation Vissel Kōbe denkt man dabei natürlich gleich an Andrés Iniesta, David Villa und und Lukas Podolski, für mich beginnt Ballbesitz und Offensivspiel aber bereits beim Torhüter. Daher verlange ich von meinen Torhütern immer, dass sie als elfter Feldspieler auftreten. Das können sie nur, wenn sie auch entsprechend ausgebildet wurden.

In der Ausbildung sind aus meiner Sicht auch noch die größten Unterschiede zwischen den verschiedenen Ländern, in denen ich als Trainer tätig war. Auch die Körpergröße war vor allem zwischen Deutschland und Japan ein Faktor – dadurch muss auch das Torhüterspiel ein wenig angepasst werden.

THORSTEN FINK

Steckbrief

Größte Erfolge als Spieler:

- Deutscher Meister 1999, 2000, 2001, 2003
- DFB-Pokal-Sieger 1998, 2000, 2003
- Champions-League-Sieger 2001
- Weltpokal-Sieger 2001
- Deutscher B-Juniorenmeister 1984

Größte Erfolge als Trainer:

- Meister der Regionalliga West 2007 (FC Red Bull Juniors)
- Aufstieg in die 2. Bundesliga 2008 (FC Ingolstadt 04)
- Schweizer Meister 2010, 2011 (FC Basel)
- Schweizer Pokalsieger 2010 (FC Basel)
- Mit dem HSV wurde er 2013 Siebter
- Tabellenerster mit APOEL Nikosia 2015
- Tabellendritter und Vizemeister 2016, 2017, zweimalige Teilnahme an der Euro-League-Gruppenphase (Austria Wien)
- Japanischer Pokalsieger 2019 und Superpokalsieger 2020 (Vissel Kobe)

1 EINLEITUNG

„Im Hockey macht der Torhüter 75 % des Spiels aus. Es sei denn, es ist ein schlechter Torhüter – dann sind es 100 %."

Dieses Zitat von Gene Ubriaco stammt zwar aus dem Eishockey und kann vielleicht nicht eins zu eins auf Fußball übertragen werden, allerdings hat auch im Fußball der Torhüter eine außergewöhnliche Rolle.

Außergewöhnlich vor allem deshalb, weil er durch die Spielregeln eine Sonderrolle einnimmt. Er ist der einzige Spieler, der den Ball im Strafraum mit den Händen berühren darf. Er kann durch tolle Paraden zum Helden werden oder durch einen Fehlgriff das Spiel zum Kippen bringen und der Buhmann sein.

Zu Beginn der 1990er-Jahre musste das Torhüterspiel durch die Rückpass-Regeländerung entscheidend verändert werden. Durch die Entwicklung des Fußballs in den letzten Jahren muss der moderne Torhüter zusätzlich zum klassischen Torhüterspiel fußballerische Fertigkeiten in der Defensive und Offensive beherrschen.

Die taktische Weiterentwicklung des Fußballs zur Raumdeckung mit meistens Viererkette und vor allem die massive Entwicklung des Pressings hat dazu geführt, dass viel mehr Rückpässe zum eigenen Torhüter gespielt werden. Somit agiert er sowohl bei eigenem wie gegnerischem Ballbesitz auch als „Ersatzlibero".

Als erster Angreifer und letzter Verteidiger benötigt er mittlerweile ein herausragendes spielerisches Potenzial. Perfekte Beispiele dafür sind auf Weltklasseniveau unter anderem Manuel Neuer, Marc-André ter Stegen, Alisson Becker oder Manuela Zinsberger.

Deshalb ist es unbedingt notwendig, ungefähr ab dem zehnten Lebensjahr ein zielgerichtetes Positionstraining mit systematischem Aufbau nach altersgemäßen Erfordernissen durchzuführen.

In diesem Buch beschreiben wir die aus unserer Sicht optimale Torhüterausbildung. Dazu geben wir am Beginn einen kurzen Überblick der bestehenden Literatur, um dann im zweiten Schritt das Anforderungsprofil eines modernen Torhüters darzustellen.

Anschließend zeigen wir die nötigen Techniken und die Möglichkeiten zur Entwicklung dieser Techniken (methodischer Aufbau) und geben zum Ende Anleitungen für ein gutes Torhütertraining auf allen Leistungs- und Entwicklungsstufen.

Dieses Ausbildungsmodell wird und wurde von uns beiden in der Torhüterausbildung der Fußballakademien der Bundesligisten SV Ried und FK Austria Wien so durchgeführt und hat daher einen engen praktischen Bezug.

Da wir beide auch Erfahrung im Training mit Torhüterinnen haben, wissen wir, dass Trainingsaufbau und die Inhalte nicht vom Geschlecht abhängen, sondern einzig und allein vom Niveau.

Wir möchten mit diesem Buch allen interessierten Trainern und Spielern ein Werkzeug an die Hand geben, mit dem sie sich selbst und ihre Trainingsqualität stetig verbessern können.

Viel Spaß beim Trainieren und dem Torhüterspiel!

Franz Gruber und Leonhard Zeilinger

PS: In dieser Arbeit wird hauptsächlich die international gebräuchliche Bezeichnung „Torhüter" verwendet. Diese steht stellvertretend für alle anderen bekannten Bezeichnungen, wie zum Beispiel „Torfrau", „Torwart", „Torspieler" und vieles mehr. Ähnlich verfahren wir mit dem Begriff Trainer/Trainerin und Torhütertrainer/Torhütertrainerin.

Den Leser sprechen wir sehr persönlich mit „du" an, da wir dies im Fußball so gewöhnt sind. Wir hoffen, das ist auch für jene in Ordnung, die wir normalerweise nicht duzen.

2 ANALYSE DER ZEITGEMÄSSEN ANFORDERUNGEN DES TORHÜTERSPIELS

Das nachfolgende Kapitel fasst die wichtigsten Studien und Analysen zum Thema Torhüterspiel der letzten Jahre zusammen. Die Erkenntnisse daraus liefern die Grundlage für das von uns entwickelte Anforderungsprofil. Durch die wissenschaftliche Basis ist unser Anforderungsprofil besonders objektiv und praxisrelevant, da es sich an den tatsächlich im Spiel vorkommenden Aktionen orientiert.

2.1 Technisch-taktische Analysen und Studien

DFB-Torhüterkoordinator Marc Ziegler analysierte für die Teilnehmer des internationalen Trainerkongresses (ITK) des BDFL in Dresden im Sommer 2018 das Spiel der Torhüter bei der Weltmeisterschaft 2018 in Russland.

Der ehemalige Profitorhüter und sein Team erkannten bei der Fußballweltmeisterschaft 2018 keine absolut neuen Trends im Torhüterspiel. Anders als bei der WM 2014, in der Manuel Neuer mit seiner aggressiven und offensiven Spielweise neue Maßstäbe setzte.

Trotzdem gab es einige interessante Erkenntnisse und Veränderungen:

Auffällig waren Fehler bei flatternden Bällen. Hier hatte vor allem David de Gea mehrmals Probleme.

Äußerst positiv wurde vor allem das Spiel des Franzosen Hugo Lloris und des Belgiers Thibaut Courtois bewertet. Lloris zeichneten seine starken Reaktionen auf der Linie sowie das Zusammenspiel mit seinen Vorderleuten aus. Courtois hatte stets eine hohe Effektivität und eine sehr gute offensive Spieleröffnung, obwohl seine Technik auf nicht ganz so hohem Niveau ist wie bei anderen Torhütern.

Zusätzlich hat der Engländer Jordan Pickford mit unorthodoxen Abwehraktionen auf sich aufmerksam gemacht.

Die DFB-Torhüteranalyse ist in mehrere Unterpunkte gegliedert: in die quantitative Analyse, Gegentoranalyse, Leitlinienanalyse, Technikanalyse und die Spielphasenanalyse.

Hierzu einige Statistiken: Bei der WM fielen in 64 Spielen insgesamt 169 Gegentore. Dabei fielen 55 % aller Tore aus dem Spiel heraus und 45 % aufgrund von Standards. Die nachfolgende Grafik zeigt die Verteilung der unterschiedlichen Torhüteraktionen im Spiel.

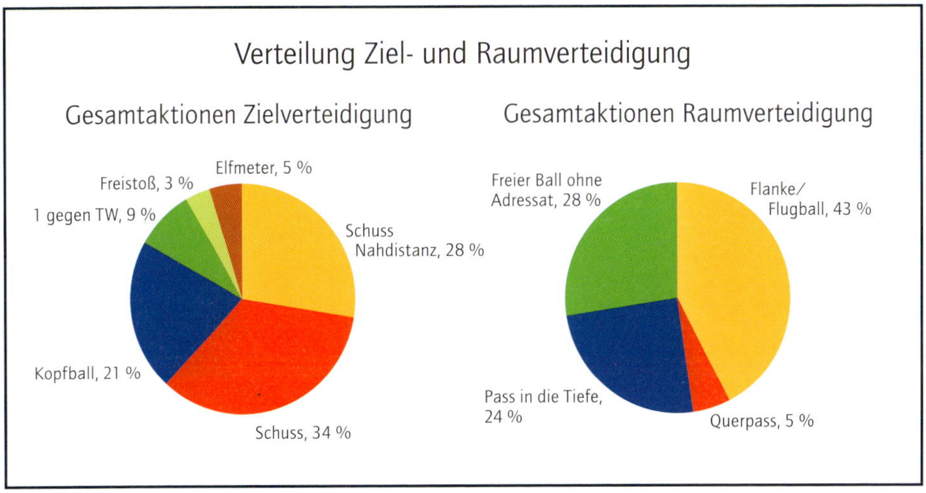

Abb. 1: Verteilung der unterschiedlichen Torhüteraktionen im Spiel

Zum Vergleich: Michael Rechner hat in seiner Diplomarbeit (2010) an der Sportuni in Köln bei Professor Memmert untersucht, welche Anforderungen an einen Torhüter im Spitzenbereich gestellt werden. Dazu analysierten sie die Aktionen eines Torhüters im Spiel anhand der Europameisterschaft 2008, der U-21-Europameisterschaft 2009, des Confederations Cup 2009, der deutschen Bundesliga, der Primera Division sowie der Premier League.

Dazu wurden alle Aktionen nach Tor- oder Raumverteidigung gegliedert. Die genaue Aufschlüsselung und die zugehörigen Techniken sind in nachfolgender Tabelle dargestellt:

Tab. 1: Aktionen nach Tor- und Raumverteidigung

Torverteidigung	Raumverteidigung
Grundtechniken	**Flanken und Mitspielen**
Fangen und Abwehren von Bällen aufs Tor in allen verschiedenen Varianten mit ständigem Bodenkontakt	Fangen und Fausten von Flanken sowie alle außerhalb des Strafraums mittels Feldspielertechniken geklärten Situationen
Abdrücke	**Fußspiel/Spieleröffnung**
Alle Aktionen, bei denen sich der Torhüter beim Fangen oder Abwehren eines Balls zumindest kurzzeitig in der Luft befindet (z. B. Hechten).	Alle Aktionen, bei denen der Ball wieder ins Spiel gebracht wird (z. B. Abstoß, Abschlag aus der Hand, Abwurf, Rückpässe, . . .).
1 gegen 1	
Verhindern von Toren eines auf den Torhüter zukommenden Stürmers	

Zusammengefasst ergibt sich eine Verteilung der Aktionen von ca. 20 % in der Torverteidigung, ca. 7 % in der Raumverteidigung und ca. 73 % in der Spieleröffnung.

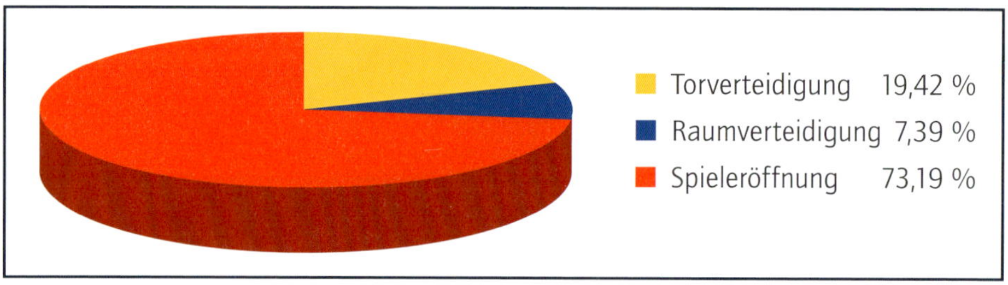

Abb. 2: Verteilung der Torhüteraktionen in den drei Bereichen Torverteidigung, Raumverteidigung und Spieleröffnung

Feiner aufgeschlüsselt, sieht das dann so aus:

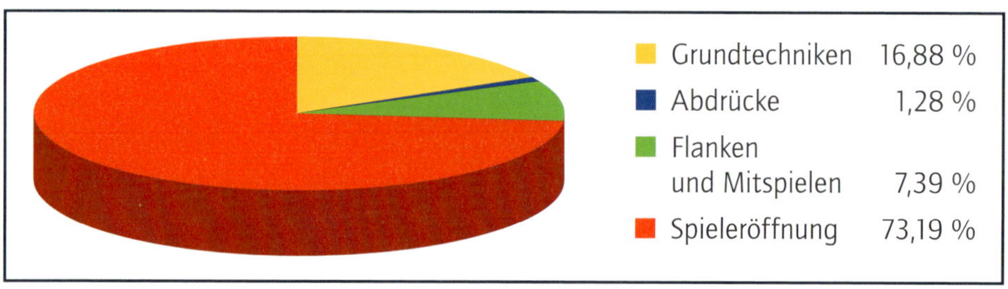

Abb. 3: Verteilung der Torhüteraktionen in den fünf Aufgaben Grundtechniken, Abdrücke, 1 gegen 1, Flanken und Mitspielen sowie Spieleröffnung

Aufgrund der unterschiedlichen Aufbereitung der Daten ist es schwierig, exakte Vergleiche herzuleiten.

Besonders ins Auge sticht, dass die mit großem Abstand häufigsten Aktionen allerdings nicht in der Tor- oder Raumverteidigung zu suchen sind, sondern mitspielende Aktionen betreffen.

Auffallend ist außerdem die Zunahme von 1-gegen-1-Aktionen. In der Studie von 2010 nehmen diese ca. 5 % aller Ziel-/Torverteidigungsaktionen ein, bei der WM 2018 hingegen 9 %.

Dazu gibt es in der Diplomarbeit von Steffen Krebs an der Deutschen Sporthochschule in Köln aus 2008 ebenfalls einen Vergleichswert, der sich aus der Analyse der Europameisterschaft 2008 sowie der Bundesligasaison 2007/2008 ergibt.

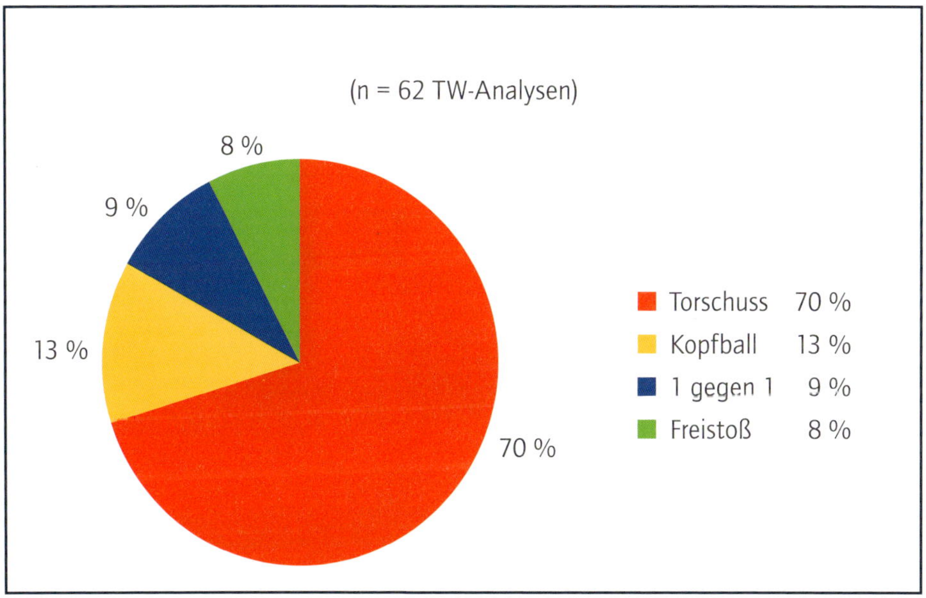

Abb. 4: Zusammensetzung der abgewehrten Spielaktionen (EM 2008)

Damals waren 1-gegen-1-Situationen ähnlich häufig wie bei der WM 2018. Generell dürften die Aktionen des Torhüters also stark von der Spielanlage der teilnehmenden Mannschaften abhängen.

Desweiteren gibt es von Rechner noch Daten zur Häufigkeit von Flanken und Hereingaben und dem Ort der Entstehung dieser.

In den nächsten zwei Abbildungen siehst du die Anzahl an Flanken und aus welchen unterschiedlichen Bereichen des Feldes sie geschossen wurden.

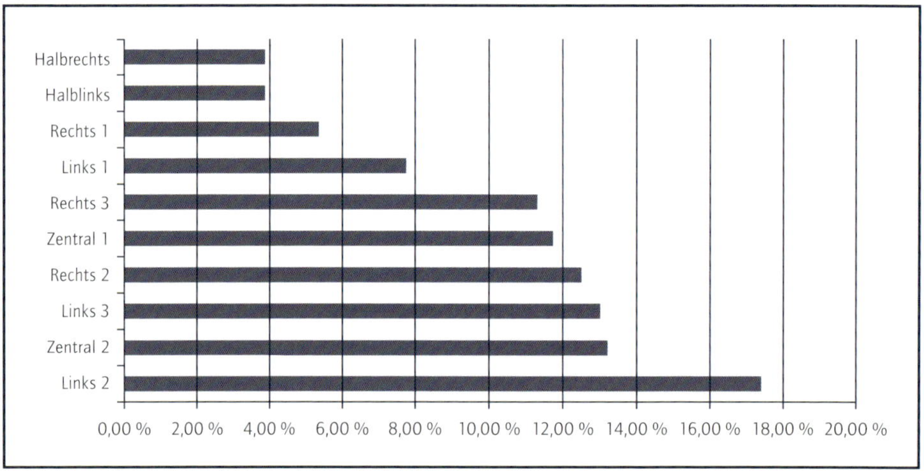

Abb. 5: Spielfeldeinteilung in Abhängigkeit von der Entstehung von Flanken in diesen Zonen

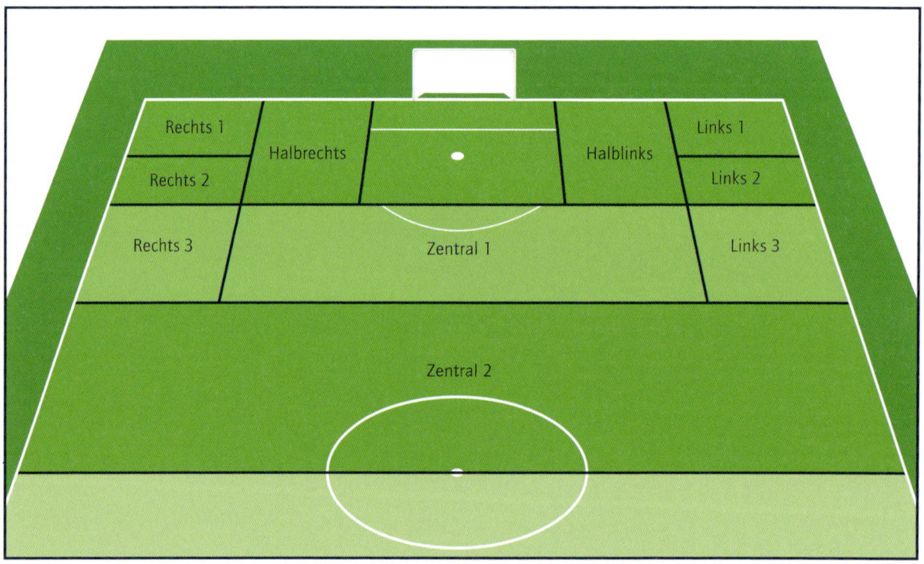

Abb. 6: Spielfeldeinteilung für die Zuordnung der Entstehung von Flanken (siehe Abb. 5)

Ziegler analysierte für die WM 2018 auch die aufgetretenen Torhüterfehler in der Ziel- bzw. Raumverteidigung hinsichtlich ihrer Ursache. Diese wurden in technische und taktische Fehler gegliedert.

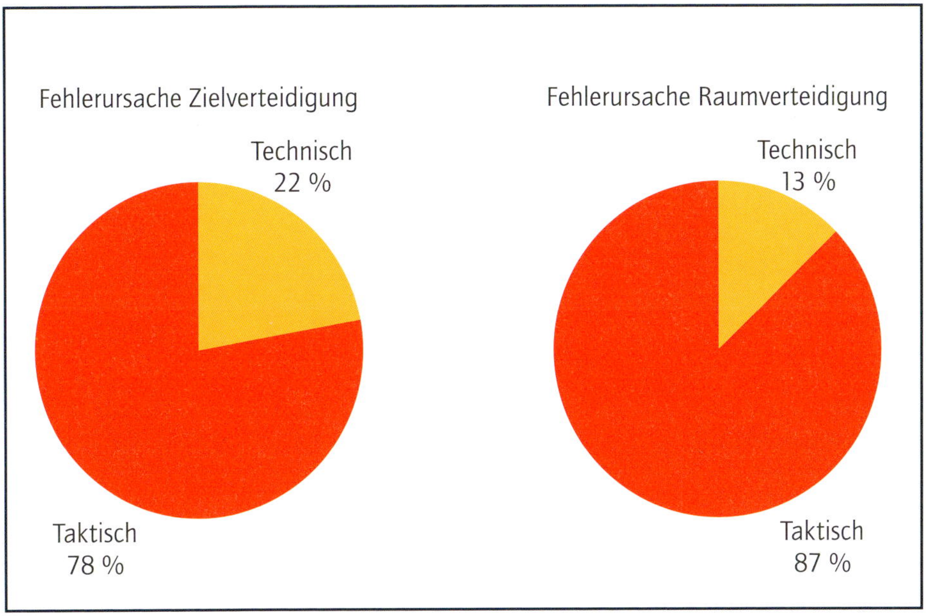

Abb. 7: Fehlerursache Ziel- und Raumverteidigung

In der Studie von Rechner wurden die meisten Fehler bei Flanken und Mitspielen, gefolgt von 1-gegen-1-Situationen und Abdrücken festgestellt.

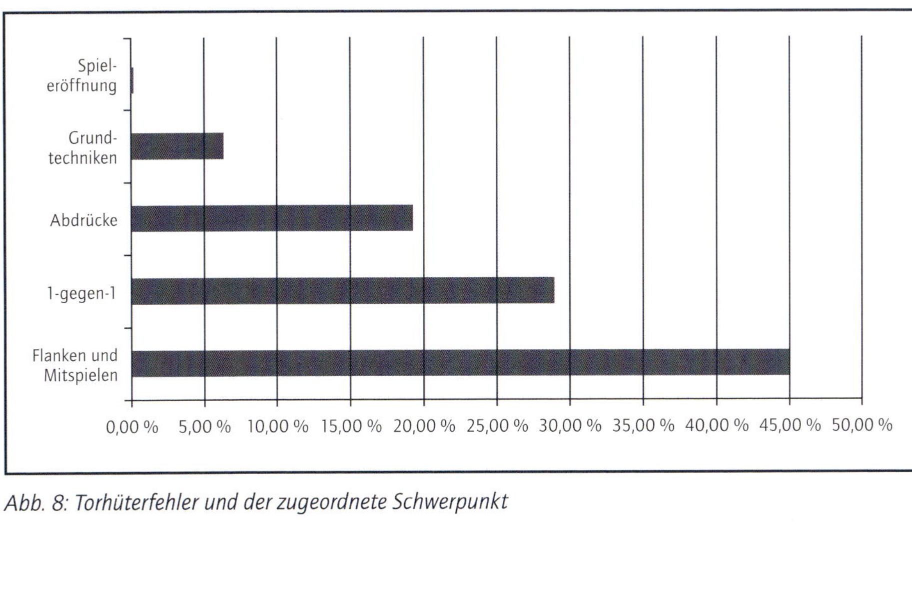

Abb. 8: Torhüterfehler und der zugeordnete Schwerpunkt

Eine Einteilung in Fehlerursachen wurde ebenfalls vorgenommen, jedoch nur für Torhüterfehler, die zu Toren führten, was bei 25 % aller Tore der Fall war.

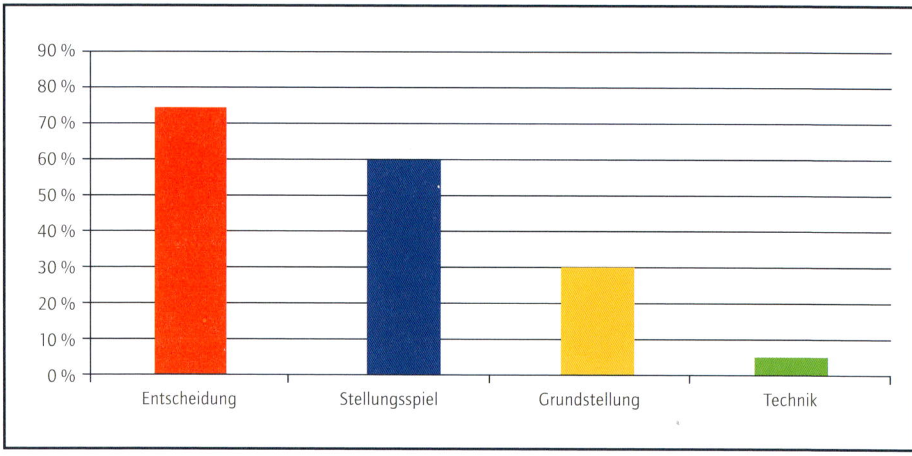

Abb. 9: Ursachen der Torhüterfehler

Um die Veränderung der Fehlerursache zu vergleichen, betrachten wir Entscheidung und Stellungsspiel als taktische Fehler sowie Grundstellung und Technik als technische Fehler.

Somit traten 2010 bei ca. 75 % der Tore taktische Fehler auf und bei etwas mehr als 30 % passierten technische Fehler. Es kommt also auch zu Toren, denen mehrere Fehlerursachen (sowohl technische als auch taktische) zugrunde liegen.

Hier lässt sich somit von 2010 auf 2018 der Trend ableiten, dass technische Fehler prozentual zu deutlich weniger Gegentoren führen. Wir erklären das durch den speziell in den letzten Jahren enorm gestiegenen Stellenwert des spezifischen Torhütertrainings und der damit verbundenen besseren technischen Ausbildung der Torhüter.

Alle Gegentore der WM 2018 wurden von Ziegler nach Spielsituation, Distanz und Zone sowie einer Beteiligung des Torhüters am Gegentor analysiert.

Interessanterweise zeigt sich in der nächsten Grafik, dass sich der prozentuale Anteil von Gegentoren durch Torhüterfehler zwischen 2010 und 2018 von 25 % auf 47 % (haltbar und beteiligt) fast verdoppelt hat.

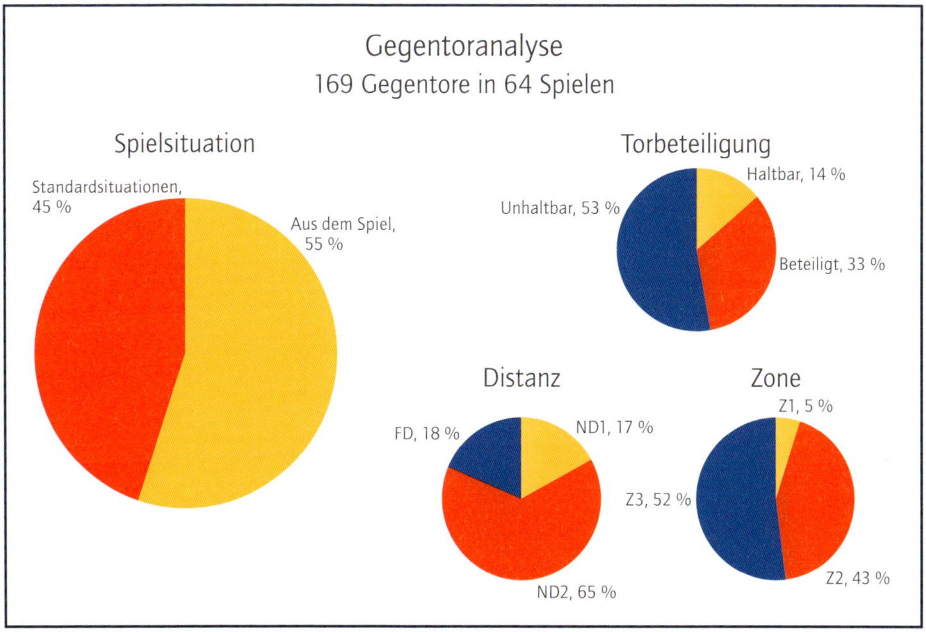

Abb. 10: Gegentoranalyse

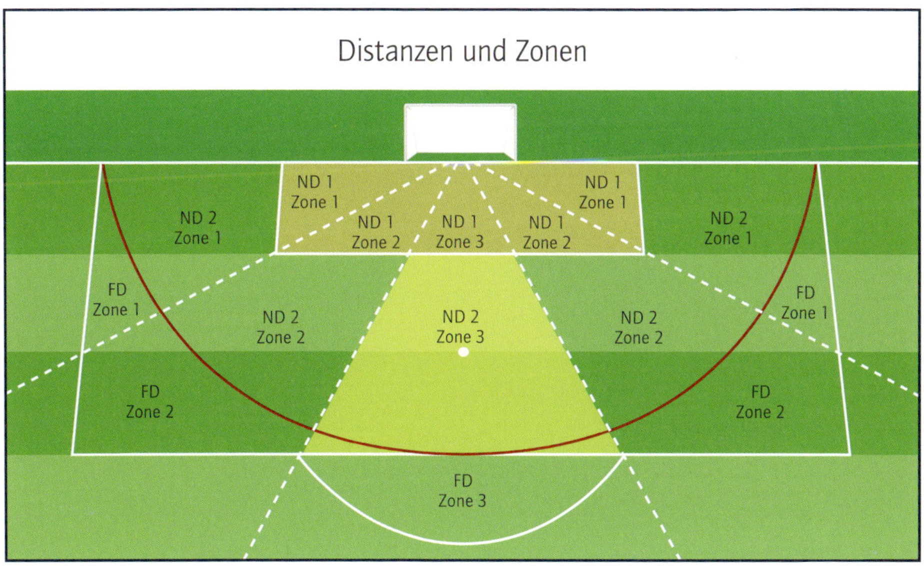

Abb. 11: Distanzen und Zonen

Wie die nachfolgenden Grafiken aus der Studie von Rechner zeigen, gab es beim Entstehungsort von Toren in den letzten 10 Jahren kaum Veränderungen, auch wenn Rechner die Zoneneinteilung etwas anders gewählt hat.

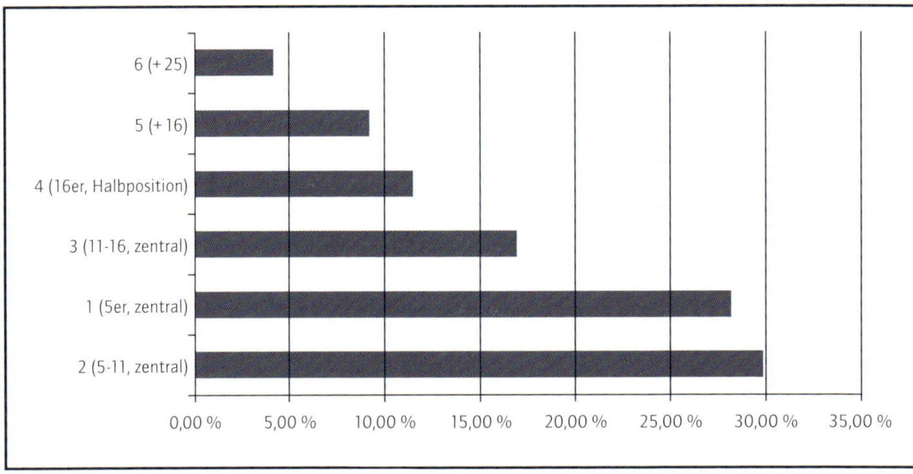

Abb. 12: Spielfeldeinteilung in Abhängigkeit von der Entstehung von Toren in diesen Zonen

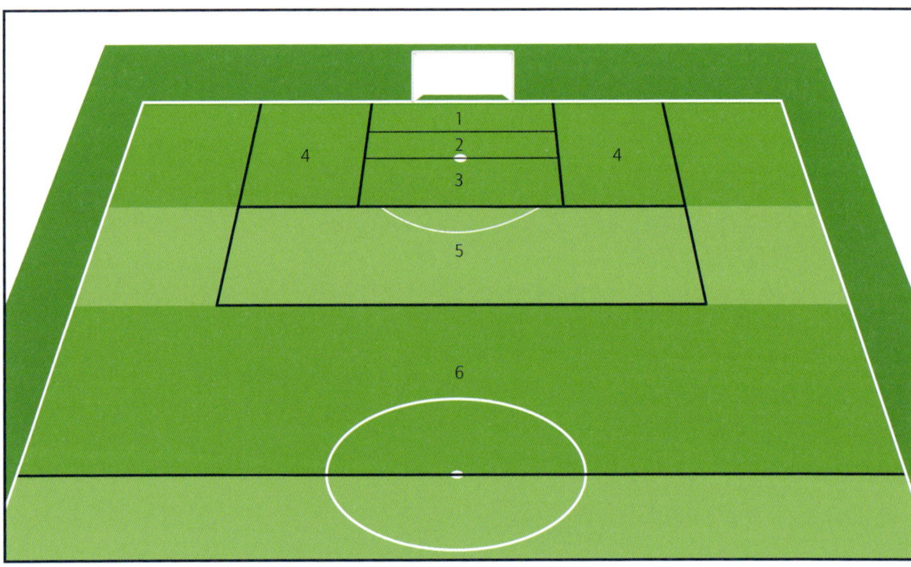

Abb. 13: Spielfeldeinteilung für die Zuordnung der Entstehung von Toren (siehe Abb. 12)

Aufgrund der Häufung von Toren aus dem zentralen Bereich vor dem Fünf-Meter-Raum ist auch die nachfolgend dargestellte Reihung der zugehörigen Torhüteraktionen nahe liegend. Die meisten Tore entstehen in 1-gegen-1-Situationen, gefolgt von Flanken und

Mitspielen sowie Abdrücken. In Situationen, bei denen die Grundtechniken angewandt werden, fallen wenige Tore.

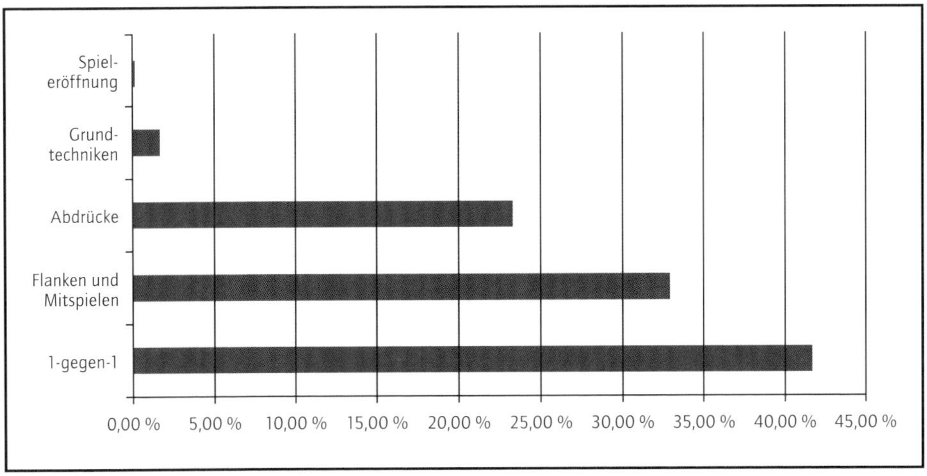

Abb. 14: Tore und der zugeordnete Schwerpunkt

Um die Aktionen des Torwartspiels zu gewichten, haben wir die Häufigkeit von Situationen (s. Abb. 8), aus denen Tore entstehen, mit der Häufigkeit von Situationen, bei denen Fehler passieren (s. Abb. 14), einfach multipliziert. So entsteht die folgende Wertung:

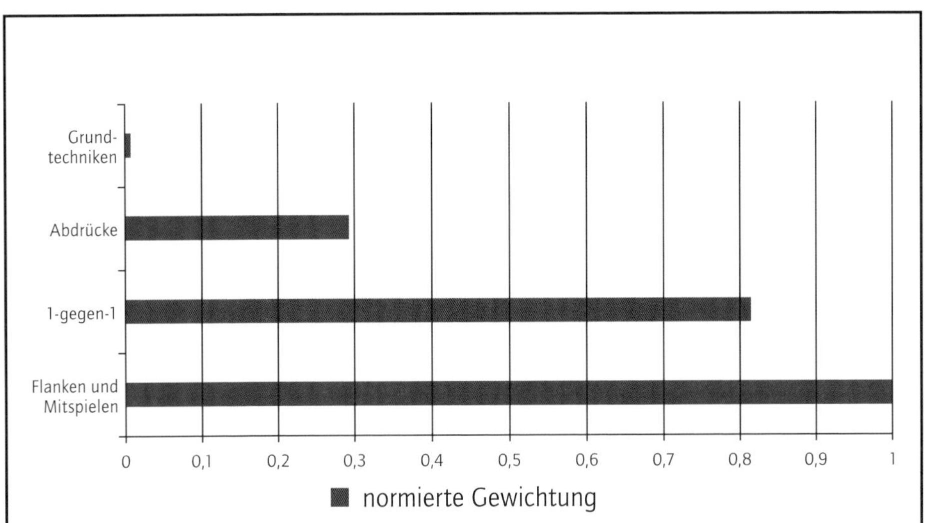

Abb. 15: Bedeutung der Spielsituationen (Kombination Torentstehung und Häufigkeit)

Das bedeutet, dass bei Flanken und Mitspielen die meisten Fehler und auch die meisten Tore passieren.

(zitiert aus: https://www.bdfl.de/bdfl-aktuelles/nachrichten/426-marc-ziegler-analyse-Torhüter-spiel-bei-der-wm-2018.html und https://www.bdfl.de/images/ITK/2018/Ziegler_2018.pdf)

Die bisher behandelten Studien beschäftigen sich vor allem mit der Entstehungsgeschichte der Tore. Hans Leitert (u. a. Torhütertrainer bei Panathinaikos Athen, Tottenham Hotspur, Head of Goalkeeping Red Bull Global Soccer) hat in seiner Diplomarbeit (1998) darüber hinaus auch analysiert, in welchem Bereich des Tors der Ball eintrifft.

Dazu teilte er die Bereiche des Tores in fünf Spalten und drei Zeilen und stellte fest, dass mehr als die Hälfte der Tore flach erzielt werden (56 %). Halbhoch werden ca. ein Drittel (29 %) und hoch ca. ein Sechstel (15 %) aller Tore erzielt.

Auf die vertikalen Außenbereiche des Tors entfällt mit 56 % ebenfalls mehr als die Hälfte der Gegentreffer. In das vertikale Zentrum des Tors werden 11 % aller Tore erzielt, in die Bereiche halb links und halb rechts 33 %.

C2	B2	A2	B2	C2
C1	B1	A1	B1	C1
C3	B3	A3	B3	C3

Abb. 16: Zielzonen des Tors

	C	B	A	B	C	
2	5 %	3 %	0 %	1 %	6 %	15 %
1	8 %	8 %	4 %	5 %	5 %	29 %
3	18 %	7 %	8 %	9 %	14 %	56 %

Abb. 17: Zielzonen der erzielten Treffer

Außerdem entwarf er Anforderungsprofile sowohl aus taktischer als auch technischer Sicht.

Die Torhütertaktik wird von Leitert in Verteidigungs- und Angriffstaktik gegliedert. In der Verteidigungstaktik wird unterschieden, ob der Ball nach einer Standardsituation ins Spiel gebracht wird oder sich bereits im Spiel befindet.

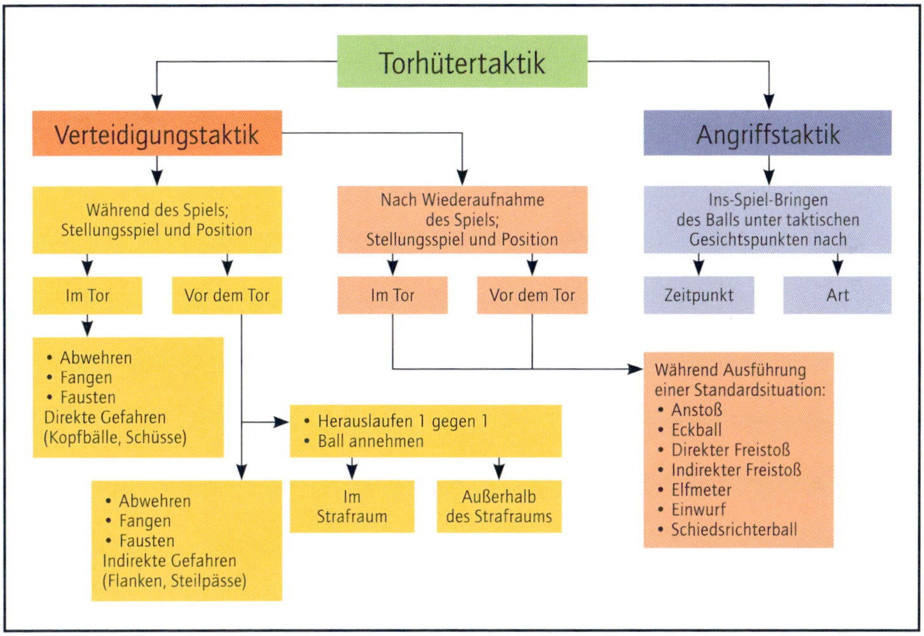

Abb. 18: Modell der Torhütertaktik im Sportspiel Fußball (angelehnt an Leitert, 1998 und Hoek, 1990)

Daraus leitete Hans Leitert folgende Leitsätze ab:

- Der Ball muss so früh wie möglich abgefangen werden.
- Der Torhüter soll nie auf der Torlinie stehen, sondern etwas davor (wie weit, hängt von der Distanz zwischen Torhüter und Schütze ab).
- Der Torhüter muss auf der gedachten Linie zwischen dem Ball und der Mitte des Tors stehen.
- Im Moment des Schusses muss sich der Torhüter in der Grundstellung befinden.
- Das Stellungsspiel muss so eingerichtet werden, dass der Torhüter mit seinem Körper das Tor so gut wie möglich abdeckt.

Auch das richtige Stellungsspiel des Torhüters wird anhand von Skizzen erläutert.

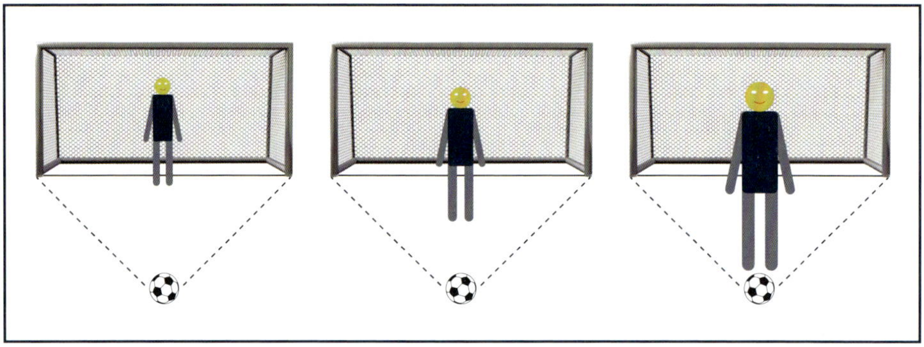

Abb. 19: Stellungsspiel bei Bällen zentral vor dem Tor (modifiziert nach Leitert)

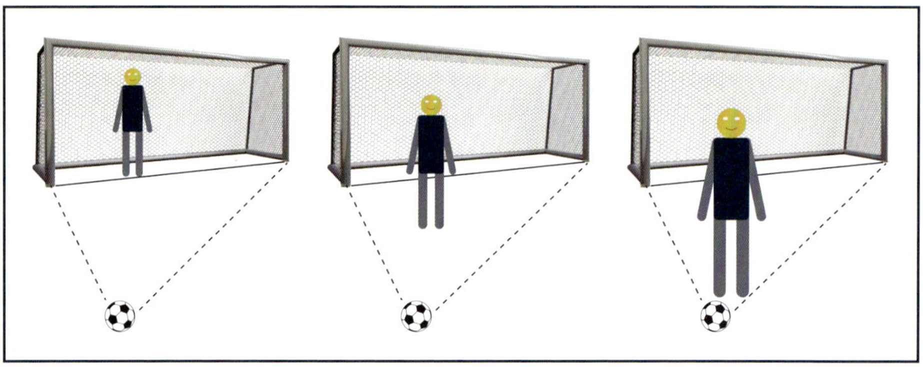

Abb. 20: Stellungsspiel bei Bällen von der Seite (modifiziert nach Leitert)

Die Torhütertechnik wird wie folgt gegliedert:

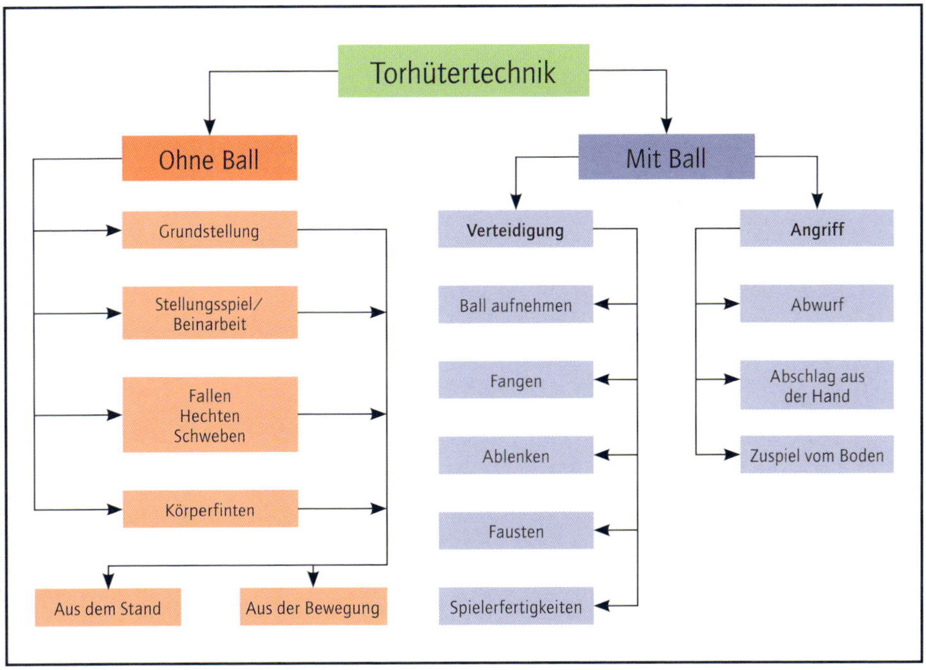

Abb. 21: Übersicht wichtiger Technikgruppen im Torhüterspiel (modifiziert nach Leitert)

Zu den ersten beiden Leitsätzen von Hans Leitert haben wir folgende Anmerkungen:

- Nicht immer ist es am besten, den Ball frühestmöglich zu fangen.
- Deshalb kann es auch hilfreich sein, **auf** der Torlinie zu stehen.
  (Vor allem große Torhüter, wie z. B. Manuel Neuer, verschaffen sich durch das Stehen auf der Linie etwas zusätzliche Reaktionszeit und können den sich dadurch ergebenden Weg zum Ball durch ihre größere Spannweite ausgleichen.)

2.2 Studie zur Psyche von Torhütern

Ich habe in meiner Bachelorarbeit (Zeilinger, 2011) an der Universität Salzburg bei Univ.-Prof. Mag. Dr. Günter Amesberger das Thema „Psychische Kernkompentenzen von Fußballtorhütern" untersucht. Dazu wurden mehrere Torhütertrainer der höchsten Liga und von Nationalmannschaften in qualitativen Interviews hinsichtlich der unterschiedlichen psychischen Anforderungen von Torhütern im Spiel, Training und Karriereverlauf und deren Wichtigkeit für eine erfolgreiche Sportlerkarriere befragt.

Aus diesen Interviews gingen die nachfolgend zusammengefasst dargestellten **psychischen Anforderungskategorien** hervor:

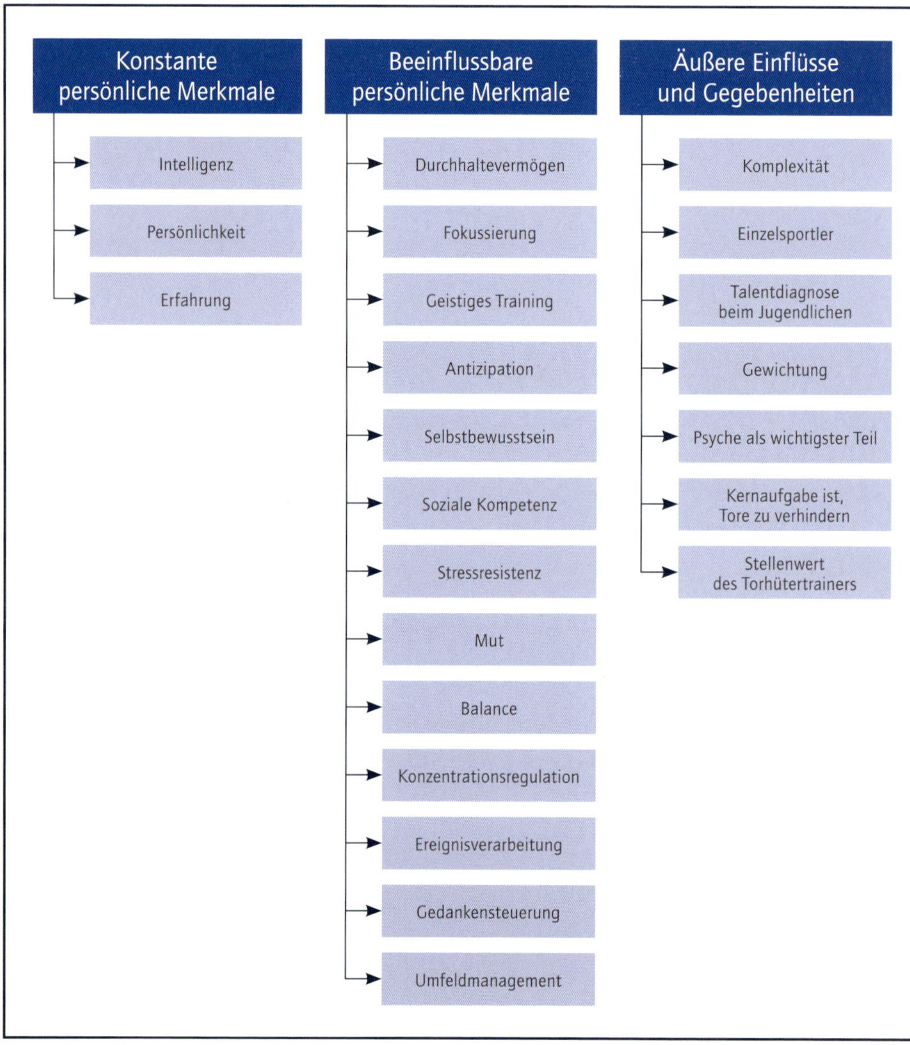

Abb. 22: Psychische Anforderungskategorien

Die meisten davon sind selbsterklärend, andere bedürfen vielleicht einer kurzen Definition. Du findest diese Definitionen in meiner Bachelorarbeit:

Ich versuche, nachfolgend die wichtigsten Punkte der Studie zusammenzufassen:

- **Konstante persönliche Merkmale** bleiben über einen langen Zeitraum stabil und/oder sind genetisch bedingt.
  - **Intelligenz** ist für gute Leistungen weder förderlich noch hinderlich. *Spielintelligenz* hat hingegen einen sehr großen Einfluss – und diese ist trainierbar. Es wird ein starker Zusammenhang zur Wahrnehmungsfähigkeit angenommen.
  - **Persönlichkeit** spielt in der Talentdiagnostik eine große Rolle. Jedoch gibt es in der Persönlichkeitsentwicklung eine beträchtliche Schwankungsbreite. Fälschlicherweise werden mit diesem Begriff sehr oft psychische Kompetenzen bezeichnet – diese sind im Gegensatz zur Persönlichkeit allerdings sehr gut trainierbar.
  - **Erfahrung** wird als Leistungsfaktor eine wesentliche Rolle beigemessen. Damit ist das oftmalige Erleben von Situationen gemeint, welches sich in Spielsituationen positiv auf die Leistung auswirken kann. Genauso kann Erfahrung in bestimmten Situationen, wie zum Beispiel nach Verletzungen, die Leistung negativ beeinflussen.

- **Beeinflussbare persönliche Merkmale** sind bewusst steuerbar oder zumindest veränderbar.
  - Die Wichtigkeit dieser einzelnen Merkmale ist individuell enorm verschieden. Je nach Typ, Ausgangsniveau und Karriereverlauf können sie absolut leistungsbestimmend sein oder kaum einen Einfluss haben. Die meisten Toptorhüter haben in jedem einzelnen dieser Felder eine sehr hohe Kompetenz. Es gibt aber immer wieder Beispiele, die trotz offensichtlicher Schwächen in einem oder mehreren Gebieten trotzdem Weltklasseniveau erreichen.

- **Äußere Einflüsse und Gegebenheiten** beinhalten all jene Elemente, die das Torhüterspiel allgemein betreffen oder eine Karriere positiv oder negativ beeinflussen können und vom Individuum des Torhüters unabhängig sind.
  - Die **Komplexität** des Torhüterspiels ist enorm und entwickelt sich ständig noch weiter. Daher wird der Torhüter teilweise auch als Zehnkämpfer im Fußball bezeichnet.
  - Obwohl der Torhüter in einer Mannschaft tätig ist, ist er für Gegentreffer letztverantwortlich und in letzter Konsequenz auf sich allein gestellt und insofern quasi ein **Einzelsportler**. Er ist aber ein wichtiger Teil im Mannschaftsgefüge. Der Job des Torhüters hat ganz spezielle Anforderungen. Für Nicht-Torhüter ist dies meist schwer nachvollziehbar.
  - Gewisse *Persönlichkeitsmerkmale* gelten für eine erfolgreiche Torhüterkarriere als Voraussetzung. Derzeit werden Persönlichkeitsmerkmale und psychische Aspekte in der **Talentdiagnostik bei Jugendlichen** kaum berücksichtigt. Es gibt im Jugendalter allerdings einen großen Schwankungsbereich der Persönlichkeitsentwicklung, und daher ist eine Zeitprognose im Jugendalter kaum möglich. Vorverurteilungen sind kontraproduktiv.

- Die **Gewichtung** oder Reihung der psychischen Faktoren nach ihrer Wichtigkeit für eine erfolgreiche Torhüterkarriere wird als unmöglich angesehen. Entscheidend ist das Gesamtpaket! Wichtige Einflussfaktoren neben den in diesem Kapitel beschriebenen Kategorien sind auch noch *Glück* und die *Beratung* von Agenturen und Managern. Das Glück muss allerdings durch die Erfüllung anderer Anforderungen erst möglich gemacht werden.
- Die **Psyche wird als die wichtigste Komponente** für eine erfolgreiche Torhüterkarriere angesehen. Andere Kriterien wie *Talent, Physis* usw. sind die Grundlage. Einige Torhüter erreichten ein Weltklasseniveau trotz einer mangelhaften Technik.
- Die **Kernaufgabe** für den Torhüter bleibt immer die Gleiche – er muss **Gegentore verhindern**, einerlei, wie! Ein allgemeingültiges Idealbild des Torhüters gibt es nicht. Unspektakulär spielende Torhüter, welche schon die Entstehung der Torchance an sich durch gutes Stellungsspiel, Coaching oder Strafraumbeherrschung verhindern, werden oft unterschätzt.
- **Stellenwert** des **Torhütertrainers** für erfolgreiche Karrieren: Der Torhütertrainer als Psychologe kann dem Torhüter bieten, was er für seine Entwicklung braucht und insbesondere den jugendlichen Torhüter führen. Durch die individuelle Betreuung kann der Torhütertrainer als Mentor einen wichtigen Faktor in der Entwicklung einnehmen. Die psychischen Fähigkeiten des Torhüters sollen gemeinsam erarbeitet werden.

Diese gesammelten Inhalte der Interviews wurden dann der Literatur gegenübergestellt und entsprechend interpretiert. Die Erkenntnisse fließen in nachfolgendes Kapitel ein.

2.2.1 Psychisches Training für den Torhüter

Die wichtigsten Schlüsse aus den Interviews und der Interpretation für die Praxis sind nun:

- Für den Torhüter relevante, als Persönlichkeitsmerkmale bezeichnete Komponenten, sind eigentlich psychische Kompetenzen und können demnach verbessert werden.
- Da nur die „beeinflussbaren persönlichen Merkmale" verändert werden können, muss hier der Schwerpunkt in der Trainingsarbeit liegen.
- Nach einer Bereinigung der Kategorien anhand der Erkenntnisse der Interpretation stellen sich die leistungsbestimmenden Faktoren daher in den zwei Kategoriengruppen *geistiges Training* und *Balance* dar:

Geistiges Training beinhaltet die Arbeit in den Bereichen:

- Selbstvertrauen,
- Antizipation und Wahrnehmung,
- Zielsetzungstraining sowie
- soziale Kompetenz.

Das Training von Antizipation und Wahrnehmung soll, aufbauend auf der Spielintelligenz, die Spielleistung verbessern. Zielsetzungstraining dient zur Steigerung der Motivation und des Durchhaltevermögens, um auch schwierige Karrierephasen positiv meistern zu können. Im Bereich der sozialen Kompetenz soll in erster Linie die für eine erfolgreiche Torhüterkarriere als ganz wichtig eingestufte Führungskompetenz verbessert werden.

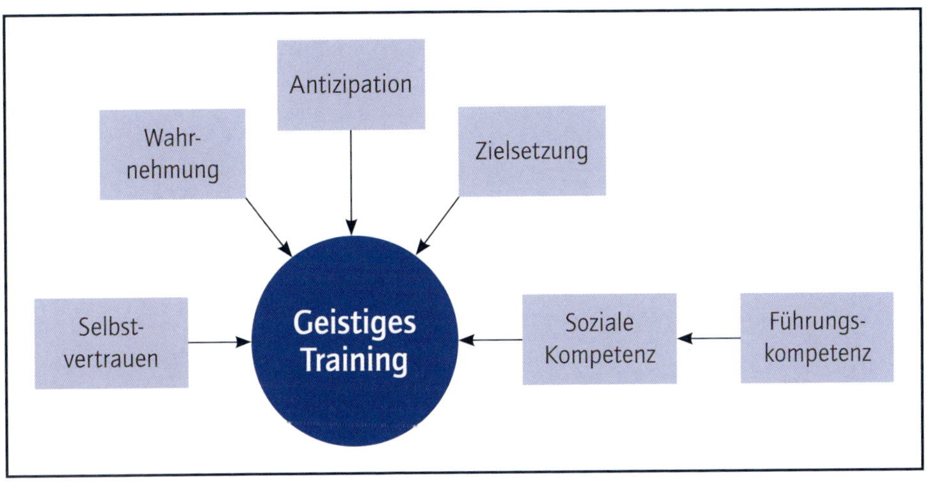

Abb. 23: Psychisches Training – geistiges Training

In der Kategoriegruppe **Balance** befinden sich folgende Arbeitsbereiche:

- Stressresistenz,
- Umfeldmanagement,
- Ereignisverarbeitung,
- Konzentrationsregulation und
- Gedankensteuerung.

Auch das Training im Bereich der Balance ist in erster Linie ein geistiges Training und wird dadurch auch stark davon beeinflusst. In dieser Gruppe ist die Interaktion der einzelnen Kompetenzen innerhalb der Gruppe enorm, klare Abgrenzungen können kaum vorgenommen werden. Wie in der Interpretation unter Absatz *Balance* beschrieben, wird eine Verbesserung in einem Bereich auch Verbesserungen in anderen Bereichen mit sich ziehen.

Die wichtigste Komponente ist hier vermutlich die Gedankensteuerung, da es sich auch in den Bereichen Stressresistenz, Umfeldmanagement, Ereignisverarbeitung und Konzentrationsregulation immer um eine kognitive, gedankliche Balance handelt.

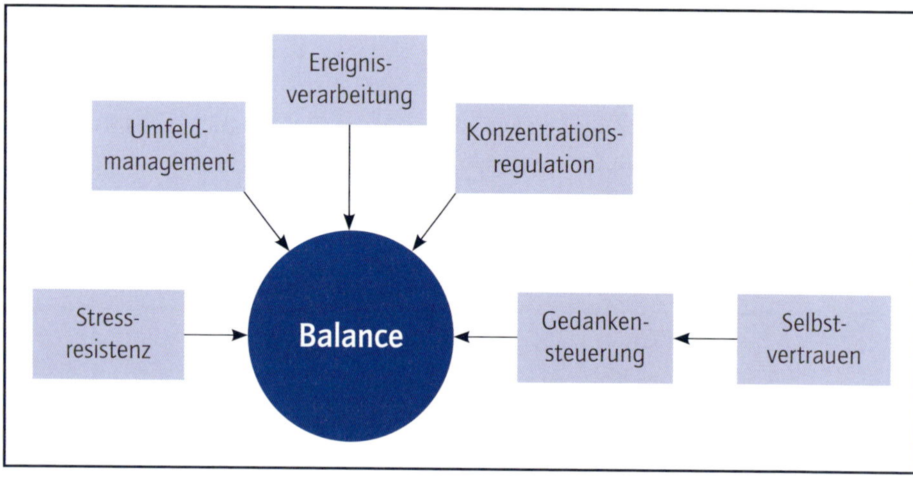

Abb. 24: Psychisches Training – Balance

Wechselwirkung

Die Interaktion und Wechselwirkung zwischen den einzelnen Bereichen sowohl innerhalb der beiden Kategoriegruppen als auch zwischen den beiden Kategoriegruppen wird als sehr hoch angenommen. Zur Veranschaulichung folgen drei Beispiele der gegenseitigen Beeinflussung:

- Eine bessere Fähigkeit der Gedankensteuerung führt durch positivere Gedanken zu einem gesteigerten Selbstvertrauen, ein gesteigertes Selbstvertrauen im Gegenzug aber auch zu einer besseren Gedankensteuerung, da abwertende Gedanken nicht mehr in dem Ausmaß generiert werden.
- Schafft es der Torhüter, seine Konzentration zu regulieren und auf das Spiel zu lenken, wird er Einflüsse aus dem Umfeld in relativ geringem Ausmaß aufnehmen und muss daher ins Umfeldmanagement weniger Energie investieren.
- Ist die Zielsetzung klarer, steigt die Motivation und damit das Durchhaltevermögen und es wird dadurch wahrscheinlich auch zu einer höheren Stressresistenz kommen, weil er sich mit dem Ziel vor Augen nicht so leicht aus der Bahn werfen lässt.

2.3 Zusammenfassung der Studien

- Bei den mit Abstand häufigsten Aktionen (Spieleröffnung und Grundtechniken mit ca. 90 %) passieren kaum Fehler und fallen selten Tore.
    - Sehr viele Aktionen im Bereich der Spieleröffnung (ca. 73 %, relativ einfache Offensivtechniken, nicht spielentscheidend).
    - Viele Aktionen im Bereich Grundtechniken (ca. 17 %, relativ einfache Defensivtechniken, nicht spielentscheidend).
- Sehr wenige Aktionen in den Bereichen Abdrücke (1 %), 1-gegen-1-Situationen (ca. 1 %) und Flanken und Mitspielen (ca. 7 %). Dies sind aber komplexe, spielentscheidende Techniken.
- Sehr viele Tore entstehen im 16-Meter-Raum (ca. 87 %).
    - 75 % aller Tore entstehen in der Zone direkt vor dem Tor.
- Die häufigsten Fehler sind taktischer Natur.
- Technische Fehler führen seltener zu Toren.
- Die meisten Tore und Fehler entstehen bei Flanken und Mitspielen, 1 gegen 1 und Abdrücken (ca. 98 %).
- Die Hauptursachen für Torhüterfehler sind die Entscheidung, das Stellungsspiel sowie die Grundstellung (rechtzeitig fertig sein).
- Die Psyche ist ein extrem wesentlicher Faktor im Torhüterspiel.
- Die Bedeutung des Torhüters für den Erfolg steigt massiv (direkte Beteiligung an Gegentoren prozentual fast verdoppelt).

2.4 Auswirkungen auf das Torhütertraining

- Häufige Spielsituationen müssen häufig trainiert werden (Spieleröffnung und Grundtechniken).
- Großes Augenmerk auf Bereiche, in denen Tore fallen bzw. Fehler gemacht werden (Flanken und Mitspielen, 1 gegen 1 und Abdrücke).
- Schüsse aus den torgefährlichen Bereichen in die torgefährlichen Bereiche.
- Psychisches Training muss einen wesentlichen Anteil im Torhütertraining einnehmen und teilweise in dieses integriert werden.

3 UNSER ANFORDERUNGSPROFIL

(das erste komplette Anforderungsprofil für Torhüter)

Was soll der Torhüter bei uns lernen?
Was soll er können?
Was fordern wir?

Abgeleitet aus den Studien in Kap. 2 und aus unseren eigenen Erfahrungen, ist folgendes übergeordnetes Anforderungsprofil hinsichtlich der Ausbildung der Torhüter entstanden:

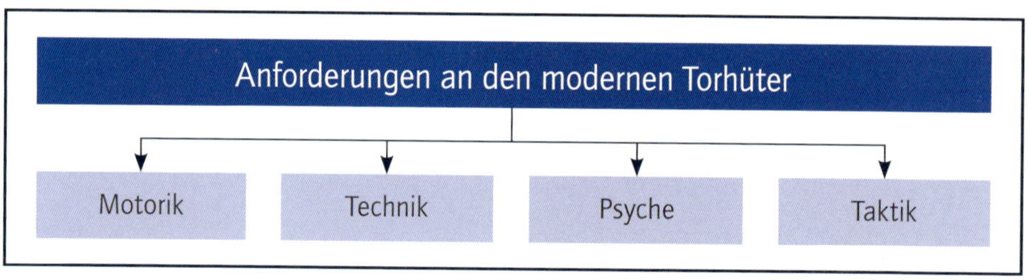

Abb. 25: Anforderungen an den modernen Torhüter

Abweichend zu den meisten Anforderungsprofilen (Technik-Taktik-Motorik-Psyche) haben wir uns bewusst für eine andere Reihung entschieden. Unsere Abfolge orientiert sich an der natürlichen Entwicklung von Kindern bzw. Lernenden. Und außerdem an der Gewichtung bzw. am Aufbau zum Erreichen von Weltklasseniveau.

Nachfolgend wird jeder der vier Punkte des Anforderungsprofils detailliert in all seinen Facetten betrachtet.

3.1 Motorik

Vereinfacht gesagt, beinhaltet Motorik alle bewusst gesteuerten Bewegungen und die dafür notwendigen Abläufe im Körper.

Wir konzentrieren uns in diesem Buch lediglich auf jene Merkmale, welche verändert (verbessert) werden können. Dazu trennen wir dieses Kapitel in die Bereiche Kondition und Koordination und zeigen, welche motorischen Merkmale für den Torhüter von Bedeutung sind.

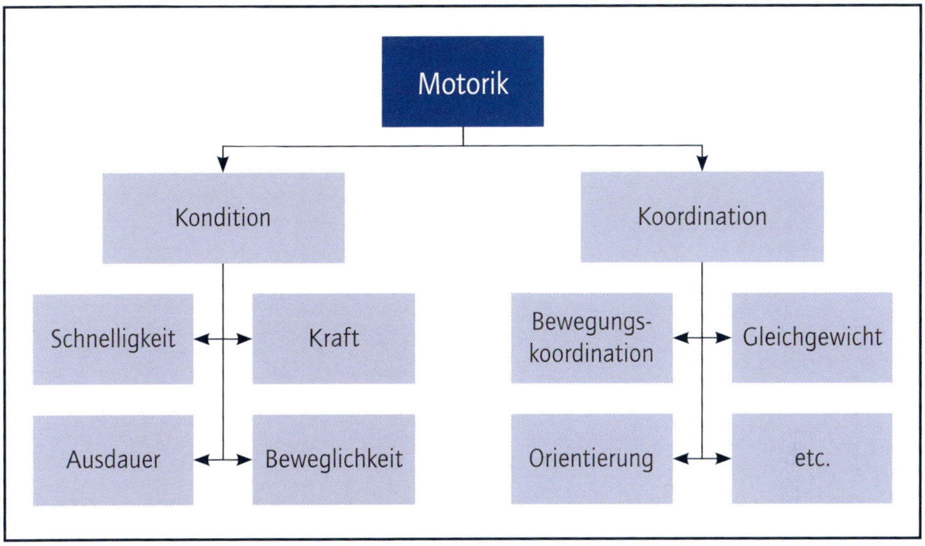

Abb. 26: Motorik

3.1.1 Kondition

Unter Kondition werden die körperlichen Leistungsmerkmale Ausdauer, Kraft, Schnelligkeit und Beweglichkeit verstanden (Martin et al., 1991, S. 87).

Eine gute körperliche Verfassung ist für einen Torhüter wichtig. Aber was genau versteht man darunter und worauf konzentrieren wir uns?

Die motorischen Anforderungen eines Torhüters leiten sich von seinen Aktionen im Spiel ab. Er muss in erster Linie schnelle Bewegungen, oftmals mit Richtungsänderungen, ausführen. Häufig hat er Körperkontakt mit Gegenspielern, Mitspielern, dem Boden und teilweise dem Tor und muss seine Konzentration über die gesamte Spieldauer halten bzw. regeln.

3.1.1.1 Schnelligkeit

Der Torhüter hat in seinem Spiel enorm hohe Anforderungen an die Schnelligkeit. Dabei geht es einerseits um die Wahrnehmungsschnelligkeit, die Reaktionsschnelligkeit, die Handlungsschnelligkeit und die Aktionsschnelligkeit.

Wobei die Aktionsschnelligkeit eine vorrangig motorische Komponente ist. Das hat den Vorteil, dass sie sehr gut verbesserbar ist. Schnelle Bewegungen entstehen im Zusammenspiel von Muskulatur und Ansteuerung. Um also eine Bewegung schnellstmöglich ausführen zu können, ist eine schnelle Ansteuerung der Muskulatur durch das Nervensystem, eine optimale Koordination aller an der Bewegung beteiligten Muskeln und schnelle Kontraktionen der einzelnen Muskeln nötig.

3.1.1.2 Kraft

Stabilisation

Für die schnellen Richtungsänderungen ist es unumgänglich, dass der Torhüter einen stabilen Rumpf aufweist, da nur bei einem stabilen Rumpf die Richtungsänderungen von den Extremitäten (Beine und Arme) auf den gesamten Körper übertragen werden können. Ist die Stabilität im Rumpf zu gering, geht ein Teil der Beschleunigungskraft verloren.

Einwurf

Rein physikalisch benötigt jeder Körper, den man beschleunigen will, eine gewisse Stabilität. Eine Billardkugel kann durch ihre Festigkeit (= Stabilität) sehr gut die Geschwindigkeit des Queues aufnehmen, bei einer Kugel aus Tortengelee wird das ungemein schwieriger, weil der Großteil der eingebrachten Kraft in der Verformung des Körpers verloren geht.

Genauso verhält es sich auch mit dem menschlichen Körper: Es benötigt eine hohe Stabilität, um sich gut beschleunigen zu lassen. Gott sei Dank erfolgt diese Beschleunigung nicht wie beim Billiard durch einen Stab, sondern durch die körpereigenen Extremitäten wie Arme und Beine. Diese wirken eine Kraft auf den Rumpf aus, wodurch dieser in eine Richtung bewegt wird. Ist der Rumpf instabil (= weich), geht ein Teil dieser Kräfte in Verformungen verloren. Je stabiler also der Rumpf ist, desto besser lässt sich der Körper beschleunigen.

Da für einen Torhüter schnelle Bewegungen essenziell sind und er zusätzlich noch Kräfte von außerhalb aufnehmen muss, wie beim Abwehren eines Balls oder beim Kontakt mit einem Gegenspieler, ist eine hohe Rumpfstabilität Grundvoraussetzung.

Ebenfalls unter den Begriff Stabilisation ordnen wir all jene Trainingsübungen ein, die zur Verletzungsprophylaxe dienen. Dazu gehört unter anderem Training für die Beinachsenstabilität und sensomotorisches Training (sensomotorisches Training wird umgangssprachlich auch oft als propriozeptives Training bezeichnet).

Unter den Bereich Stabilität fällt auch der Aufbau eines gewissen Muskelkorsetts bzw. einer gewissen Muskelmasse, welche einerseits im Zweikampf als Schutzkorsett (für Knochen und Organe) dient und andererseits vor allem in Luftzweikämpfen die Stabilität in der Luft steigert.

Die große Herausforderung für den Torhüter ist es, die individuell optimale Masse an Muskulatur aufzubauen – ausreichend Schutz unter Erhaltung der maximalen Sprunghöhe, Beweglichkeit, Schnelligkeit und technischen Fertigkeiten.

Schnellkraft/Explosivkraft

Die schnellen Bewegungen sind zu einem großen Anteil azyklische Bewegungen und werden oftmals aus der Grundstellung gestartet. Dazu ist es notwendig, im Training vor allem die schnellen Muskelfasern anzusprechen, indem vorrangig Schnellkraft und Explosivkraft trainiert wird.

3.1.1.3 Ausdauer

Grundlagenausdauer

Im Spiel hat der Torhüter meist lange Pausen, in denen er sich oft mit moderater Geschwindigkeit bewegt, um sein Stellungsspiel zu optimieren. Meist wird die Laufstrecke, die ein Torhüter im Spiel zurücklegt, unterschätzt. Moderne Torhüter auf höchstem Niveau kommen in einem Spiel auf über sechs Kilometer Laufleistung.

Eine besonders hohe Anforderung an den Torhüter stellt auch die Fähigkeit dar, im Spiel immer wieder seine Konzentration zu regulieren und in entscheidenden Situationen das Maximum zu erreichen. Um ein ganzes Spiel „geistig frisch" sein zu können, ist also eine gewisse Grundlagenausdauer unbedingt Voraussetzung.

Inwieweit diese im Zuge des Torhütertrainings oder durch eigene Einheiten erworben wird, muss individuell entschieden werden.

Anaerobe Ausdauer

Die anaerobe Ausdauer hat vor allem im Training eine große Bedeutung. Durch zu hohe Intensitäten oder unnötig hohe Wiederholungszahlen ist die Gefahr groß, in hochlaktazide Bereiche zu gelangen. Um die für den Torhüter im Training richtigen Anreize setzen zu können, soll daher vor allem in alaktaziden Bereichen trainiert werden, dazu ist eine gute Trainingssteuerung unumgänglich.

Die Belastungsphasen sollen daher vor allem im Zeitfenster der anaerob-alaktaziden Energiebereitstellung (< 10 Sekunden) stattfinden.

3.1.1.4 Beweglichkeit

Beweglichkeit ist für den Torhüter als Verletzungsprophylaxe äußerst wichtig. Zusätzlich hilft eine gute Beweglichkeit dem Torhüter auch bei seiner Aufgabe, das Tor zu verteidigen, da er durch extreme Körperpositionen Bälle erreichen kann, die ansonsten außer Reichweite wären.

Auch für die Beweglichkeit gilt, dass individuell entschieden werden muss, ob diese ins Torhütertraining integriert wird oder in eigenen Einheiten optimiert wird.

3.1.2 Koordination

Koordination bedeutet das Zusammenspiel von Wahrnehmung und Ansteuerung der verschiedenen Systeme unseres Körpers, also die Koordinierung von Bewegungsabläufen.

Darunter fallen **Gleichgewicht, Ballgefühl und Differenzierungsfähigkeit, Rhythmusfähigkeit, Reaktionsfähigkeit und Orientierungsfähigkeit**. All diese Aspekte haben für Torhüter großen Einfluss auf die Leistungsfähigkeit.

Man denke nur an unorthodoxe Abwehrbewegungen, durch die sogenannte *unhaltbare Bälle* entschärft werden. Vor allem bei Manuel Neuer ist das immer wieder zu beobachten – auch wenn er aufgrund seiner Größe teilweise etwas ungelenk dabei aussieht, sind diese Aktionen doch ein Zeichen seiner enorm hohen Fähigkeiten im koordinativen Bereich.

Eine Gewichtung der einzelnen koordinativen Fähigkeiten ist unglaublich schwierig. Natürlich spielt die Reaktionsfähigkeit bei Abwehraktionen aus kurzer Distanz eine große Rolle. Wenn der Torhüter allerdings aus dem Gleichgewicht ist, schlecht orientiert und damit an der falschen Stelle steht, seine Bewegungen nicht rhythmisiert (also richtig nacheinander koordiniert) ausführen kann oder ein schlechtes Ballgefühl hat und den Ball nur unzureichend ablenkt, können all diese Faktoren trotz kürzester Reaktionszeit ein Fangen oder Abwehren des Balls unmöglich machen.

Koordinative Fähigkeiten sind somit auch die Grundlage der im nächsten Kapitel behandelten Technik.

3.2 Technik

Technik bedeutet genauso wie Koordination das Zusammenspiel von Wahrnehmung und Ansteuerung der verschiedenen Systeme unseres Körpers, allerdings mit dem spezifischen Zweck, eine bestimmte Aufgabe in einer Sportsituation zu lösen.

Die Torhütertechnik wird in Offensiv- und Defensivtechniken unterschieden, wobei in den Defensivtechniken in den meisten bestehenden Definitionen nochmals zwischen Techniken zur Torverteidigung und Raumverteidigung differenziert wird.

Diese Bezeichnung verleitet aus unserer Sicht zum Trugschluss, dass an unterschiedlichen Orten (im oder nahe zum Tor vs. in größerer Entfernung) unterschiedliche Techniken zum Einsatz kommen. Richtiger finden wir hier schon die Zuordnung nach dem zeitlichen Aspekt der Aktion.

Unter Torverteidigung würde man dann alle unmittelbaren Aktionen zur Verhinderung eines Gegentors, wie das Abwehren eines Schusses aufs Tor, einordnen, unter Raumverteidigung alle Aktionen, die der unmittelbaren Torchance vorhergehen, wie beispielsweise eine Flanke in den Strafraum oder ein abgefangener Pass in die Tiefe.

Da aber die Begrifflichkeiten nicht eindeutig sind, folgen wir dieser klassischen Einteilung bewusst nicht und sprechen nachfolgend immer von **direkter (also unmittelbarer) Gefahr** und **indirekter Gefahr** (vorgeschaltete Aktionen, die in weiterer Folge zu einer Torchance führen können).

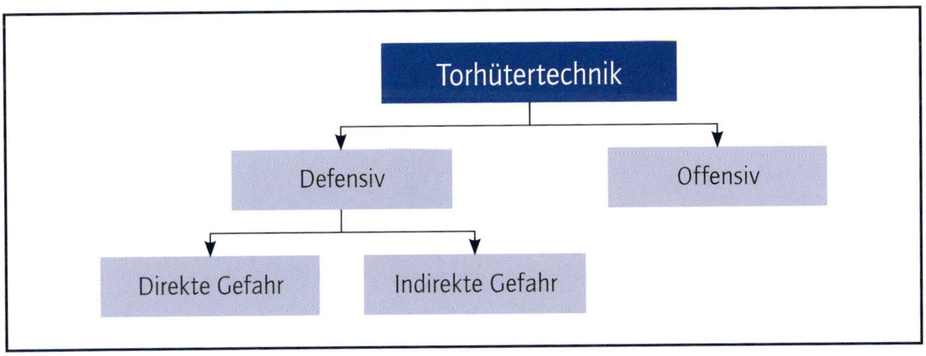

Abb. 27: Torhütertechnik

Bei direkter Gefahr werden also Techniken eingesetzt, um ein direktes Gegentor zu verhindern. Das bedeutet, dass der Ball ohne ein Eingreifen des Torhüters im Tor landen würde.

Aktionen bei indirekter Gefahr beinhalten Techniken, mit denen schon die Entstehung der Torchance an sich im Vorfeld verhindert werden können. Eine der wichtigsten Situationen mit indirekter Gefahr ist das Abfangen oder Wegfausten von Flanken. Dabei würde der Ball ohne ein Eingreifen des Torhüters zwar nicht direkt ins Tor gehen, der Torhüter kann allerdings durch sein Eingreifen eine Torchance des Gegners verhindern.

Offensivtechniken werden in all jenen Situationen benötigt, in denen der Torhüter in Ballbesitz ist und den Ball wieder ins Spiel bringt, um damit eine Offensivaktion seiner Mannschaft einzuleiten. Außerhalb des eigenen Strafraums dienen diese Techniken auch dazu, in Ballbesitz zu bleiben oder in diesen zu kommen.

3.2.1 Defensivtechniken

Defensivtechniken sind unser Werkzeug, um Tore zu verhindern. Basis und Ausgangsposition aller Defensivaktionen ist die Grundstellung. Aus dieser werden alle Defensivaktionen gestartet, deshalb kommt ihr auch eine große Bedeutung zu. Es gibt zu ihr einige Variationen für besondere Defensivaktionen, wie z. B. 1-gegen-1-Situationen und Flanken.

Aus der Grundstellung ist es zuallererst nötig, sich zum Ball hinzubewegen, um anschließend den Ball zu fangen, fausten oder ablenken zu können. Wir verwenden daher für dieses Buch die Begriffe **Ballangriff** *(Bewegung zum Ball)* und **Ballzugriff** *(Aktion am Ball)*. Der Begriff Ballangriff wurde vom italienischen Torhütertrainer Claudio Filippi geprägt und wird in Kap. 3.3 detaillierter beschrieben.

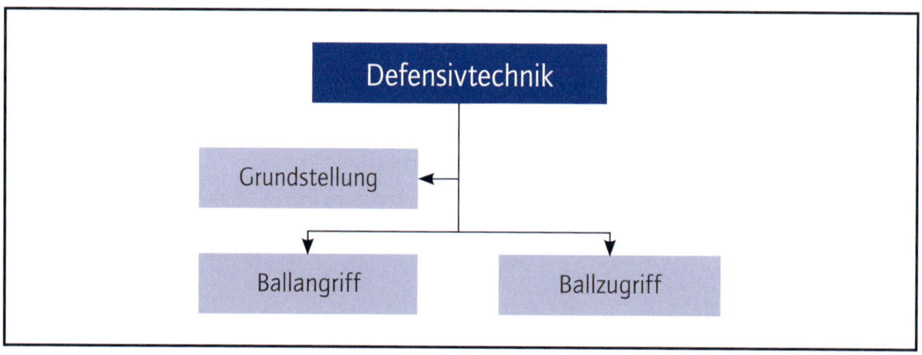

Abb. 28: Defensivtechniken

Einwurf

Diese Aufteilung in Ballangriff und Ballzugriff ist völlig neuartig und ermöglicht die Planung und Durchführung des Torhütertrainings nach den von uns entwickelten modularen Bausteinen.

Die Techniken im Ballangriff dienen also dazu, sich dem Ball anzunähern. Welche Technik für den Ballangriff gewählt wird, ist abhängig von der Entfernung zum Ball und der Bewegung des Balls.

Ist der Zeitdruck gering, reichen meist Laufformen aus. Mit steigendem Zeitdruck müssen dann die Bewegungen Springen, Fallen und bei höchstem Zeitdruck Hechten gewählt werden. Für flache, zentrale Bälle muss der Körper abgesenkt werden, was als Tauchen bezeichnet wird.

Eine besondere Form des Ballangriffs ist die Position für 1-gegen-1-Situationen: Dabei wird, ausgehend von der Grundstellung, der Schwerpunkt abgesenkt und die Hände werden tiefer positioniert, um die optimale Ausgangsposition für 1-gegen-1-Situationen zu erlangen.

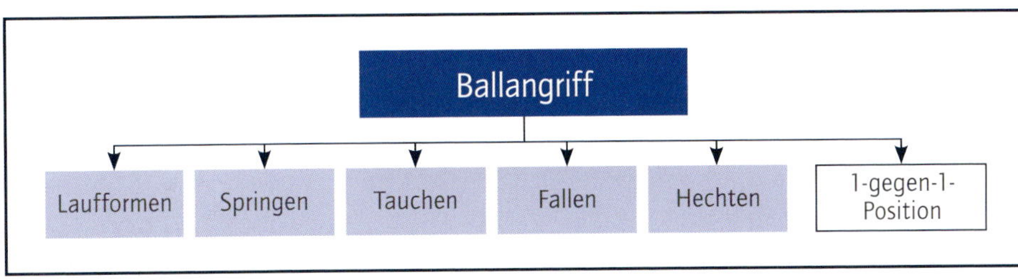

Abb. 29: Ballangriff

Der Bereich Ballzugriff beinhaltet die beiden Schwerpunkte Fangen und Abwehren, wobei in beiden Bereichen unterschiedliche Techniken zum Einsatz kommen.

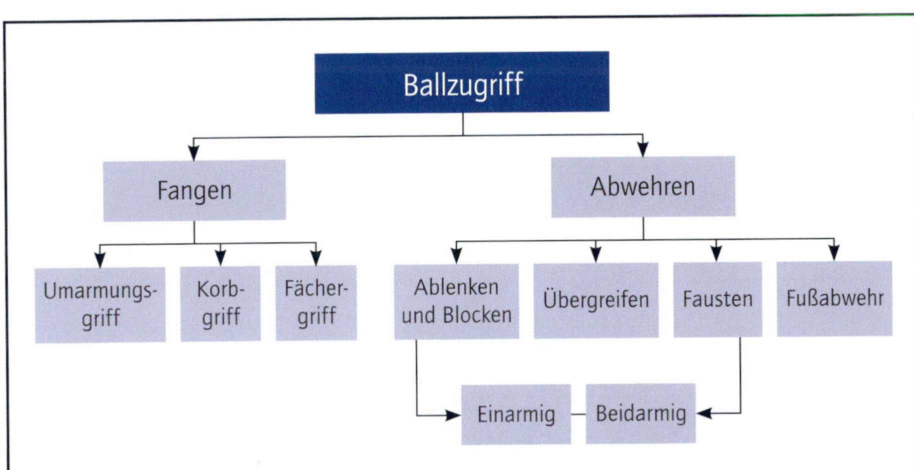

Abb. 30: Ballzugriff

All diese Techniken werden sowohl in der Verteidigung direkter sowie indirekter Gefahren verwendet, weshalb wir mit oben beschriebener Gliederung einen völlig neuen Ansatz entwickelt haben. Zusätzlich zu diesen Techniken gibt es unzählige, teilweise sehr unorthodoxe Techniken, um das Tor oder den Raum erfolgreich zu verteidigen – besonders auffällige Beispiele lieferte dafür bei der WM 2018 der englische Torhüter Jordan Pickford.

3.2.2 Offensivtechniken

Offensivtechniken beinhalten die allgemeine Fußtechnik, das Kopfballspiel sowie die speziellen Offensivtechniken des Torhüters. Die torhüterspezifischen Offensivtechniken betreffen sowohl Aktionen mit dem Fuß wie den Abstoß, Abschlag und Abschlag aus der Hand, als auch mit der Hand, wie das Ausrollen und das Auswerfen.

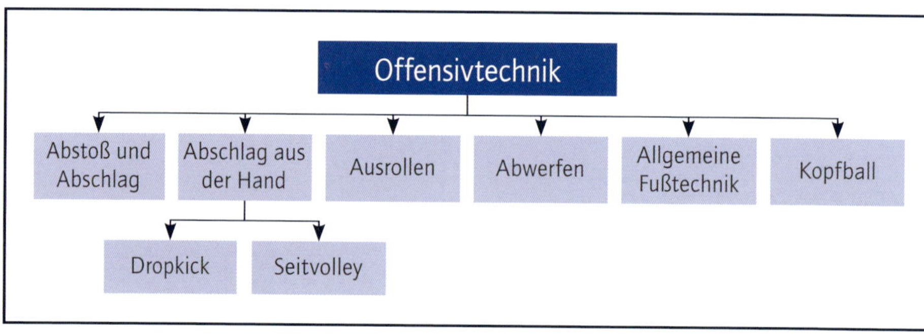

Abb. 31: Offensivtechniken

In welchen Bereichen der Offensivtechnik der Torhüter am meisten gefordert ist, hängt enorm stark von der Taktik des eigenen und gegnerischen Teams ab. Eine Mannschaft, die kontinuierlich von hinten aufbaut, fordert beispielsweise sehr selten Abschläge aus der Hand. Marc-André ter Stegen spielt beim FC Barcelona fast ausschließlich kurze Bälle. Manuel Neuer hingegen baut beim FC Bayern deutlich öfter Abschläge aus der Hand und lange Bälle, besonders aber auch sehr weite Abwürfe, in sein Spiel ein.

Abstoß und Abschlag bezeichnet im Wesentlichen den gleichen Bewegungsablauf, bei dem der Ball gehoben nach vorne gespielt wird. Beim Abstoß wird ein ruhender Ball ins Spiel gebracht, beim Abschlag hingegen befindet sich der Ball im Spiel. Beim Abschlag aus der Hand wird der Ball aus den Händen mit dem Fuß gehoben nach vorne gespielt.

Dabei gibt es zwei verschiedene Arten: den Dropkick- und den Seitvolley-Abschlag aus der Hand. Beim Ausrollen und Auswerfen wird der Ball jeweils mit der Hand flach bzw. hoch ins Spiel gebracht.

Die allgemeine Fußtechnik beinhaltet die für den Torhüter relevanten Techniken Ballan- und Ballmitnahme sowie das flache und gehobene Zuspiel mit Innenseite oder Rist als auch den hin und wieder nötigen Kopfstoß.

3.3 Taktik

Taktik beschreibt alle Maßnahmen zur optimalen Nutzung der eigenen Fähigkeiten unter Berücksichtigung der gegnerischen Voraussetzungen. Aber auch alle Entscheidungen, die während eines Spiels getroffen werden, fallen unter den Überbegriff Taktik.

Oftmals hat die Auswahl einer bestimmten Technik taktische Gründe. Zum Beispiel muss der Torhüter bei der Spieleröffnung entscheiden, mit welcher Offensivtechnik er den Ball ins Spiel bringt. Ist die eigene Mannschaft gut im Ballbesitzspiel und in der eigenen Hälfte Raum, so kann der Torhüter den Ball mittels Ausrollens zu einem Mitspieler befördern und das Spiel anschließend von hinten kontinuierlich aufgebaut werden.

Ist dies nicht gegeben oder verfügt man zum Beispiel über einen Stürmer, welcher Bälle gut sichert, kann es sein, dass der Trainer dem Torhüter die Anweisung gibt, auf den Stürmer auszuschießen. Ist der Gegner weit aufgerückt, kann der Torhüter mit einem Abwurf auf einen in die Tiefe sprintenden Mitspieler vielleicht einen Konter einleiten.

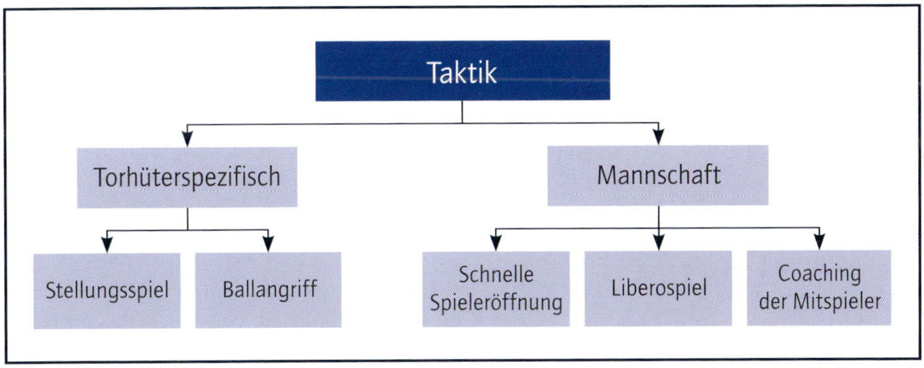

Abb. 32: Taktik

Auch bei Defensivtechniken spielen taktische Überlegungen eine wichtige Rolle. Hat der Gegner zum Beispiel einen sehr großen und kopfballstarken Stürmer, welcher den Torhüter beim Fangen von Flanken stark bedrängt, kann es sicherer sein, den Ball wegzufausten. Ist dies vor dem Spiel mit den Mitspielern vereinbart, wissen diese, dass sie den gefausteten Ball unbedingt attackieren müssen.

An diesen Beispielen kann man erkennen, dass taktische Überlegungen oder Vorgaben vom Trainer große Auswirkungen auf die auszuwählende Technik haben.

Die Taktik für den Torhüter setzt sich aus der torhüterspezifischen Taktik und der Mannschaftstaktik zusammen.

3.3.1 Torhüterspezifische Taktik

3.3.1.1 Ballangriff

Der Begriff Ballangriff wurde vom Italiener Claudio Filippi geprägt. Er arbeitete als Torhütertrainer in der Serie A bei Chievo Verona und setzte sich wissenschaftlich mit dem Thema des Torhüterspiels auseinander. Die Idee zu seiner Philosophie des Ballangriffs entnahm Filippi der neuen Spielweise des damals gerade 17-jährigen Gianluigi Buffon, welcher für den AC Parma in der Serie A debütierte.

Ziel des Ballangriffs ist es, den Ball zum frühestmöglichen Zeitpunkt zu erreichen. Dazu benötigt der Torhüter offensive und aggressive Hecht- und Fangtechniken. Grundlage für diese Art des Torhüterspiels ist eine gute technisch-taktische Ausbildung, eine ausgezeichnete Spielantizipation sowie Mut und Entschlossenheit des Torhüters. Dem Angreifer soll damit so wenig Raum und Zeit wie möglich gelassen werden (Torhüter.de).

3.3.1.2 Stellungsspiel

Das Stellungsspiel bezeichnet die Position des Torhüters auf dem Feld. Je nach Situation kann diese knapp vor dem Tor oder auch knapp hinter der Mittellinie sein. Ziel des Torhüters muss es in jeder Situation sein, eine optimale Position für sein Spiel zu wählen und diese vor allem rechtzeitig einzunehmen.

Stellungsspiel bei direkter Gefahr

Um Gegentore zu verhindern soll der Torhüter seine Position so wählen, dass er von der Position des Balls aus einerseits einen möglichst großen Bereich des Tors mit seinem Körper abdeckt und andererseits für überraschende Aktionen eine gute Ausgangsposition zum Reagieren hat.

Dies wird durch die sogenannte *Winkelverkürzung* erreicht. Der Torhüter kommt dabei dem Ball entgegen und vergrößert damit seine relative Größe im Verhältnis zum Tor, wodurch die frei treffbare Fläche des Tors für den Schützen kleiner wird. Besonders in 1-gegen-1-Situationen ist eine gute Winkelverkürzung von hoher Wichtigkeit. Bei Feldspielern funktioniert das Erzeugen von Deckungsschatten (vor allem im Pressing) nach dem gleichen Prinzip.

Winkelverkürzung, frontal

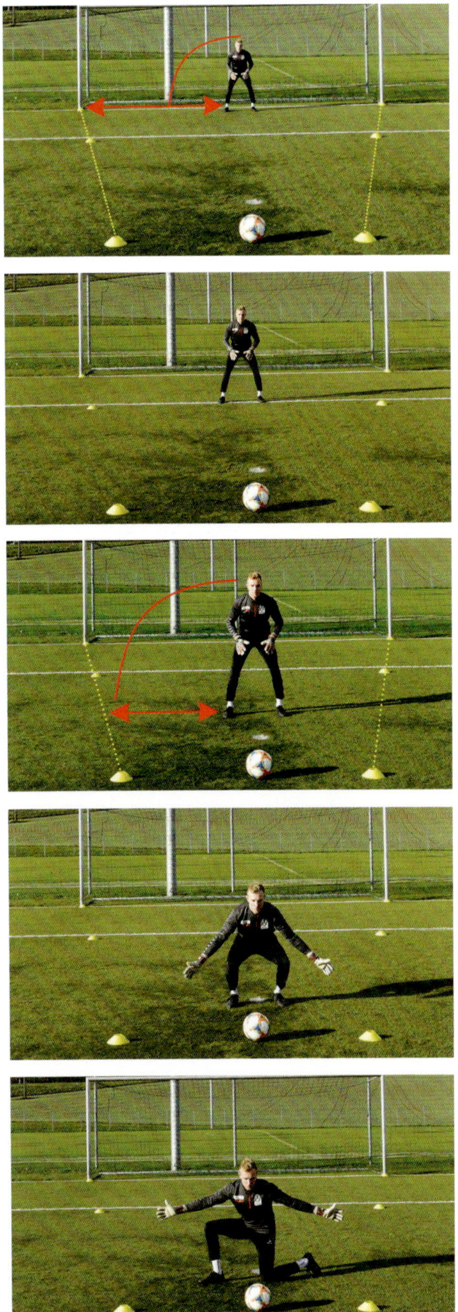

Winkelverkürzung, seitlich

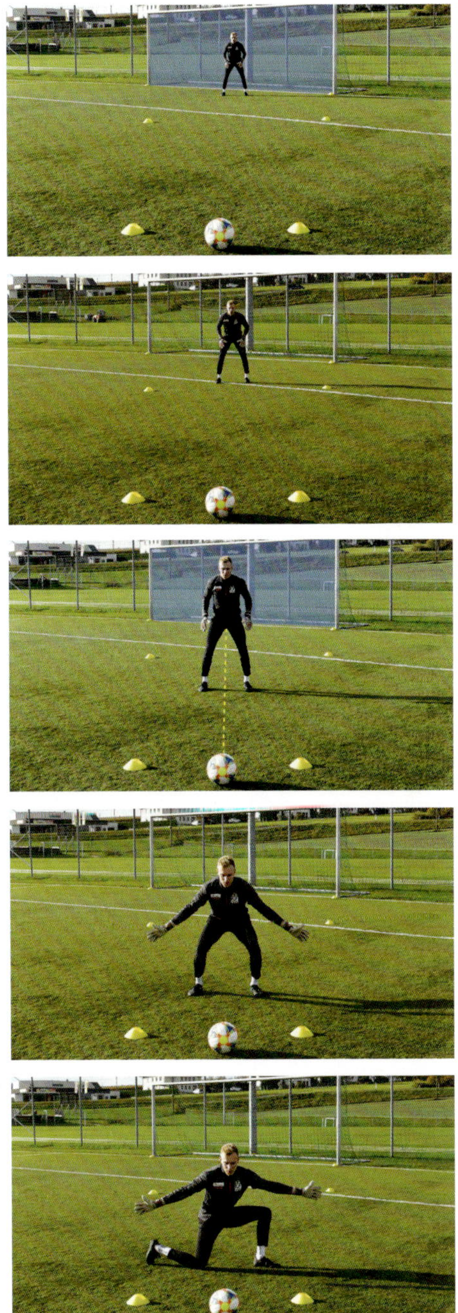

Stellungsspiel bei indirekter Gefahr

Ein offensives und mutiges Stellungsspiel (weit vor dem Tor) ermöglicht ein gutes Mitspielen und Absichern der Abwehrkette. Dabei soll die Stellung allerdings so gewählt werden, dass immer noch Schüsse auf das Tor verhindert werden können.

Anweisungen und Übungsformen zum Thema torhüterspezifische Taktik folgen in Kap. 4.

3.3.2 Mannschaftstaktik

3.3.2.1 Schnelle Spieleröffnung

Immer mehr Trainer fordern und forcieren ein schnelles Umschalten im Spiel bei Ballgewinn – dies beginnt bereits beim Torhüter. Eine schnelle Spieleröffnung durch Abwurf, Abschlag aus der Hand oder Abschlag ermöglicht es der Mannschaft, Konter gegen einen unorganisierten Gegner bzw. Gegner in Unterzahl durchzuführen.

Besonders nach Standardsituationen kann der Torhüter schnelle Gegenangriffe einleiten. Prägend für diese schnellen Gegenstöße war auch das enorm offensive Spiel von Manuel Neuer. Besonders mit seinen weiten und präzisen Abwürfen setzt er immer wieder seine Mitspieler für Konter, meist über die Seite, ein.

3.3.2.2 Liberospiel des Torhüters

Mit der Verbreitung der Raumverteidigung und der Abschaffung der Rückpassregel wurde der Torhüter als absichernder Spieler hinter der Abwehrkette (meist Vierer-Abwehrkette) immer wichtiger. Seine Aufgabe ist es, durch eine offensive Stellung Bälle hinter die Abwehr auch außerhalb des Strafraums abzulaufen, um so Torchancen schon im Vorfeld zu verhindern.

Dabei können sehr schwierige Situationen für den Torhüter entstehen, wenn er nicht sicher sein kann, den Ball vor dem heraneilenden Stürmer zu erreichen. Er muss in Sekundenbruchteilen die Entscheidung treffen, zum Ball zu gehen (und damit die indirekte Gefahr zu verteidigen) oder sich in Richtung Tor zurückzuziehen, um sich auf die Verteidigung der direkten Gefahr zu konzentrieren.

Da diese Entscheidung meist unter enormem Zeitdruck zu treffen ist und oft weitreichende Folgen (Klärung vor Entstehung einer Torchance vs. dem Stürmer das leere Tor anzubieten; Rückzug ins Tor und 1-gegen-1-Situationen provozieren vs. dem Stürmer Zeit und Raum geben; . . .) hat, ist es besonders wichtig, diese Situationen im Training zu üben.

3.3.2.3 Coaching der Mitspieler

Die Steigerung der Bedeutung des Torhüters im Coaching seiner Mitspieler geht Hand in Hand mit der Entwicklung des Liberospiels des Torhüters. War früher mit dem Libero ein Spieler hinter der Abwehrreihe für die Absicherung verantwortlich und konnte von dort aus das Verteidigungsverhalten seiner Mitspieler beobachten, korrigieren und anleiten, so muss nun der Torhüter diese Aufgabe übernehmen. Dabei ist es wichtig, dass er zuallererst einmal versteht, wie die Mannschaft verteidigen soll.

Das Grundprinzip der Raumverteidigung besteht darin, dass nicht mehr wie bei der reinen Manndeckung der Gegner der zentrale Anhaltspunkt ist, sondern vielmehr der Ball und der eigene Mitspieler. Mithilfe einer geordneten Staffelung und gleichmäßigen Abständen soll der Raum um den Ball eng gemacht werden und somit ein Ballverlust provoziert werden. Dazu attackiert ein Angreifer den ballführenden Gegenspieler und andere sichern ihn ab.

Einwurf

Je besser der Torhüter die Mannschaftstaktik und vor allem die gruppentaktischen Prinzipien in der Defensive versteht, desto besser kann er seine Mitspieler coachen. Durch frühzeitige Trainerausbildungen und/oder hochwertige Literatur oder einen intensiven Austausch mit dem Trainerteam ist ein entsprechender Know-how-Aufbau sehr gut möglich.

Versteht der Torhüter diese Prinzipien, ist es seine Aufgabe, seinen Mitspielern zu helfen, diese bestmöglich umzusetzen. Allerdings beschränkt sich das Coaching nicht nur auf die Defensive, auch in der Offensive ist der Torhüter gefordert, seinen Mitspielern Lösungsmöglichkeiten anzusagen (Hinter, Zeit, Tiefpass, Rückpass, . . .) oder für die optimale Staffelung im Falle eines Ballverlusts zu sorgen.

Um es seinen Mitspielern möglichst leicht zu machen, ihn zu verstehen, soll der Torhüter beim Coaching die **Kommandosprache** verwenden und seine Kommandos laut, kurz und klar (verständlich) erteilen. Ein Kommando besteht immer aus zwei Teilen. Teil 1 ist die Person oder Personengruppe, die betroffen ist, und Teil 2 die Hilfestellung bzw. Lösung. Für den zweiten Teil zeigt die nachfolgende Tabelle einige Beispiele.

Tab. 2: Übliche Kommandos für Teil 2 (Hilfestellung/Lösung)

Kommando	Situation
„Hinter"	Der Mitspieler bekommt von hinten Druck von einem Gegenspieler.
„Zeit"	Der Mitspieler hat Zeit, sich aufzudrehen – kein unmittelbarer Druck von einem Gegenspieler.
„Prallen"/ „Klatschen"	Der Mitspieler soll den Ball nach hinten prallen/klatschen lassen, also zu einem tiefer positionierten Spieler der eigenen Mannschaft ablegen.
„Ich"/„Aus"/ „Torhüter"/ „Leo"	Der Torhüter geht zum Ball und gibt seinen Mitspielern Bescheid, diesen durchzulassen, ihn abzuschirmen, den Gegenspieler wegzublocken usw.
„Raus"	Die Mitspieler sollen in Richtung Mittellinie aufrücken – meist bei einem Konter, um die Lücke nach vorne zu schließen. Auch bei Verwendung einer Abseitsfalle (hier wird normalerweise vom Trainer definiert, wer das Kommando gibt).
„Tief"	Der ballbesitzende Spieler hat die Möglichkeit, kein Pass in die Tiefe zu spielen.
„Attackieren"	Den ballbesitzenden Gegenspieler unter Druck setzen.
„Absichern"	Den Mitspieler, welcher zum Ball geht, absichern.
„Fallen"	Ein oder mehrere Mitspieler sollen sich in Richtung eigenes Tor hin absetzen (meistens bei einem hohen Ball über die Abwehr oder der sichtbaren Absicht davon).

Beispielhafte Kommandos: *„Paula, fallen lassen!"; „Stefan, attackieren!"; „Wolfgang, absichern!"; „Claudia, hinter!"; „Bernie, Zeit!"; „Jonny, tief, Jakob geht!"; „Karl, Diego hilft rechts!"; „Franziska, Amelie, raus!"*

Die Kommandosprache variiert von Gegend zu Gegend sehr stark. Diese Kommandos sind unserem Sprachgebrauch entnommen. Optimalerweise werden die Kommandos vom Trainer vorgegeben und die Spieler im Training dahin gehend geschult, diese zu verwenden. Somit ist im Spiel immer klar, welches Kommando welche Aktion bedeutet.

Besonders wichtig für den Torhüter ist das richtige Coaching seiner Mitspieler bei Standardsituationen. Der Torhüter ist dabei hauptverantwortlich für eine rasche und zielgerechte Organisation des Abwehrverbandes, schnelles Erkennen der Situation und das Dirigieren der Mitspieler mit kurzen und präzisen, lauten Anweisungen ca. 25-30 Meter vor dem eigenen Tor. Bei Freistößen bleibt der Torhüter, so lange der Ball vom Schiedsrichter nicht gesperrt wurde, in der Mitte des Tors und justiert die Mauer und Mitspieler von dort aus.

3.4 Psyche

Die psychischen Anforderungskategorien finden sich detailliert dargestellt bereits auf Seite 30 in Kap. 2.2 und sind anschließend beschrieben.

Daher widmen wir uns hier nur mehr den trainierbaren leistungsbestimmenden Faktoren der beiden Kategoriengruppen geistiges Training und Balance, die nachfolgend zur Erinnerung nochmals dargestellt sind (Original auf Seite 33 und 34).

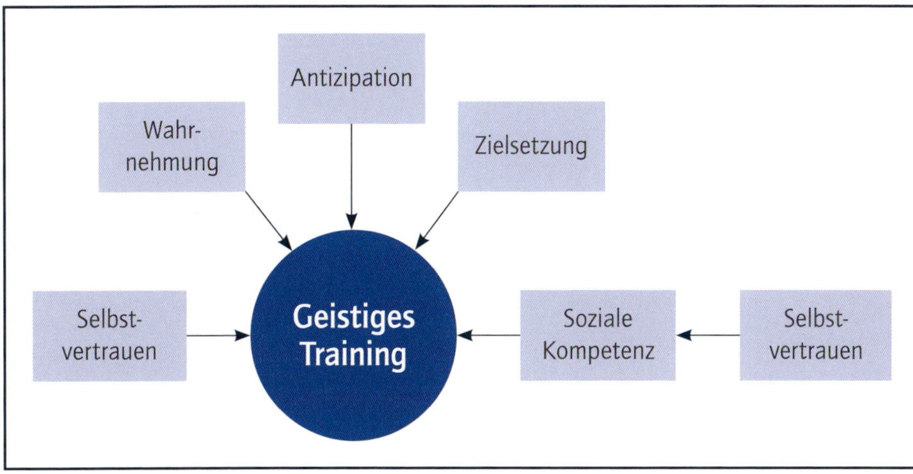

Abb. 33: Psychisches Training – geistiges Training

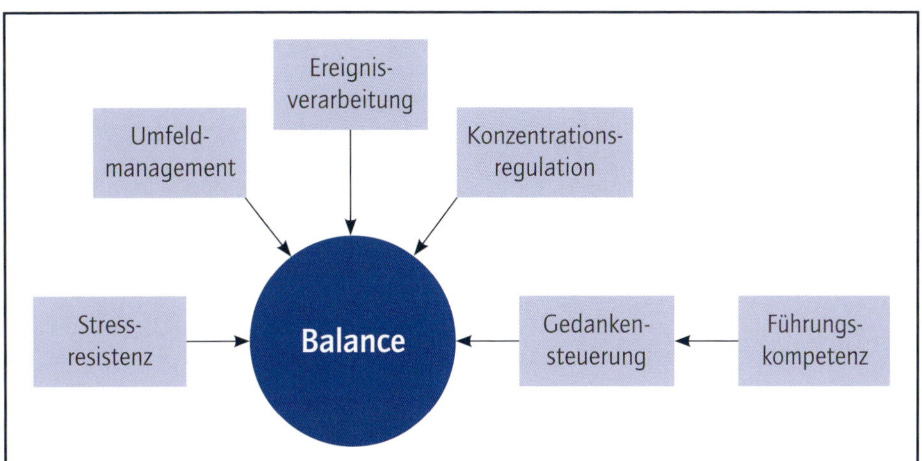

Abb. 34: Psychisches Training – Balance

Nachfolgend ergänzen wir die Anforderungen an die Psyche eines Torhüters noch um einige Punkte, welche aus unserer Sicht ebenfalls eine hohe Bedeutung haben.

Spielvorbereitung und das Herstellen eines optimalen Leistungszustandes ist enorm wesentlich, um am Spieltag sein individuelles Leistungsoptimum auch abrufen zu können. Erreicht wird dies durch Kombinationen aus verschiedenen Faktoren des Balancetrainings. Als Werkzeuge dafür können zum Beispiel Entspannungstechniken und Aktivierungstechniken dienen.

Spiele von Torhütern können sehr unterschiedlich ablaufen. In einem Spiel hat man 90 Minuten so gut wie nichts zu tun und eine einzelne Aktion in der Nachspielzeit entscheidet über Sieg oder Unentschieden. In anderen Spielen ist man ständig gefordert, hat aber kaum schwierige Aktionen zu lösen. Und in wieder einem anderen Spiel bekommt man zu Beginn ein unnötiges Gegentor und muss danach noch 80 Minuten eine gute Leistung bringen.

Um all diese Situationen gut zu lösen, ist eine Kombination aus Selbstvertrauen, Konzentrationsregulation, Gedankensteuerung und Ereignisverarbeitung nötig. Oftmals geht es darum, seine Emotionen, wie Ärger auf sich selbst oder Enttäuschung nach einem Fehler, aber auch Freude, wenn man einen nahezu unhaltbaren Ball gehalten hat, zu regulieren. Denn für die nächste Situation ist wieder ein optimaler Leistungszustand nötig.

Manchen Torhütern gelingt das quasi nebenbei, andere müssen hier viel Energie investieren, da sie sonst niemals ihr Leistungsoptimum erreichen, weil sie, salopp formuliert, „den Kopf nicht frei haben".

Wiederum gilt es hier, das individuell richtige Ausmaß und die passenden Werkzeuge und Methoden zu finden.

Zu guter Letzt ist es aus unserer Sicht unabdingbar für gute Leistungen, sich immer die **Freude am Fußballspielen** zu erhalten und mit einer lustvollen Einstellung jedes Training zu absolvieren.

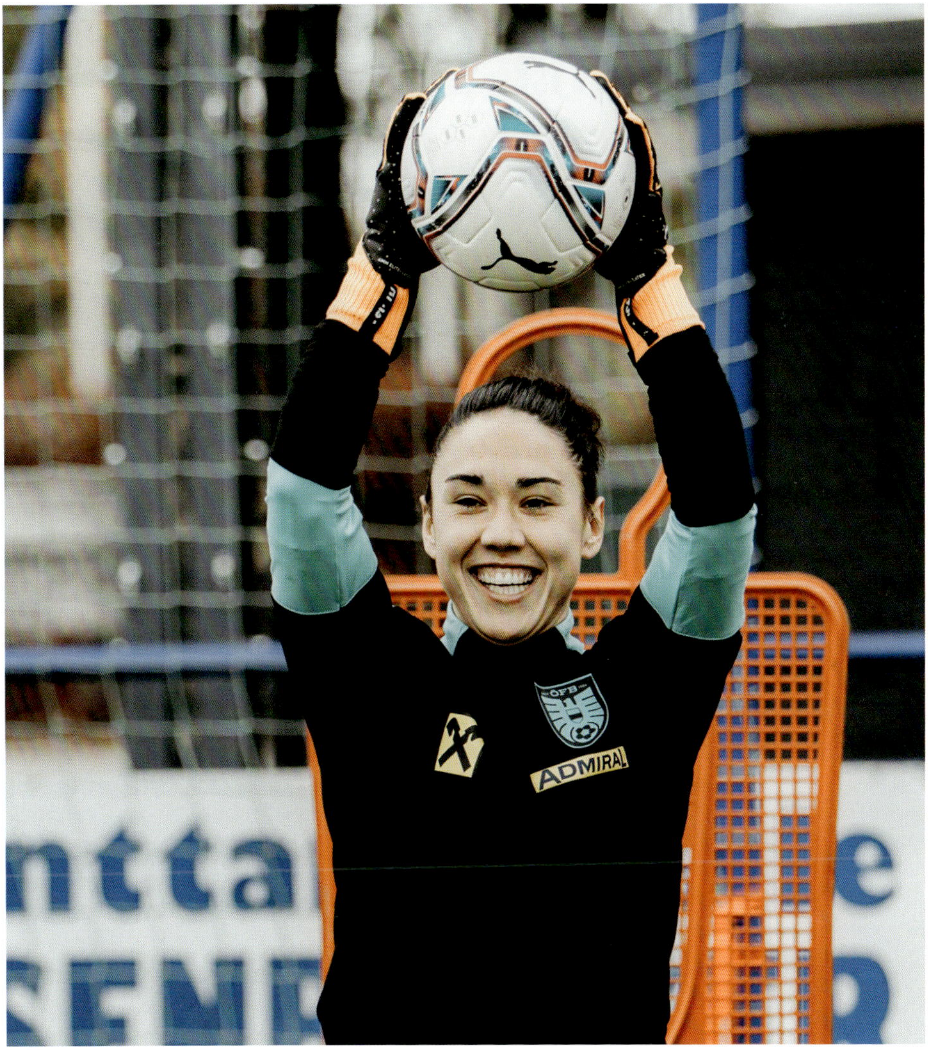
ÖFB
ADMIRAL

4 UNSER MODERNES TORHÜTERTRAINING

(den kompletten modernen Torhüter ausbilden)

Wie lernt der Torhüter bei uns diese Fertigkeiten?

Uns geht es in diesem Kapitel nicht darum, perfekte Technikleitbilder darzustellen. In der Praxis müssen diese sowieso individuell sehr unterschiedlich aussehen. Es gibt vor allem im Fußball keine perfekte Technik! Sondern nur eine **individuell optimale Technik**. Und diese ist lediglich in einer isolierten Situation (wie zum Beispiel eines Abstoßes) erreichbar. Sobald äußere Einflüsse, wie Gegenspieler, Wind oder unebener Boden, hinzukommen, geht es einzig und allein darum, die Situation optimal zu lösen.

Deshalb geht es im Leistungssport (außer bei verlaufsorientierten Sportarten wie Turnen, Tanzen, Synchronschwimmen – aber wir bleiben in diesem Buch beim Fußball) auch niemals darum, wie die Bewegungsausführung aussieht, sondern einzig und allein darum, ob damit der Zweck erfüllt werden kann. Thomas Müller von Bayern München sieht in seinen Bewegungen nicht immer elegant aus, aber ist damit unglaublich wirkungsvoll.

Daher zeigen wir keine Technikleitbilder, sondern Wege, um

- die Motorik als Basis aller Bewegungen zu verbessern, sowie
- eine individuell optimale und variable Technik,
- eine individuell optimale Torhütertaktik und
- Methoden für eine individuell optimale Psychoregulation

zu entwickeln.

4.1 Motorik

Im Spiel oder in einem spielnahen Training wird die allgemeine Motorik entsprechend den Anforderungen der Sportart entwickelt. Um jedoch einen Bereich gezielt zu verbessern, ist oftmals ein isoliertes oder schwerpunktmäßiges Training sinnvoll und notwendig, um die für eine Weiterentwicklung nötigen Reize setzen zu können.

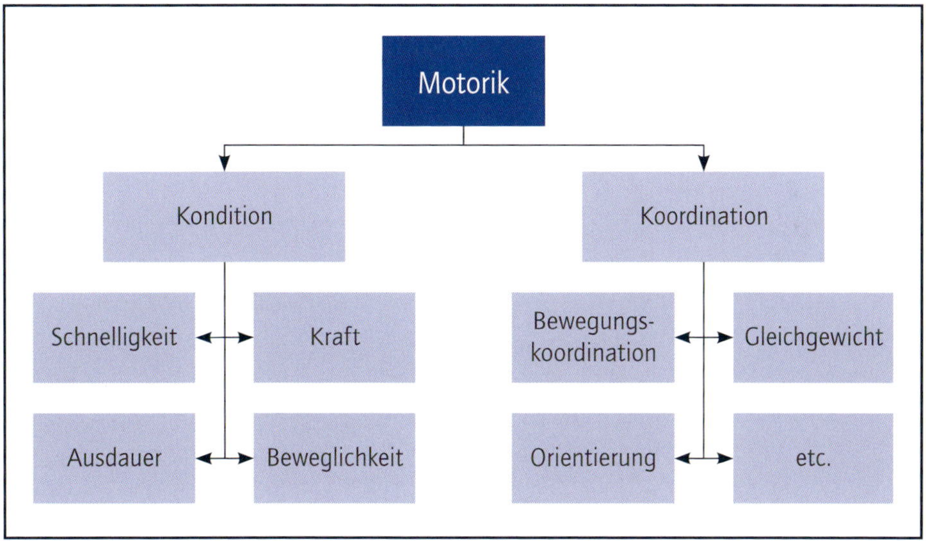

Abb. 35: Motorik

4.1.1 Schnelligkeit

Isoliert kann Aktionsschnelligkeit in den Extremitäten vor allem in jungen Jahren sehr gut entwickelt werden, sowohl in zyklischen (Sprint) als auch in azyklischen Bewegungsformen (schnelles Strecken des Arms). Mit folgenden beispielhaften Übungen kann man dies mit Kindern in Wettkampfformen spielerisch erarbeiten, aber auch Erwachsene freuen sich über spielerische Zugänge – sei kreativ:

- Sprintwettkämpfe, Staffelformen – Richtungswechsel und Hindernisse einbauen, Spiele einbauen (3 gewinnt, Memory, . . .).

PAARWEISE BEWEGUNGEN DES GEGENÜBERS SPIEGELN

(max. schnell, ca. zwei Sekunden Pause zwischen den Bewegungen)

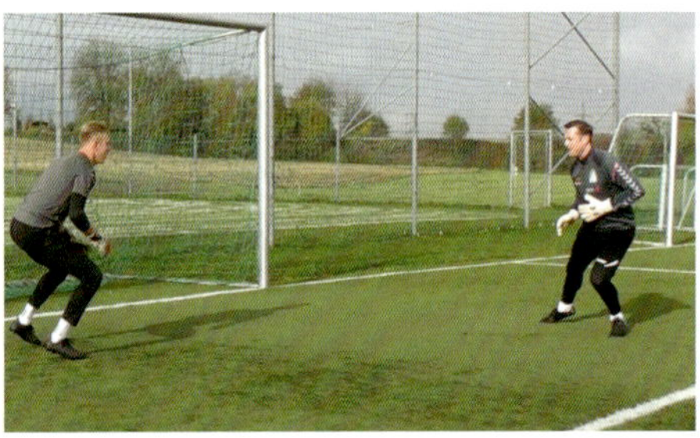

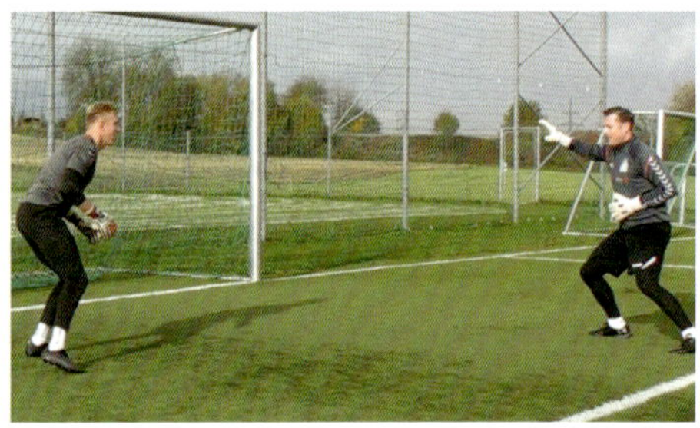

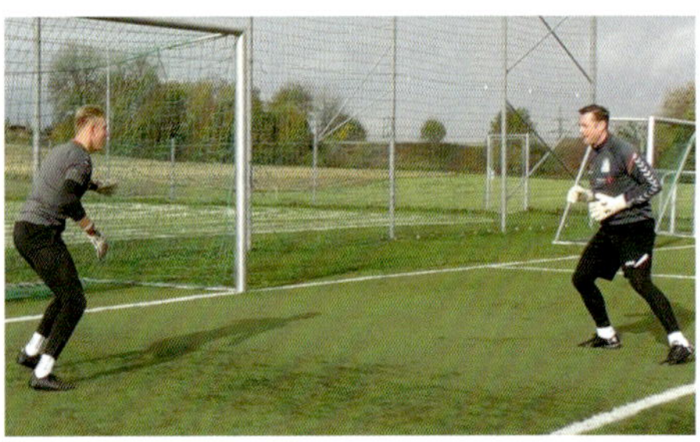

DEN BALL AUS KURZER DISTANZ FANGEN/WEGLENKEN

(z. B. mit Tennisbällen, Fußbällen wechselnd)

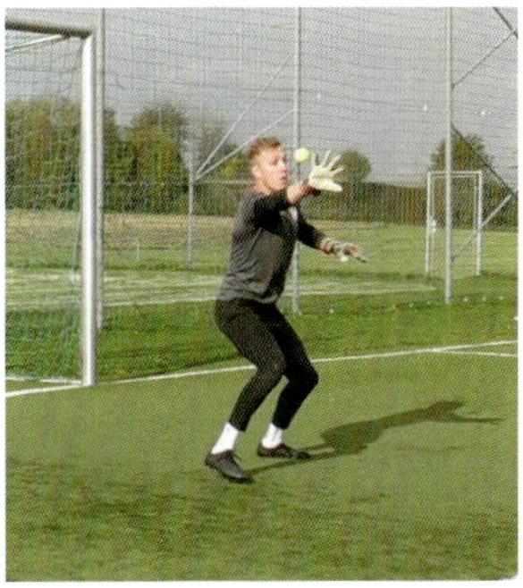
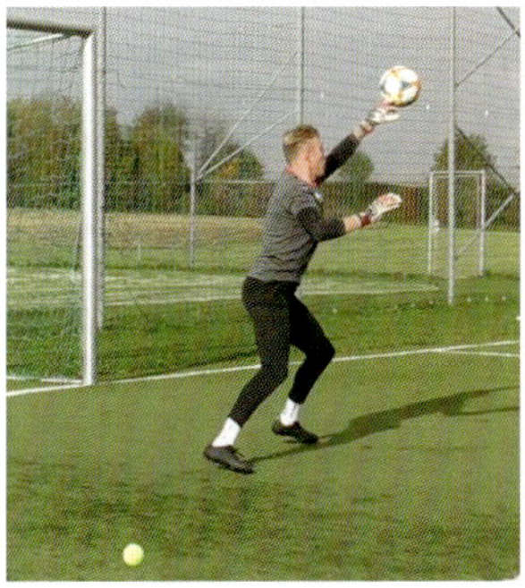
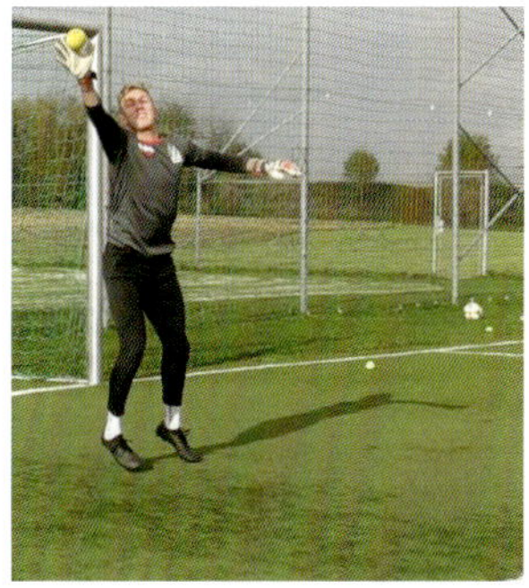

KINDERSPIELE WIE HANDABKLATSCHEN

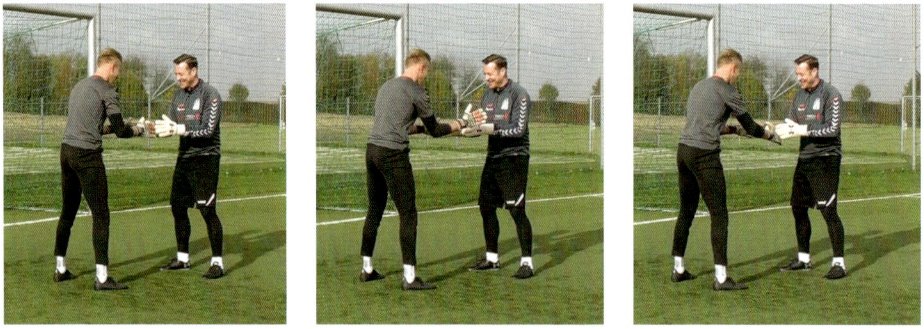

In spielerischen Wettkampfformen wird meist auch die Reaktionsschnelligkeit mittrainiert.

Wahrnehmungsschnelligkeit und Handlungsschnelligkeit können am besten in spielnahen Trainingsformen trainiert werden. Isoliert kann man in diesen Bereichen vor allem mit einer Steigerung der Komplexität bzw. des Zeitdrucks arbeiten.

- Bälle werden schärfer oder weiter entfernt geworfen/geschossen – um diese zu erreichen, muss der Torhüter die Geschwindigkeit der gesamten Bewegungsaktion erhöhen.

Einwurf

In die richtige Richtung starten! In den letzten Jahren hat sich die Geschwindigkeit im Fußball in allen Bereichen des Spiels (Lauftempo, Pass- und Schussschärfe, Freistoßspezialisten, . . .) noch einmal deutlich erhöht. Das bedeutet für das Torwartspiel, dass die Zeit für Abwehraktionen immer kürzer wird, es kommt oft auf Sekundenbruchteile an.

Bei vielen Torhütern kann man beobachten, dass sie beim Wegsprinten, einerlei, ob vorwärts oder seitlich, zuerst einen Schritt in die entgegengesetzte Richtung machen. Dieser hilft zwar dabei, das Gewicht auf die richtige Seite zu verlagern, kostet aber wertvolle Zeit. Achte daher darauf, dass bereits der erste Schritt in die Zielrichtung geht.

FRONTAL (SPRINT)

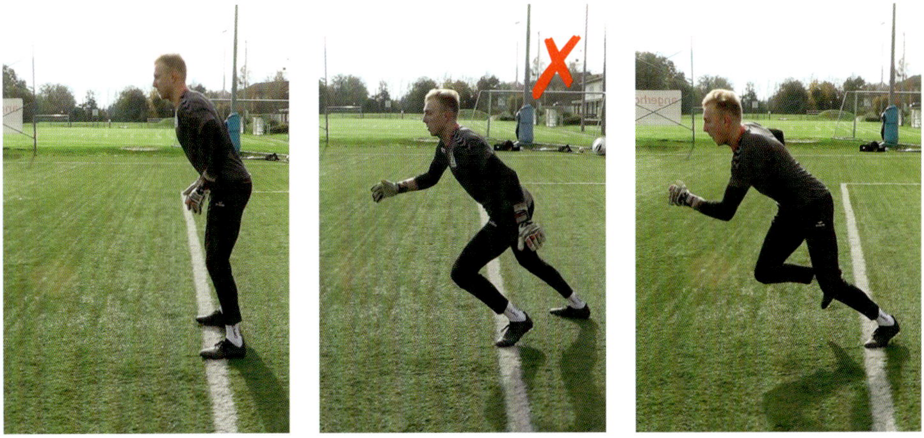

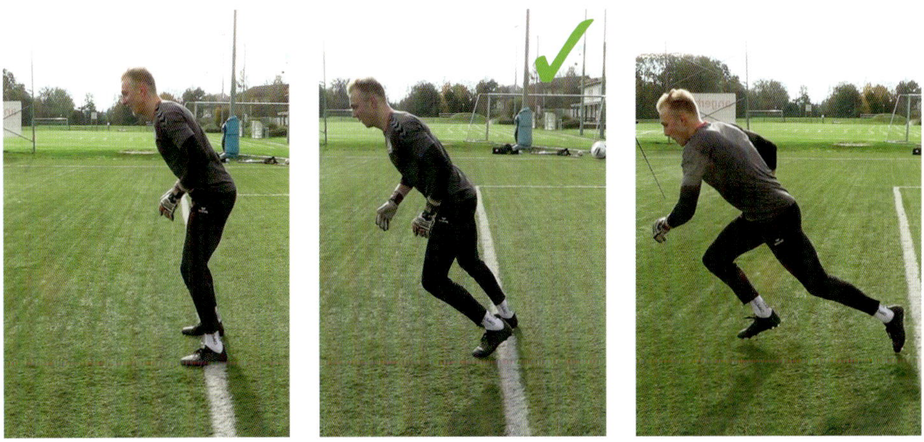

SEITLICH (SIDESTEP, KREUZSCHRITT)

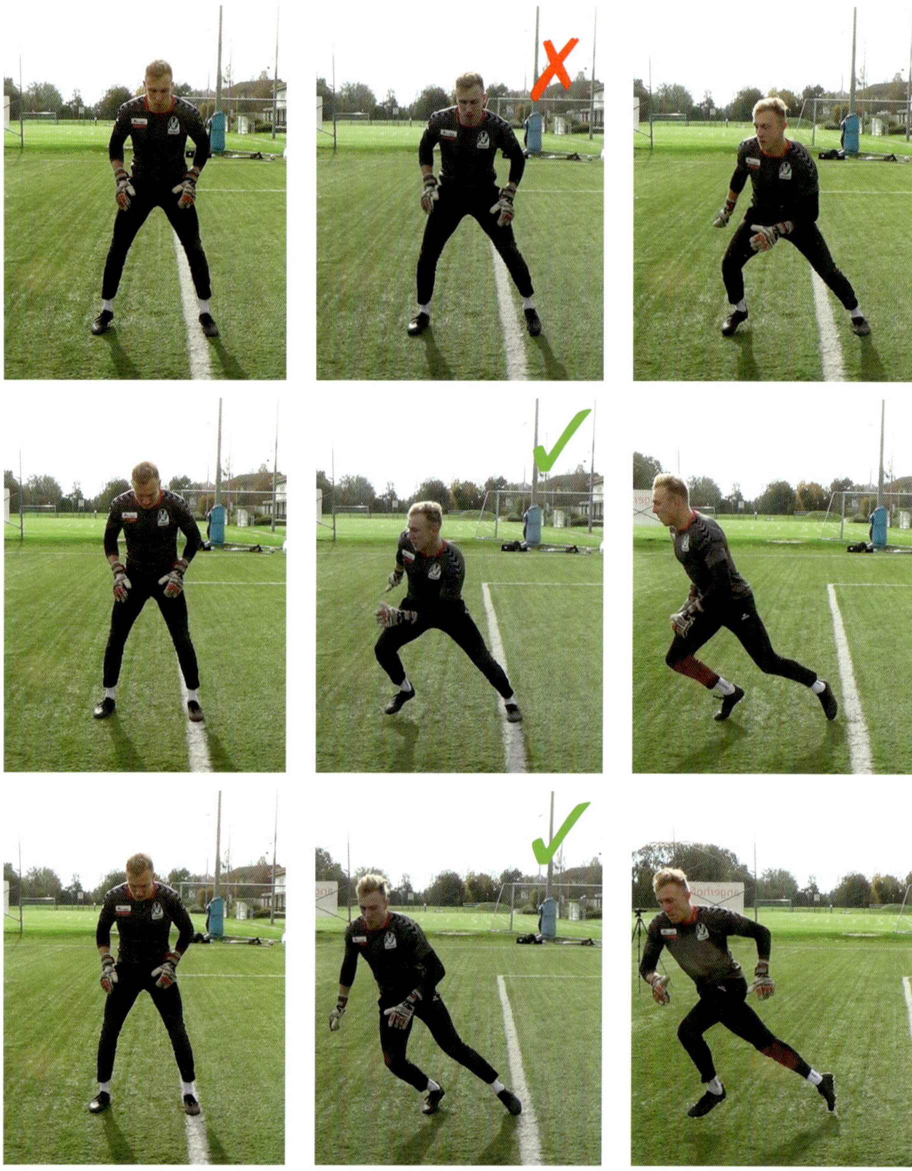

4.1.2 Kraft

4.1.2.1 Stabilität – von der Statik zur Dynamik

Eine hohe Rumpfstabilität ist, wie in Kap. 3.1.1.2 beschrieben, absolut essenziell für gutes Torhüterspiel. Als Basis dienen statische Übungen zur Rumpfkräftigung (z. B. Stützvariationen) und klassisches Hypertrophietraining sowie Stabilisationstraining. Darauf werden wir in diesem Buch nicht näher eingehen, da es hier ausreichend und vor allem auch gute Literatur gibt. Auch in der Kindheit kann hier altersgerecht bereits ein sehr guter Grundstein gelegt werden.

Wir widmen uns hier spezifischen Übungsformen für Torhüter. Je dynamischer die Übungen ausgeführt werden, desto mehr verschwinden die Grenzen zum nachfolgenden Kapitel, daher finden sich hier auch Übungen, die man per Definition auch dort ansiedeln könnte.

Generell gilt: Den Schwierigkeitsgrad erst erhöhen, wenn eine Übung technisch sauber ausgeführt werden kann. Kann beispielsweise der Seitstütz sauber gehalten werden, können erste dynamische Elemente hinzugefügt werden, wie das in der ersten der nachfolgenden Übungen dargestellt ist.

SEITLICHE BAUCHMUSKULATUR

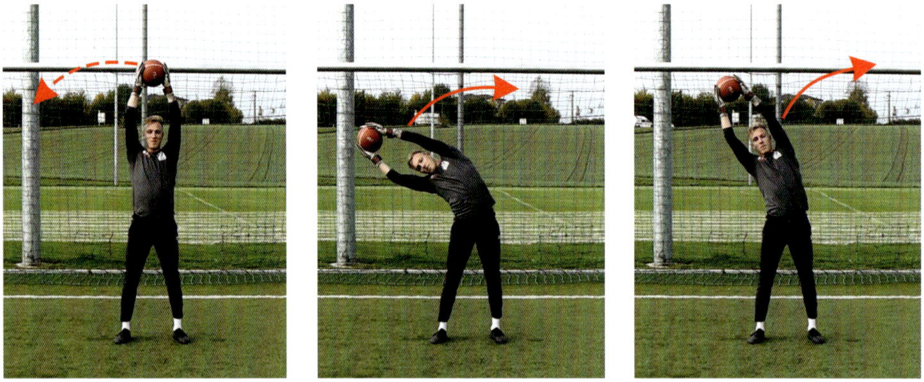

Ausgangsposition: Leichte Kniebeuge (Hüfte und Knie sind leicht gebeugt, Lendenwirbelsäulenlordose, die Arme sind mit dem Medizinball gestreckt über dem Kopf).

Ausführung: Den Oberkörper mit dem Medizinball über dem Kopf langsam zur Seite neigen (Bogen in der Wirbelsäule), anschließend zügig zurück zur Ausgangsposition kommen.

BEINACHSENSTABILITÄT/SPRUNGGELENK

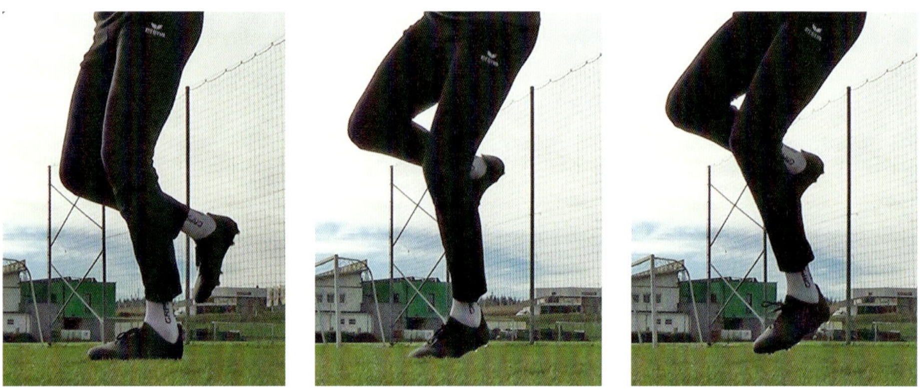

Ausgangsposition: Einbeiniger Stand, der Oberkörper ist aufrecht.

Ausführung: Einbeiniger Sprung nach innen, der Oberkörper bleibt stabil. Schneller Abdruck nach außen zurück in die Ausgangsposition (die Bewegung kommt aus dem Sprunggelenk – auch als Vorbereitung für den Abdruck nach außen, z. B. beim Hechten).

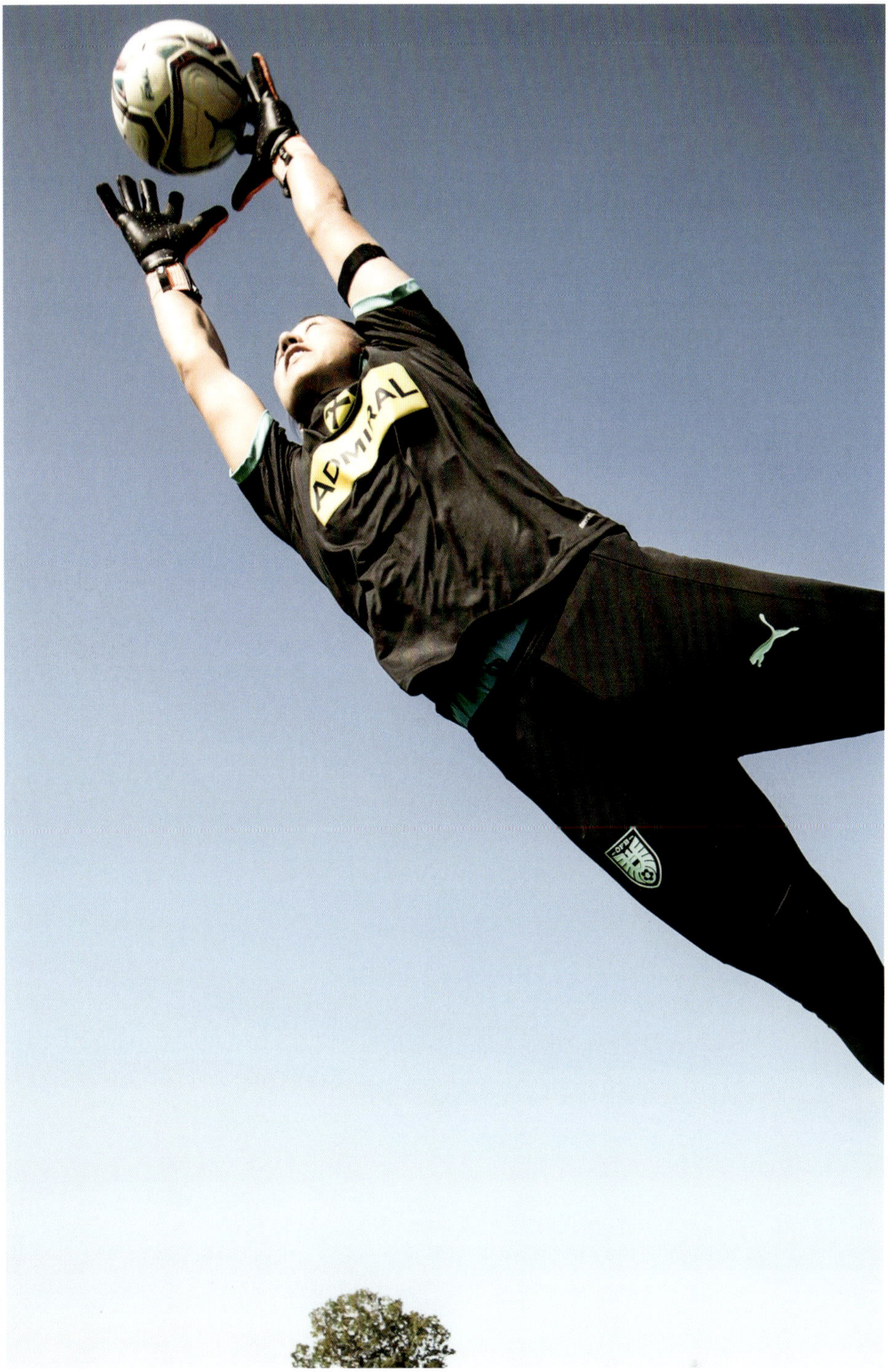
ADMIRAL

GERADE BAUCHMUSKULATUR UND HÜFTBEUGER

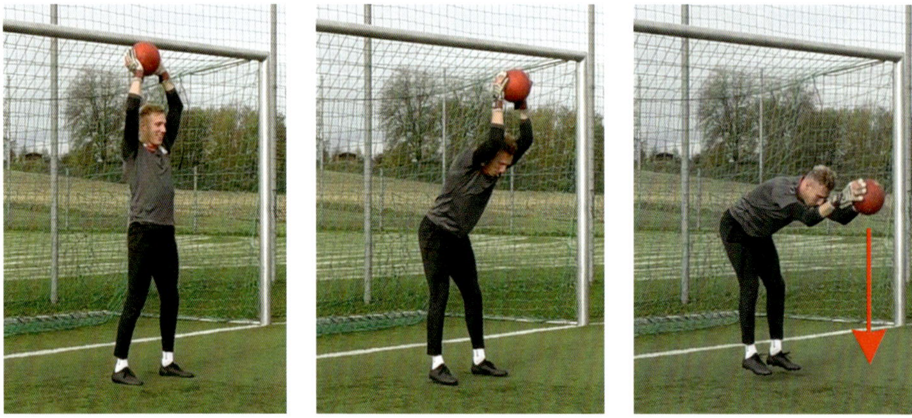

Ausgangsposition: Leichte Kniebeuge (Hüfte und Knie sind leicht gebeugt, Lendenwirbelsäulenlordose. Die Arme sind mit dem Medizinball gestreckt über dem Kopf.)

Ausführung: Explosiver Wurf des Medizinballs auf den Boden. Die Bewegung aktiv aus der Bauchmuskulatur („nicht aus den Armen") initiieren, bei explosiver Ausführung verlassen die Füße durch den entstehenden Impuls kurz den Boden.

RÜCKEN UND SCHULTER

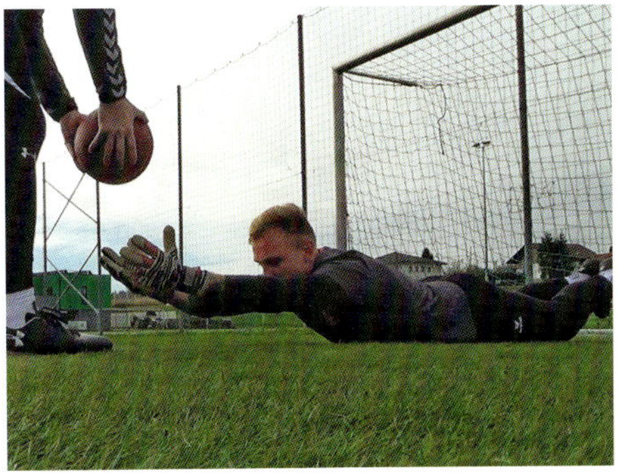

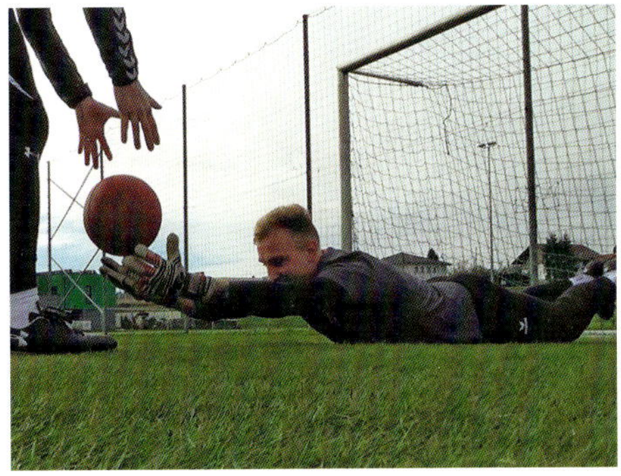

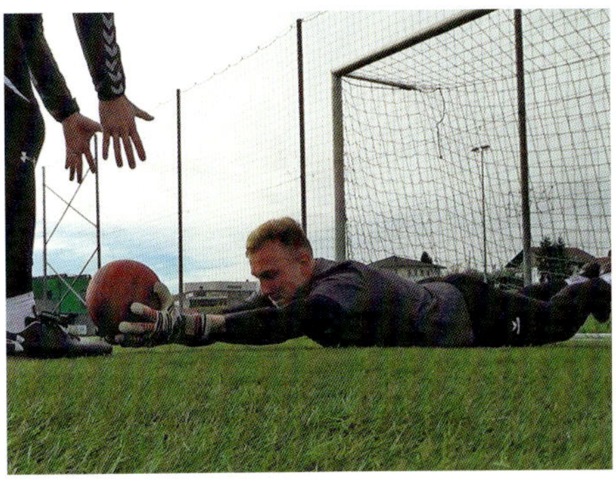

Ausgangsposition: Bauchlage, die Beine sind gestreckt und leicht vom Boden abgehoben. Die Fersen zusammenpressen und die Gesäßmuskulatur aktivieren (um die Lendenwirbelsäule zu stabilisieren). Vorspannung in der Rücken- und Schultermuskulatur, der Blick ist nach unten gerichtet (Schonung der Halswirbelsäule).

Ausführung: Den vom Partner fallen gelassenen Medizinball fangen, ohne dass der Ball den Boden berührt (**Achtung:** Distanz anpassen!!!).

RUMPF- UND BRUSTMUSKULATUR

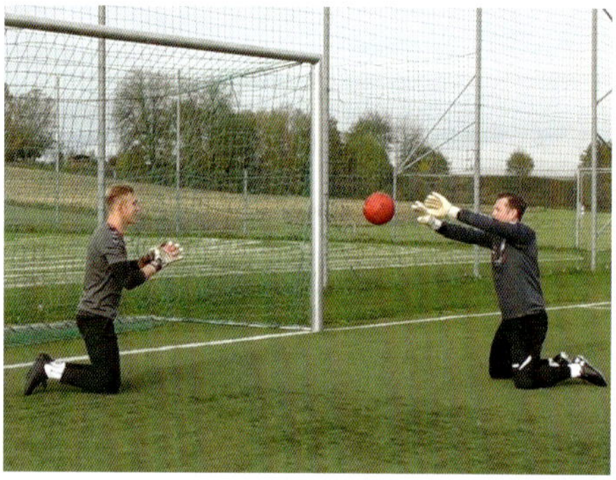

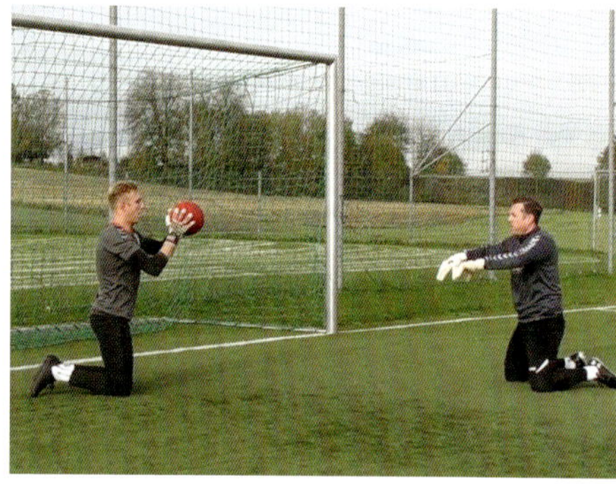

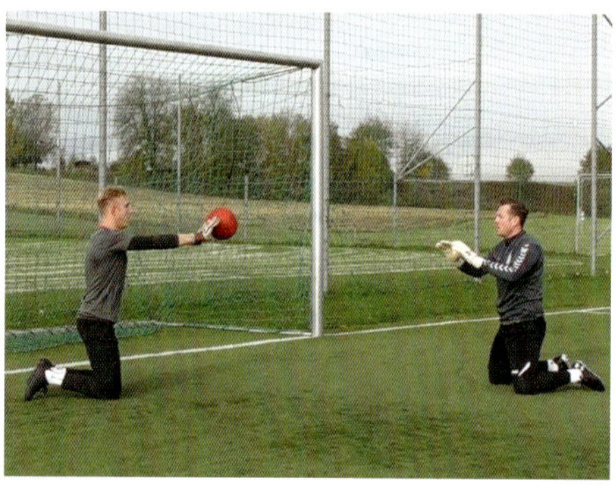

Ausgangsposition: Kniestand, die Hüfte ist leicht gebeugt und die Hände befinden sich leicht vor dem Körper (vgl. mit Grundstellung in Kap. 4.2.1.1). Vorspannung aufbauen.

Ausführung: Den Medizinball fangen. Der Rumpf bleibt stabil und möglichst in der Ausgangsposition, kann auch als Paarübung ausgeführt werden.

VARIATIONEN MIT INSTABILER UNTERLAGE

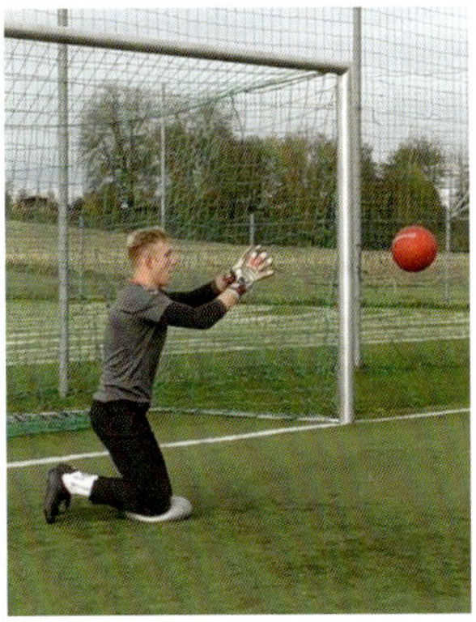

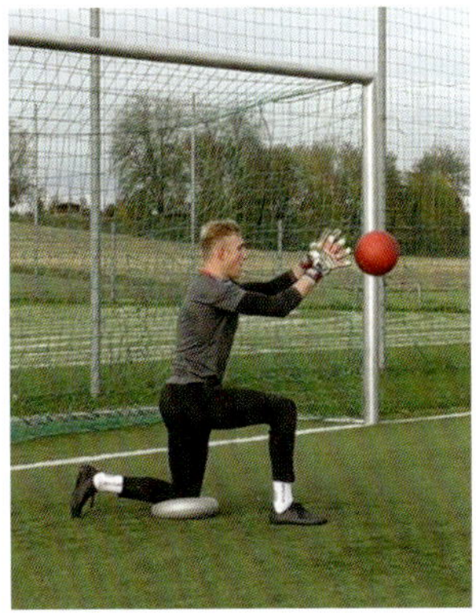

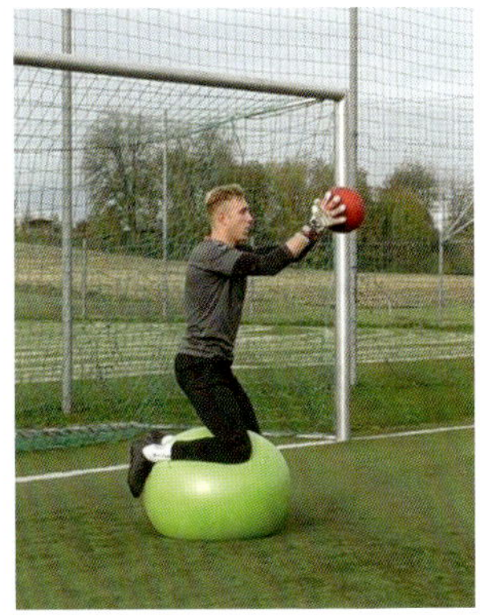

WEITERE ÜBUNGEN AUF DEM GYMNASTIKBALL

Kniend verschiedene Bälle fangen (einarmig, beidarmig, zwei Bälle gleichzeitig, . . .).

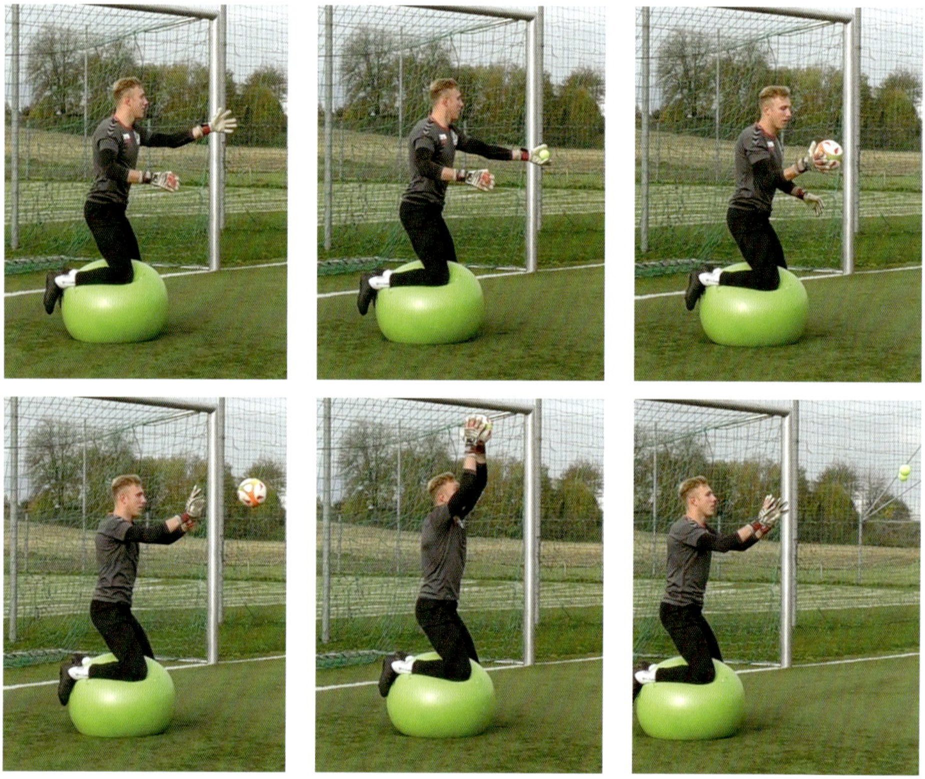

KNIEBEUGE

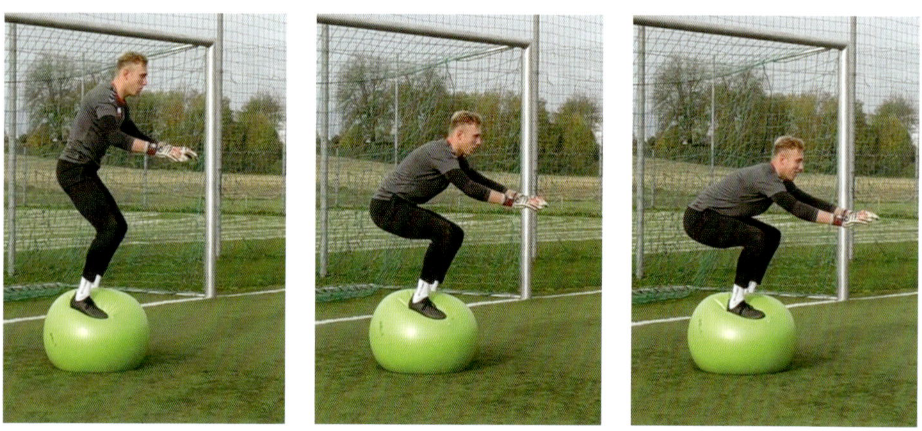

STEHEND VERSCHIEDENE BÄLLE FANGEN

(einarmig, beidarmig, zwei Bälle gleichzeitig, . . .)

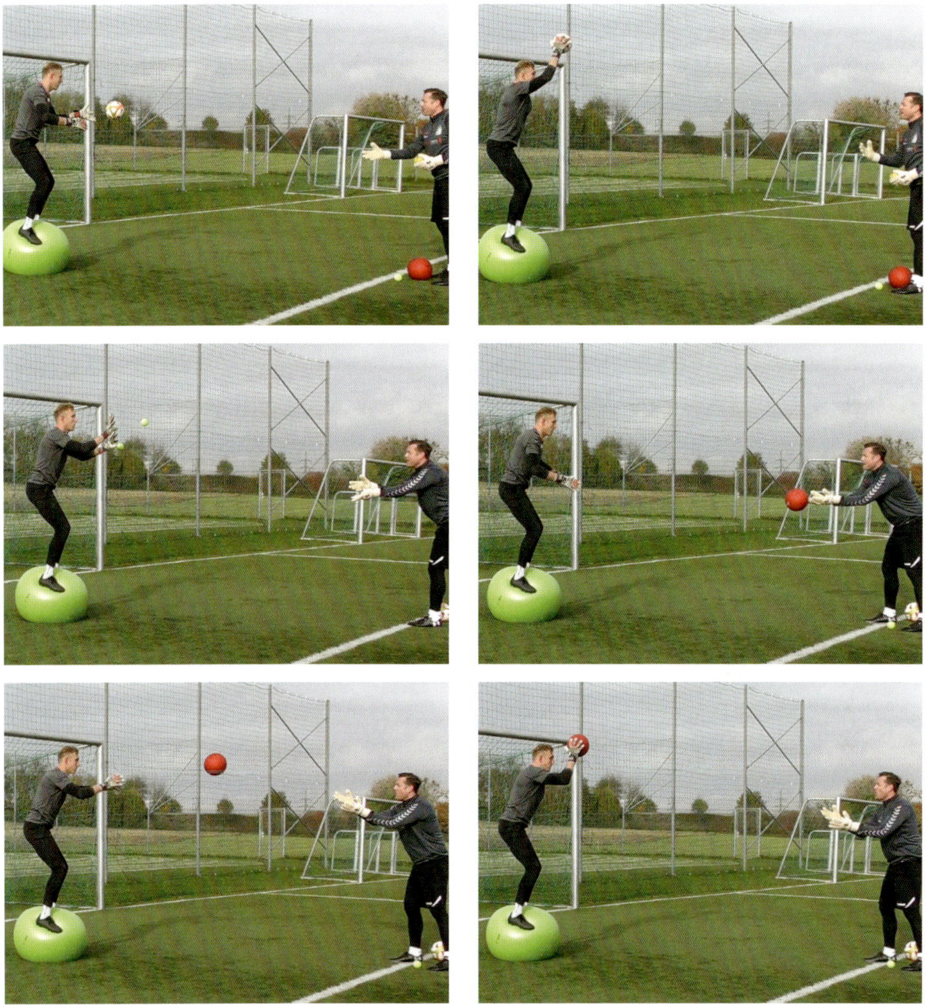

4.1.2.2 Schnell-/Explosivkraft, torhüterspezifisch

Sprünge sind ein sehr gutes Mittel, um die Schnell- und Explosivkraft zu trainieren. Sie kommen auch in unterschiedlichsten Formen im Spiel vor und sind daher sehr nahe an der Zielbewegung.

HÜRDENSPRÜNGE FRONTAL, BEIDBEINIG

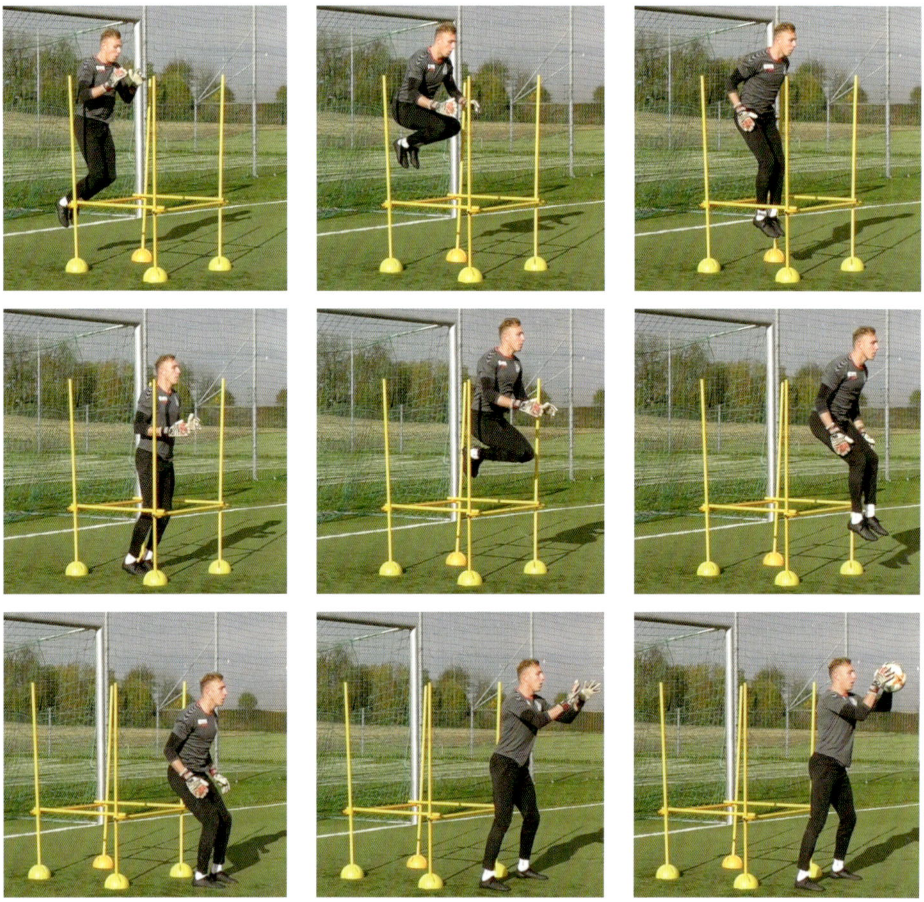

Einwurf

Die Anschlussaktion mit Ballfangen dient einerseits zur Motivation (mit Ball ist „alles lustiger"), andererseits kann man einen Sprung auch nutzen, um die Grundstellung spielerisch zu trainieren.

Ein Nachteil von Kombinationsübungen kann sein, dass die Qualität der ersten Übung darunter leidet, da der Fokus schon auf der nachfolgenden Aktion liegt. Allerdings kann man sich das auch zunutze machen – als psychologische Komponente oder um dem Unterbewusstsein mehr Raum zu geben.

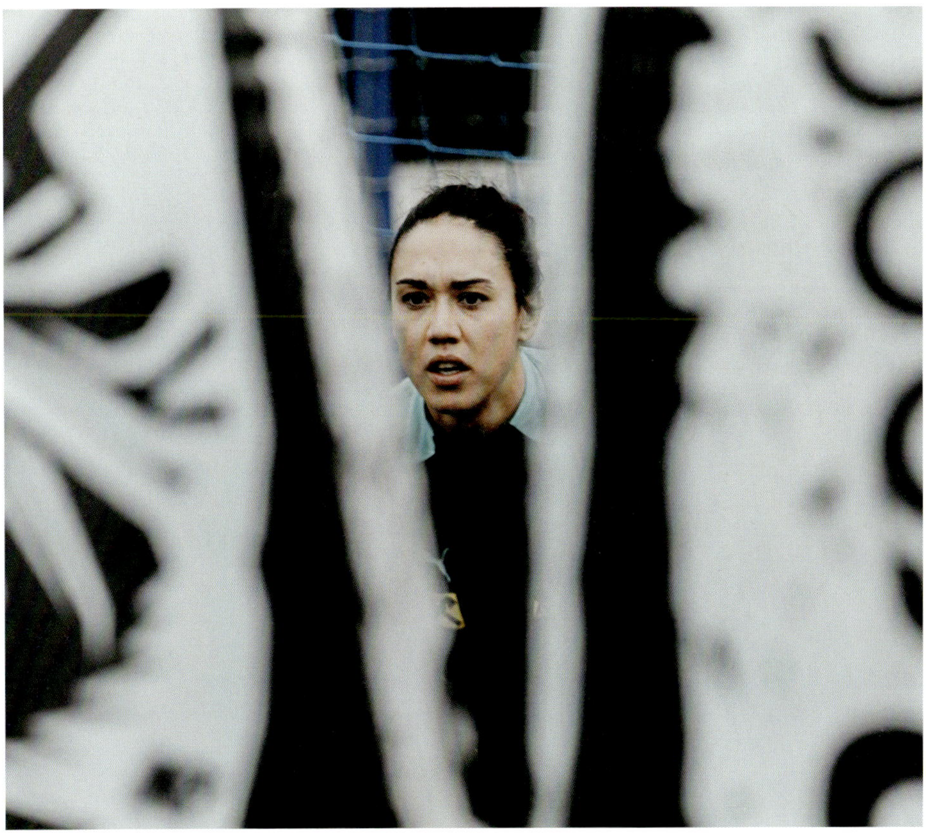

HÜRDENSPRÜNGE MIT VIERTELDREHUNGEN, BEIDBEINIG

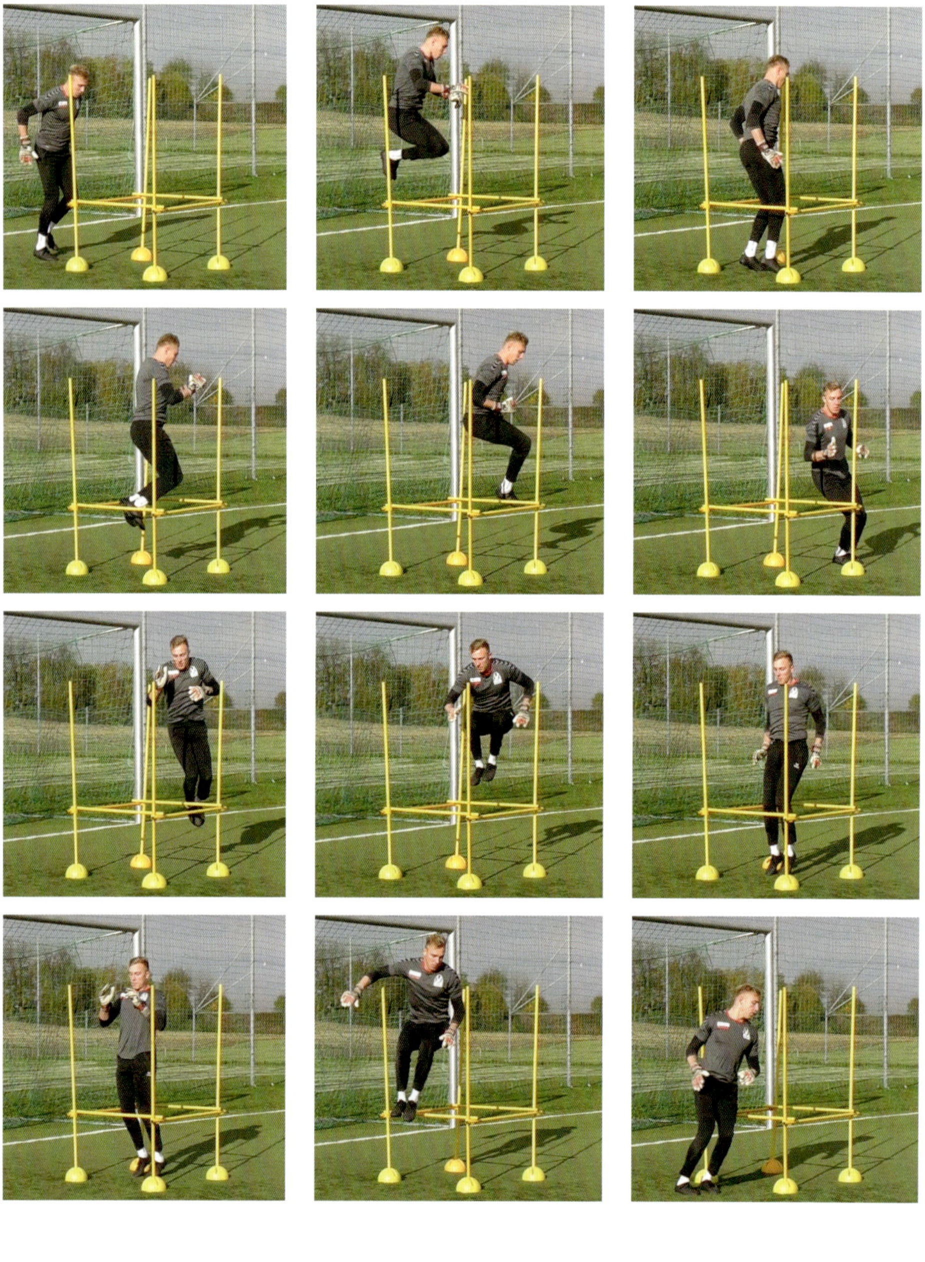

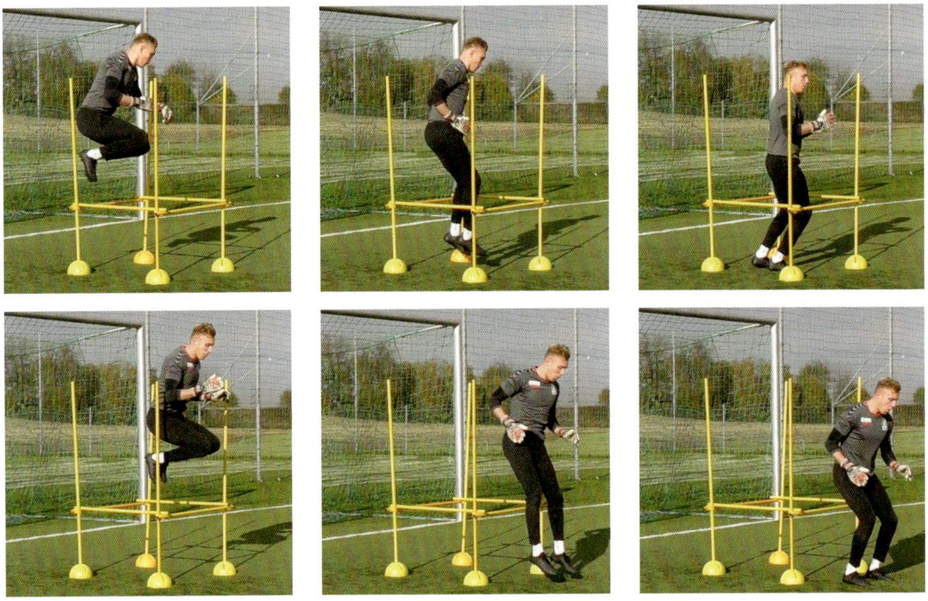

Im Torhüterspiel und generell im Fußball gibt es wenige Bewegungen, die gerade verlaufen. Ständig erfolgen Richtungswechsel und Drehungen. Entsprechend sollten wir diese Drehungen auch im Krafttraining berücksichtigen, damit diese dann auch im Spiel angewendet werden können.

Soll im Zuge dieser Übung die Schnellkraft in den Vordergrund gestellt werden, auf die Wiederholungszahl und Erholungszeit achten! Die Übung kann sehr gut auch nur in Teilabschnitten absolviert werden, wie nachfolgend einbeinig dargestellt.

HÜRDENSPRÜNGE MIT VIERTELDREHUNGEN, EINBEINIG

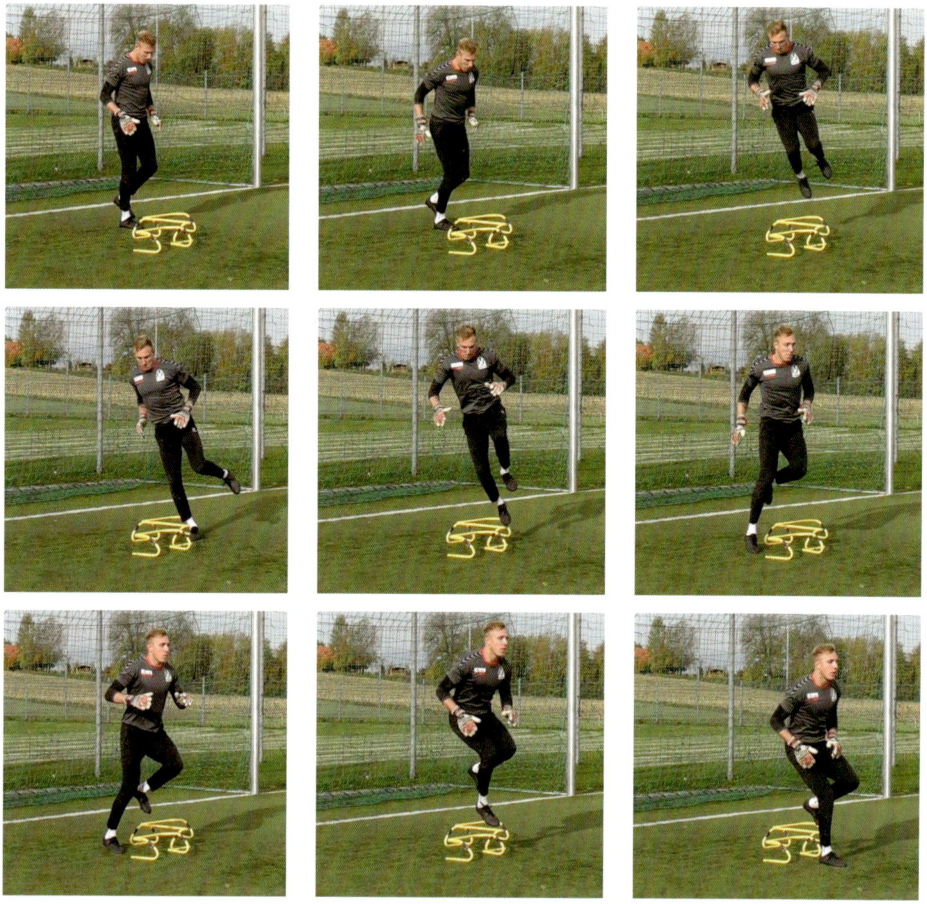

Auch hier ist eine Anschlussaktion möglich, weil z. B. ein Sprung mit seitlichem Abdruck direkt angeschlossen werden kann. Damit das flüssig passiert, muss allerdings das Timing des Schusses oder Wurfs sehr, sehr genau sein.

Einwurf

Unterschied zwischen Profi- und Amateurbereich: Da professionelle Sportler eine signifikant höhere Anzahl an Trainingseinheiten absolvieren, ist dort ein isoliertes Training der unterschiedlichen Schwerpunkte möglich. Wir empfehlen diese Vorgehensweise vor allem deswegen, weil es mit steigendem Niveau immer mehr auf feine Details ankommt und isolierte Übungen (z. B. Sprünge über Hürden) die Fokussierung auf die entscheidenden Details zulassen.

Im Amateur- oder Entwicklungsbereich stehen meist deutlich weniger Trainingseinheiten zur Verfügung. Daher macht es in diesem Bereich durchaus Sinn, auf diese extreme Fokussierung zu verzichten und Schwerpunkte zu kombinieren. So kann man, wie das nachfolgende Beispiel zeigt, eine Technikübung wie Hechten und Ablenken (vgl. Kap. 4.2.1.13) anschließen.

Damit das gut funktioniert, muss das Timing der Schüsse/Würfe optimal sein. Der Vorteil von diesen kombinierten Übungen ist, dass im Training ohne großen Verlust von Ballkontakten für das Techniktraining andere Aspekte des Torhüterspiels eingebaut werden können.

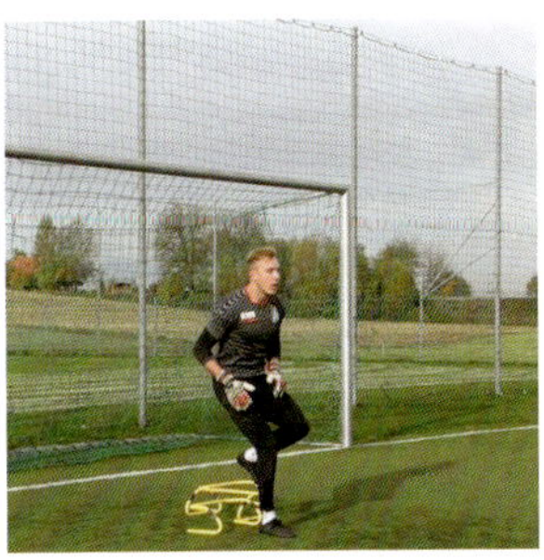
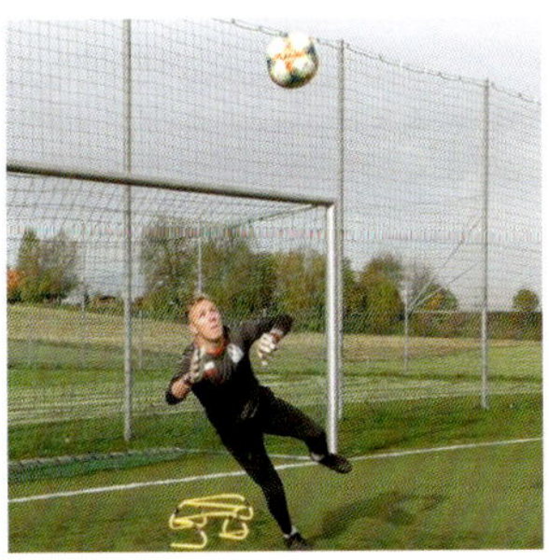
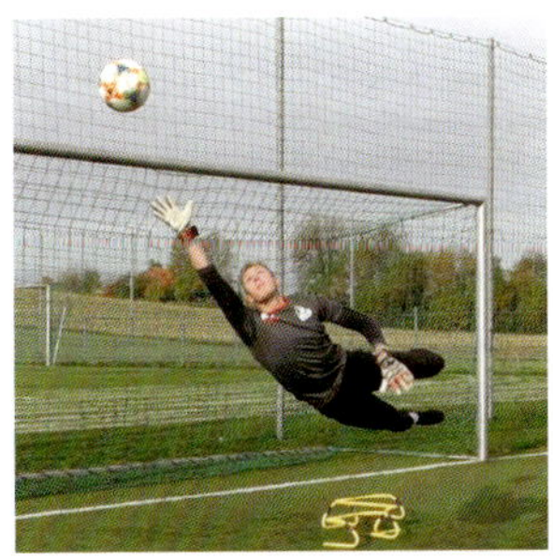

Diese Trainingsinhalte können auch mit (relativ niedrigen) Gewichten durchgeführt werden. Wichtig für das Schnellkrafttraining mit Zusatzgewichten ist, dass die Bewegungsausführung nur minimal langsamer als maximal schnell ist, ansonsten wird Explosivkraft trainiert.

Beide Kraftarten sind für das Torhüterspiel wichtig, da sie für Beschleunigung nötig sind und treten in unterschiedlichen Anteilen auf. Daher ist eine exakte Abgrenzung aus unserer Sicht im Training nicht nötig. Je jünger der Torwart ist, desto mehr Augenmerk sollte jedoch auf die Schnellkraft gelegt werden.

SQUAT JUMP MIT MEDIZINBALL

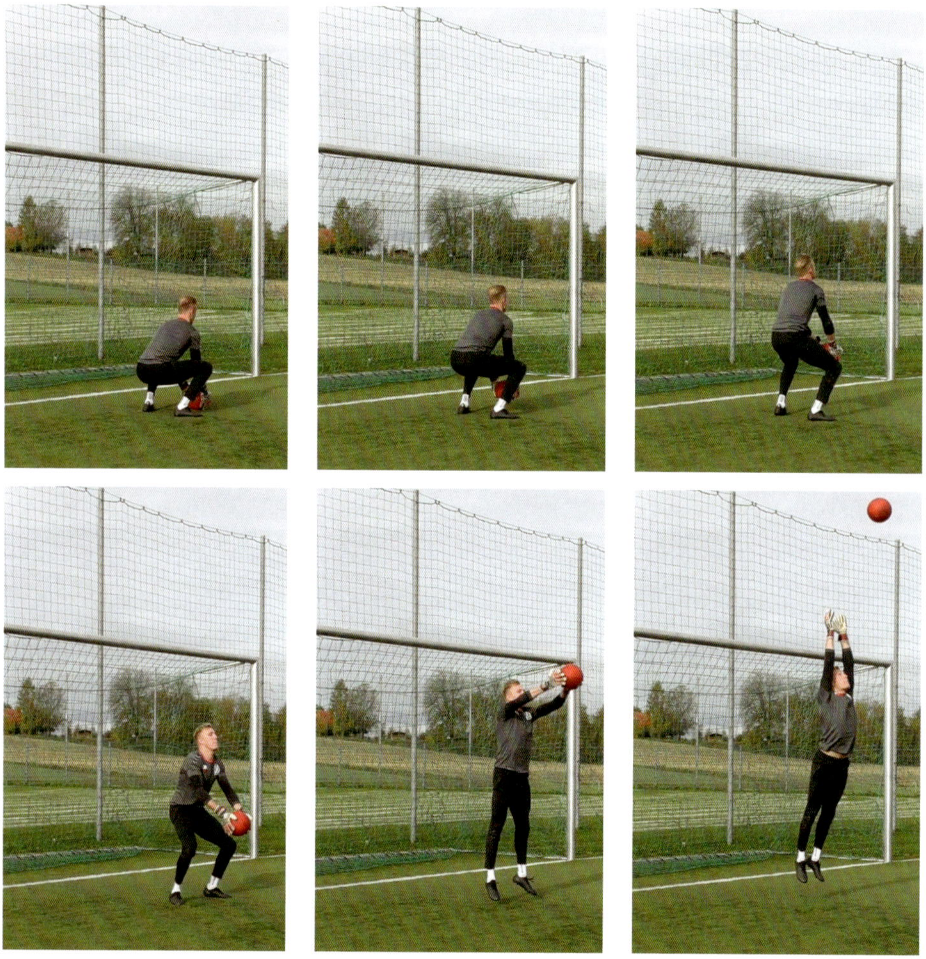

VERTIKALSPRUNG, BEIDBEINIG, NACH ROLLE VORWÄRTS

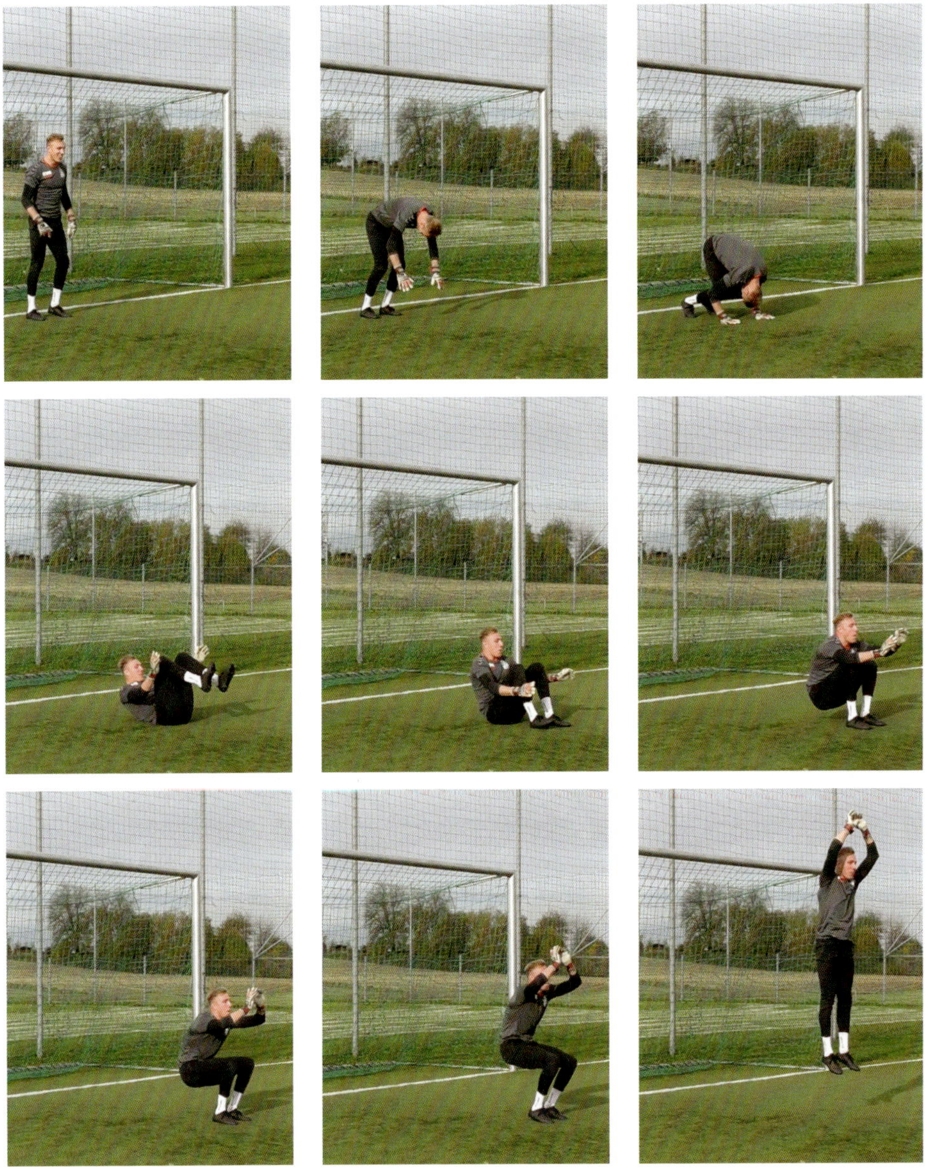

ALTERNATIV MIT ANSCHLUSSAKTION BALLZUGRIFF

(perfektes Timing nötig)

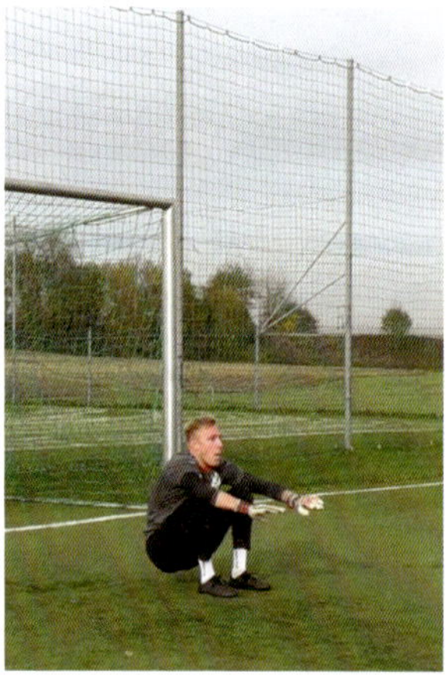
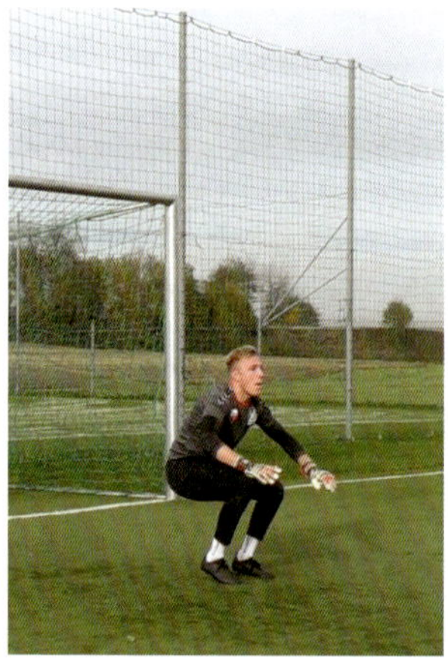
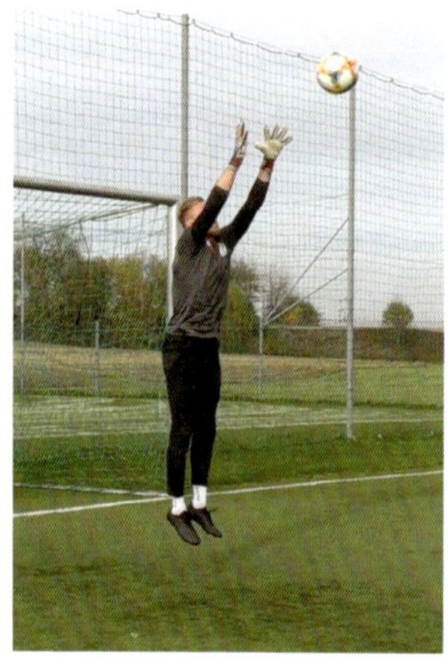

VERTIKALSPRUNG, EINBEINIG, NACH ROLLE VORWÄRTS

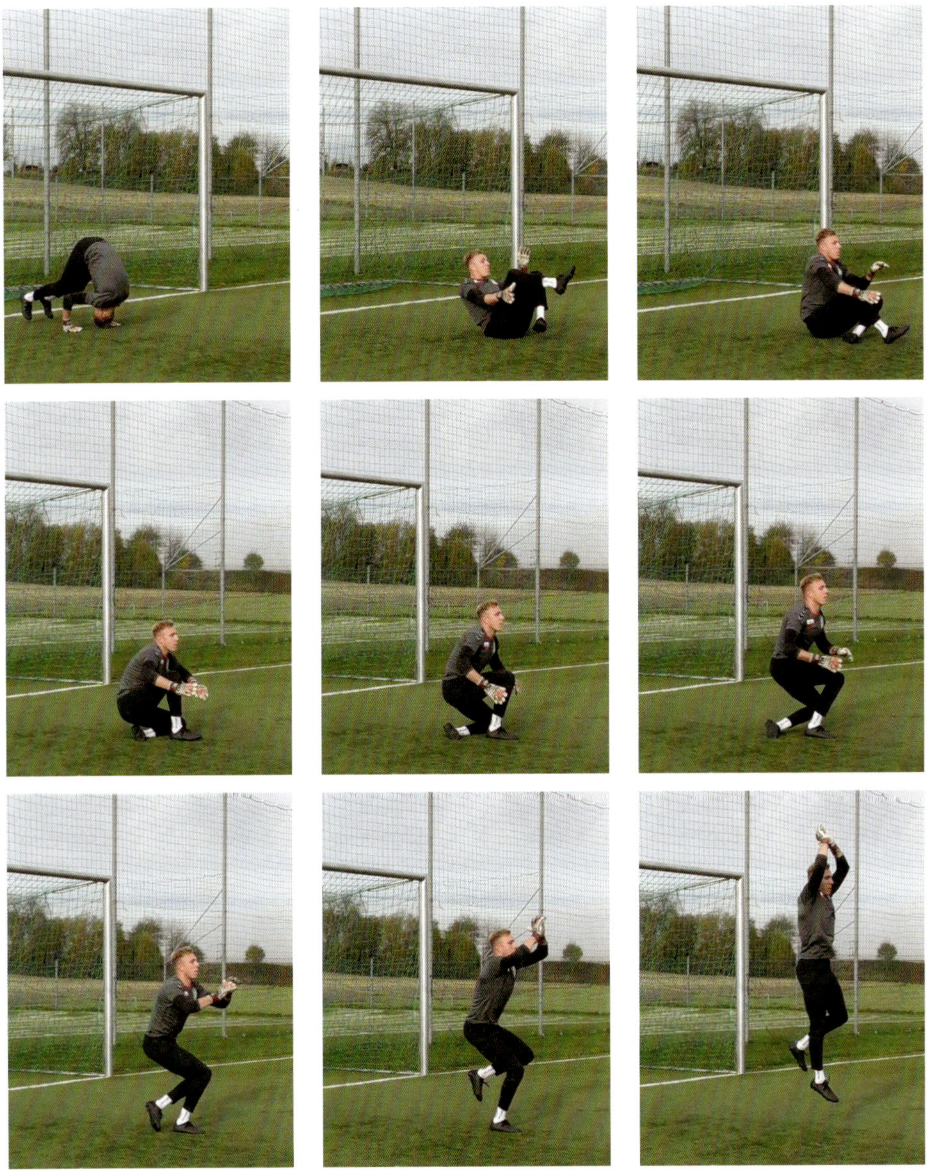

ALTERNATIV MIT ANSCHLUSSAKTION MIT BALLZUGRIFF

(perfektes Timing nötig)

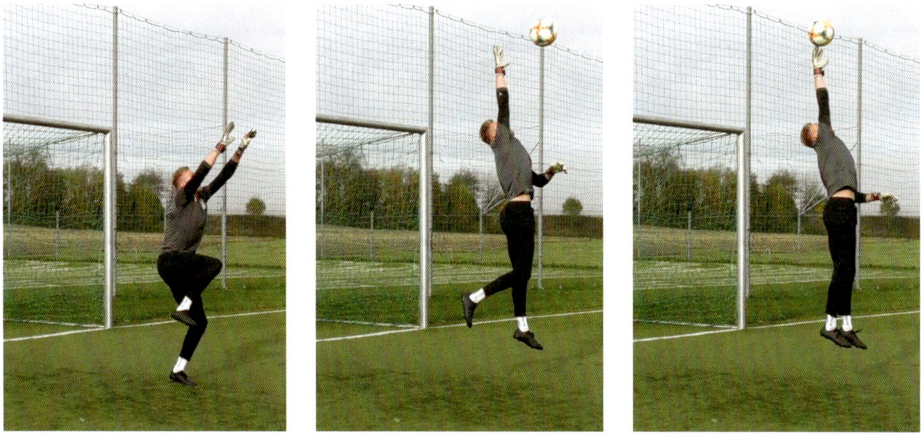

HECHTEN ZUR SEITE, EINBEINIG, NACH ROLLE VORWÄRTS

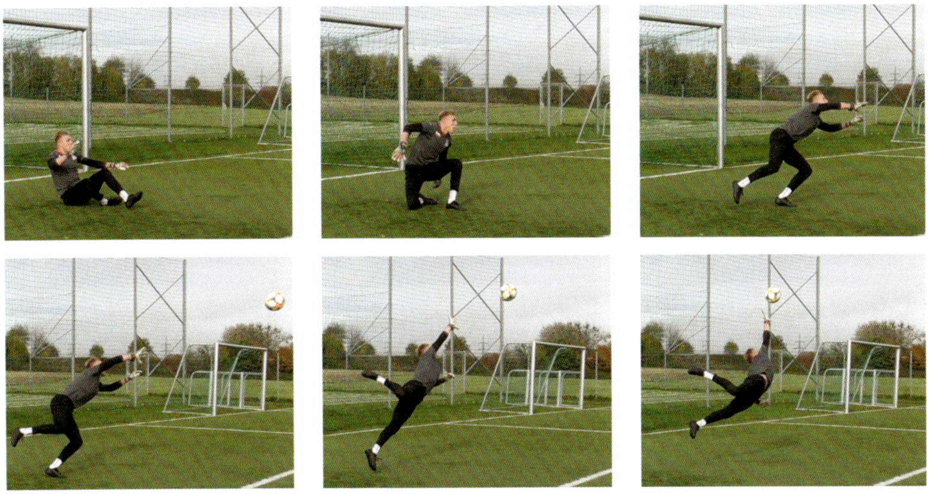

Unbedingt auf beiden Seiten üben – koordinativ ziemlich anspruchsvoll.

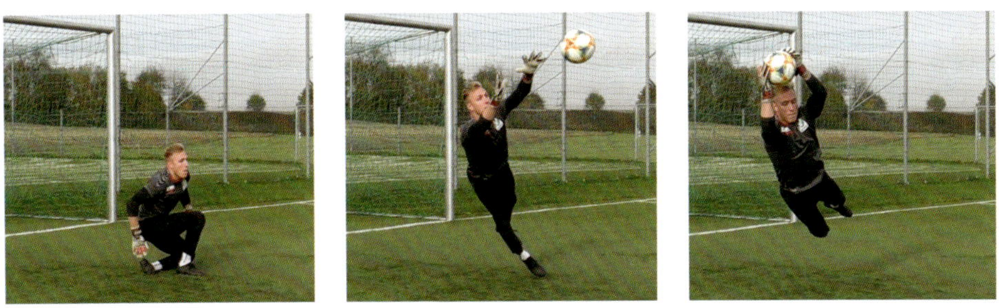

Einwurf

Warum eine Rolle? Am Ende der Rolle erreicht man hinsichtlich der Beugung im Knie eine ähnliche Position wie bei zwei schnell aufeinanderfolgenden Abwehraktionen, wie das auch im Spiel öfters vorkommt. Eine ähnliche Beugung tritt auch beim Hechten zu einem weit entfernten, flachen Ball auf (siehe Kap. 4.2.1.13).

4.1.3 Ausdauer

Auch hier verweisen wir auf die vorhandene externe Literatur und Training in Eigeninitiative außerhalb des organisierten Trainings. Eine Empfehlung möchten wir aus unserer Erfahrung aber auf jeden Fall mitgeben:

Sehr gut eignen sich zum Aufbau und Erhalt der aeroben Ausdauer Regenerationsmaßnahmen (Radfahren nach dem Training). Für das Training der anaeroben Ausdauer eignen sich wiederum Spielformen hervorragend, entweder sportartnahe zum Beispiel im Mannschaftstraining oder durch andere Ballsportarten wie Tennis, Basketball oder Volleyball, die ebenfalls ins Training integriert werden können oder zusätzlich außerhalb des Fußball- und Torhütertrainings stattfinden.

Einwurf

Fußballer und insbesondere Torhüter lieben Bälle! Laufen gehen ist für viele eine Tortur, aber sobald ein Ball mit im Spiel ist, fällt das Ausdauertraining gar nicht mehr auf. Verpacke es also gut und sorge durch äußere Parameter wie Spielfeldgröße, Spieleranzahl, Belastungsdauer und besondere Regeln für das richtige Belastungsniveau.

4.1.4 Beweglichkeit

Auf klassisches Beweglichkeitstraining werden wir in diesem Buch aufgrund der verfügbaren hochwertigen Literatur nicht genauer eingehen. Dies kann auch gut in Eigeninitiative außerhalb des Fußball- und Torhütertrainings erfolgen. Durch die großen Bewegungsamplituden wird Beweglichkeit im Torhütertraining immer zu einem gewissen Anteil mittrainiert (z. B. „1-gegen-1-Ausfallschritt" in Kap. 4.2.1.11).

4.1.5 Koordination – variable Bewegungsabläufe

Auch zum Thema Koordination gibt es unzählige Anregungen aus externen Quellen. Unter dem Oberbegriff Koordinationstraining wird im Fußball meist auch auf das Thema Laufschule ein großes Augenmerk gelegt.

Wenn man sich dieses Training genauer ansieht, besteht es meistens aus vorgegebenen Bewegungsabläufen, die in bestimmten Rahmenbedingungen, wie Stangen oder Leitern, auch räumlich sehr geführt sind. Also zielen diese Trainingsformen großenteils auf Wiederholungen von möglichst identischen oder zumindest ähnlichen Bewegungsabläufen ab.

Genau genommen werden mit diesen Übungen also verschiedenste Lauftechniken antrainiert. Das ist unglaublich wertvoll, vor allem auch hinsichtlich der Entwicklung von Schnelligkeit, weil diese Übungen meist auch unter hohem Zeitdruck ausgeführt werden, aber um die Koordination im Sinne von **Gleichgewicht, Ballgefühl und Differenzierungsfähigkeit, Rhythmusfähigkeit, Reaktionsfähigkeit und Orientierungsfähigkeit** ganzheitlich zu trainieren, empfehlen wir einen anderen Zugang.

Sorge für Überraschungen, für Abwechslung, für sich ändernde Rahmenbedingungen in größtmöglicher Variation. Je jünger die Torhüter sind, desto größer sollte die Variation sein. Hier einige unserer Ideen und Trainingsformen:

- Laufen und/oder gehen mit Vorgabe der Bewegungsart und Richtung:
    - Vorwärts, rückwärts, Sidesteps, Überkreuzen, Einbeinsprünge, Schlittschuhsprünge, auf den Zehenspitzen, auf den Fersen, mit gebeugten Knien, mit gestreckten Beinen, auf beiden Beinen unterschiedliche Fortbewegungsarten.

- Zusatzaufgaben:
    - Arme verschränkt, Arme über dem Kopf/vor dem Körper gestreckt/hinter dem Körper, Hände auf den Knien/am Gesäß/an den Sprunggelenken, unterschiedliche Aufgaben für beide Arme.
    - Ball oder Bälle halten, mit Bällen jonglieren, Bälle zuwerfen, Bälle zupassen.
    - Gleichgewichtsherausforderungen schaffen, Hindernisse platzieren, instabile Unterlagen, verschiedene Untergründe.

Die verrücktesten Aufgaben und vor allem auch Kombinationen dieser Aufgaben führen zu immer neuen Bewegungserlebnissen und unser Körper lernt auf diese Weise, wie das Zusammenspiel von zentralem Nervensystem und Muskulatur in den unterschiedlichsten Situationen gut funktionieren kann.

Nicht nur die Bewegungsausführung soll variiert werden, sondern auch die Art und Weise, wie die Bewegungsformen vorgegeben werden:

- Verbal:
    - Tatsächliche Ansage der Bewegungsform.
    - Stellvertreter finden (z. B. links und rechts vertauschen, gerade Zahlen bedeuten vorwärts und ungerade Zahlen rückwärts – kann auch in Rechnungen verpackt werden, Länder bedeuten Hände vor dem Körper und Städte hinter dem Körper, Farben und vieles mehr).

- Visuell:
    - Bewegungen vorzeigen, gegenteilige Bewegung vorzeigen.
    - Zeichen für bestimmte Vorgaben definieren (z. B. Handzeichen, Hütchen in verschiedenen Farben, verschiedene Bälle fallen lassen/hochwerfen/berühren u.v.m.).

- Richtung der Vorgabe:
    - Den Standort wechseln.
    - Die Person, welche die Vorgabe gibt, wechseln.

Auch hier sind der Kreativität keine Grenzen gesetzt, möglichst viele sinnvolle Variationen zu schaffen, ist das Ziel.

Als Faustregel gilt: Wenn eine Vorgabe einigermaßen funktioniert, dann sollte man den nächsten Reiz setzen. Du wirst merken, dass die Spieler großen Spaß daran haben, herausgefordert zu werden und du wirst ein Gefühl entwickeln, wie viel Komplexität sie vertragen.

Diese Übungen sind enorm anspruchsvoll, deshalb achten wir immer darauf, dass die Belastungsdauer relativ kurz ist und diese Übungen nicht ermüdend, sondern aktivierend wirken. Hier ist Fingerspitzengefühl gefragt, das sich über die Zeit entwickelt.

Nicht aufgeben, wenn es bei den ersten Malen nicht besonders gut funktioniert, einfach ein paar Wochen später wieder versuchen. Es dauert manchmal, um das richtige Maß für Personen und Gruppen zu finden. Aus unserer Erfahrung lassen sich diese Inhalte gut ins Aufwärmen integrieren.

Einwurf: Differenzielles Training (Schöllhorn, 1999)

Prof. Dr. Wolfgang Schöllhorn vom Institut der Sportwissenschaften in Mainz publizierte Ende der 1990er- und zu Beginn der 2000er-Jahre einige Studien zum Oberbegriff des differenziellen Lernens. Dieses Modell stellte einen alternativen Ansatz zum damals vorrangig eingesetzten Techniktraining bzw. des generellen Lernens durch einschleifende Wiederholungen dar.

Sein Ansatz war, dass eine ständige Konfrontation des Athleten mit unterschiedlichen Aufgaben (Differenzen – daher der Name) seine Fähigkeit verbessert, sich an neue Situationen anzupassen. Er baute sein Konzept mitunter auch darauf auf, dass zahlreiche Wahrnehmungsprozesse aus der Differenz von zwei Signalen entstehen, wie z. B. bei der optischen Wahrnehmung von Entfernung sowie der akustischen Wahrnehmung von Richtung.

Außerdem würde diese Art des Trainings auf die „Nichtwiederholbarkeit von Bewegungen" vorbereiten. Der menschliche Körper bietet in seiner Bewegungsfähigkeit eine Vielzahl an Freiheitsgraden, weswegen es nahezu unmöglich ist, eine Bewegung tatsächlich eins zu eins zu wiederholen.

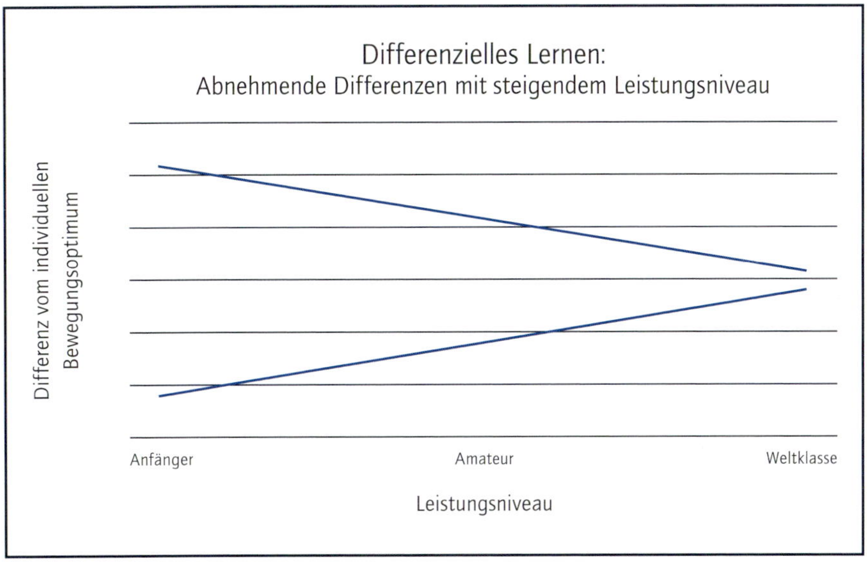

Abb. 36: Differenzielles Lernen – abnehmende Differenzen

Eine Untersuchung im Dartsport, bei dem man aufgrund der einheitlichen Rahmenbedingungen sowie der Zielgenauigkeit der Sportler vermuten könnte, dass die Bewegungen immer gleich ausgeführt werden, zeigte, dass es in der Ausführung des Wurfs zu erheblichen Unterschieden in der Bewegungsausführung kam. Mal war der Ellbogen höher, mal der Unterarm schneller, mal das Handgelenk in einem anderen Winkel – lediglich das Ergebnis war immer das Gleiche.

Es gibt auch eine Studie zum differenziellen Bewegungslernen im Fußball von Prof. Schöllhorn (Trockel & Schöllhorn, 2003). Dabei wurde der Torschuss von der Strafraumgrenze in zwei Vergleichsgruppen trainiert, einmal klassisch und einmal nach dem Prinzip des differenziellen Lernens. Dazu wurden in der differenziellen Gruppe bei jedem Schuss in folgenden Bereichen Variationen geschaffen:

- *Standbein, Spielbein, Oberkörperhaltung, Anlauf, Ballform, Kombinationen daraus.*
- *Es wurden alle möglichen Arten von Bewegungsformen ausgewählt, auch solche, die laut Technikleitbild als Fehler gelten würden, wie eine Rücklage des Oberkörpers oder eine zu große Entfernung des Standbeins zum Ball.*

Die gleiche Übung wurde in einem Training maximal einmal wiederholt, niemals aber direkt hintereinander. Nach sechs Wochen Training mit jeweils zwei solchen Einheiten hatten sich beide Gruppen verbessert. Die klassische Trainingsgruppe jedoch nur ganz minimal, die differenzielle Trainingsgruppe hingegen signifikant. Dieser Effekt des differenziellen Trainings wurde seither in zahlreichen Studien bestätigt.

Eine wichtige Anmerkung zu diesem Trainingsprinzip noch: Mit steigender Expertise der Sportler soll die Größe der Variation abnehmen. Umgelegt aufs Torhütertraining bedeutet das große Variationen bei unerfahrenen Torhütern und minimale Variationen bei Weltklasseathleten.

Fußball ist eine Sportart, in der der Zufall eine große Rolle spielt. Daher werden im Spiel immer wieder Situationen auftauchen, die im Training noch nie vorgekommen sind. Je größer der Schatz an Bewegungserfahrungen ist, desto größer ist die Wahrscheinlichkeit, dass unser Körper es schafft, eine passende Bewegungslösung zu finden. Gerade im Torhüterspiel sind es oftmals genau diese unerwarteten Momente und Bewegungen, die in Erinnerung bleiben.

Beispielhafte Übungen zur Verbesserung der koordinativen Fähigkeiten

BEWEGUNGSFORMEN UND PÄSSE

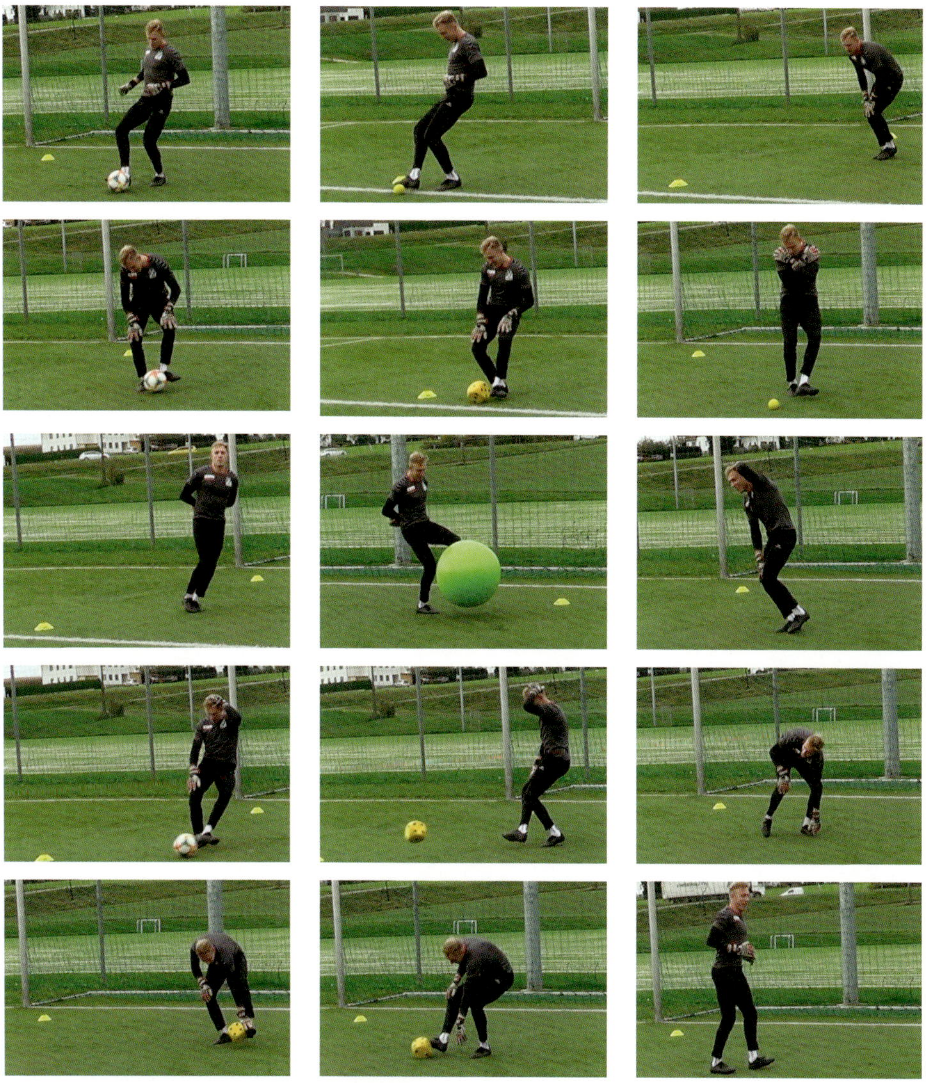

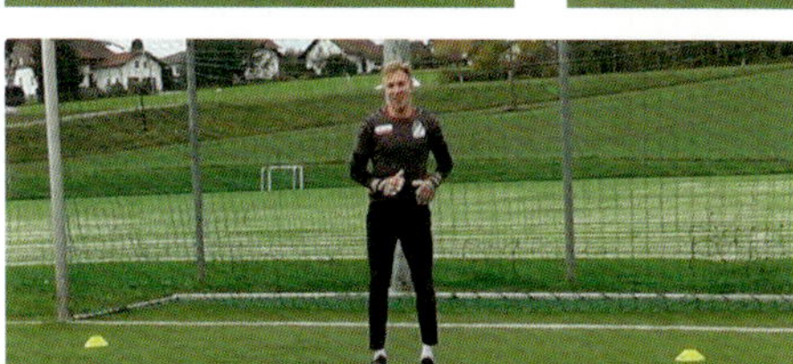

FANGEN

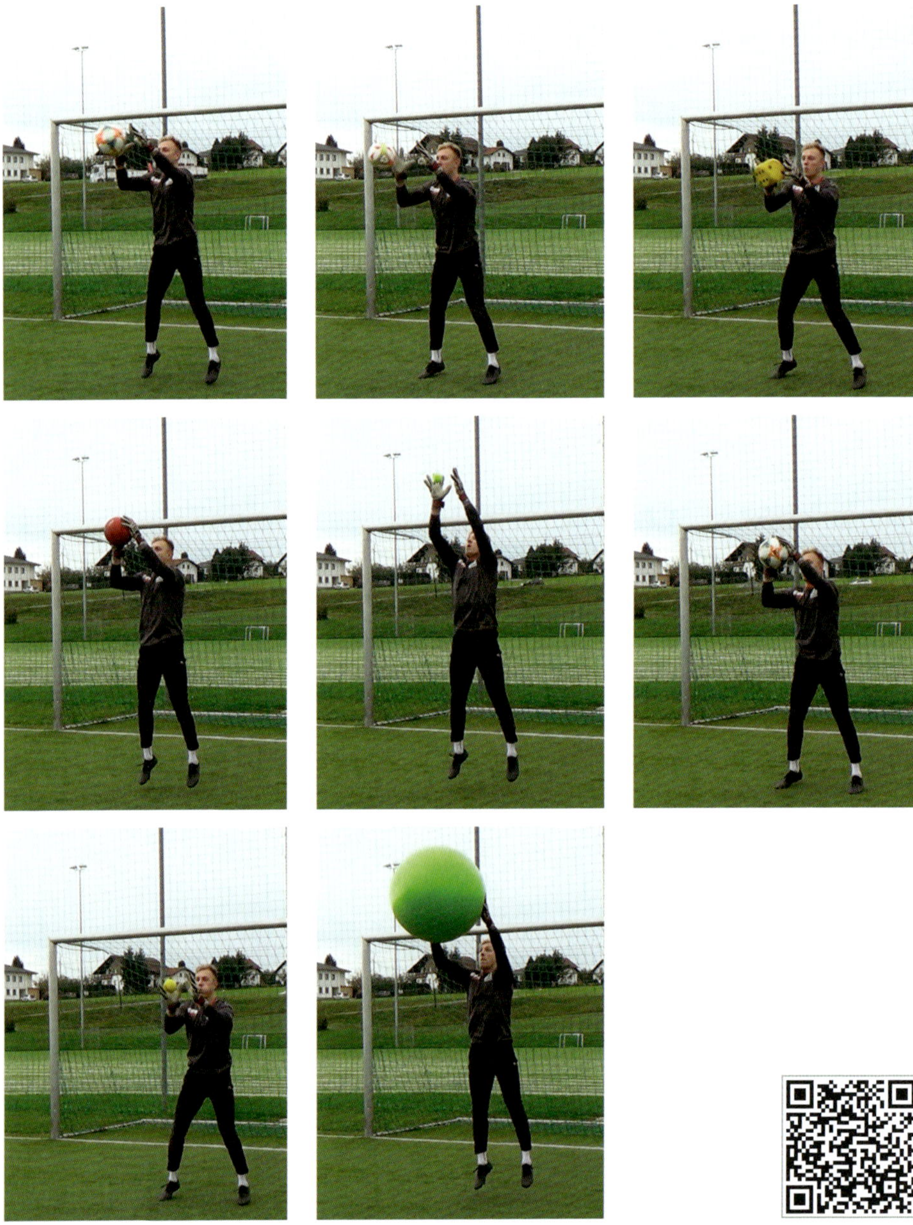

4.2 Techniktraining – unser Trainingsprinzip

„Vom Technikerwerbstraining über das spielnahe Training zum Spiel"

Das beste Training ist das Spiel – wir schließen uns diesem Sprichwort an, da man auch mit den besten Imitationsübungen niemals die Realsituation simulieren kann. Um Techniken zu erlernen und zu festigen, bedarf es allerdings abgewandelter Trainingsformen und vor allem vieler Wiederholungen und Variationen. Daher haben wir für unser Training sechs Abstufungen definiert:

- Spiel
- Spielformen
- Spielnahes Training mit Gegenspieler
- Spielnahes Training mit Dummy
- Technikerwerb mit Dummy
- Technikerwerb, isoliert

Durch diese Abstufungen erreichen wir, ausgehend vom extrem komplexen Spiel, durch Erleichterungen eine Reduktion der Komplexität. So kann sich der Torhüter auf die für ihn in der jeweiligen Trainingssituation wichtigen Komponenten konzentrieren.

Welche Komponenten dies sind, hängt einerseits vom Leistungsniveau des Sportlers und andererseits vom Trainingsziel ab. Der Übergang zwischen diesen Abstufungen kann nicht immer exakt abgegrenzt werden und ist meist fließend.

Soll der Torhüter eine Technik erlernen, so muss das Training so gestaltet werden, dass sich der Torhüter auf die Bewegung an sich konzentrieren kann. Daher werden alle „störenden Komponenten", wie Gegner, Mitspieler, weggelassen und nur mit dem Ball oder überhaupt ohne Ball gearbeitet (fünfte Abstraktionsstufe). Wir sprechen hierfür in weiterer Folge vom Technikerwerbstraining.

Je besser der Torhüter die Technik beherrscht, desto mehr Störfaktoren können wieder in das Training integriert werden. Der Sportler ist so gefordert, die gelernte Technik in unterschiedlichen Situationen anzuwenden. In der Literatur wird dieses Training auch oft als „Technikanwendungstraining" bezeichnet.

Diesen Begriff verwenden wir allerdings nicht, da wir der Meinung sind, dass ein Fußballtorhüter niemals eine Technik „nur" anwenden wird. Durch die schon beschriebenen verschiedensten Einflussfaktoren geht es immer darum, eine Technik den aktuellen Gegebenheiten situativ anzupassen.

Das heißt, dass ein Torhüter ein nahezu unendliches und niemals fertiges Repertoire an Technikvariationen benötigt, um erfolgreiche Aktionen zu generieren. Aufgrund der begrenzt möglichen Trainingszeit, Karrieredauer und generell der Lebenszeit ist das ein völlig unmögliches Unterfangen!

Genau deshalb trainieren wir variabel und setzen immer wieder neue Reize, um unseren Torhütern ein breites Spektrum an Bewegungserfahrungen mitzugeben. Um diese im Spiel in Sekundenbruchteilen abrufen zu können, müssen trotzdem entsprechend viele Wiederholungen absolviert werden. Aber immer mit minimalen Variationen.

Wir stehen also täglich vor einer riesengroßen Herausforderung:

Einerseits variabel mit immer wieder neuen Reizen trainieren – das bedeutet, Fehler machen, denn nur durch Fehler lernt unser Gehirn.

Andererseits hohe Wiederholungszahlen, um das Gelernte schnell abrufen zu können. Außerdem noch für ausreichend Erfolgserlebnisse sorgen, da die Psyche und das Selbstvertrauen einen so hohen Stellenwert haben.

Im Grunde genommen ist diese Aufgabe unlösbar.

Die richtige Mischung aus beiden Welten zu finden, ist die Kunst eines guten Torhütertrainers. Dabei helfen wir in diesem Kapitel.

Für nähere Infos zur Diskrepanz zwischen Variation und Wiederholungen empfehle ich das Buch *The talent code* von Daniel Coyle (2009) (http://danielcoyle.com/the-talent-code/).

In der deutschen Übersetzung finde ich den Titel *Die Talent-Lüge: Warum wir (fast) alles erreichen können* nicht ganz so treffend. Das Buch ist aber genauso informativ und spannend.

Zurück in unserem Thema geht es nun darum, *alle* Aspekte des Torhüterspiels (siehe Anforderungsprofil ab S. 36) zu entwickeln.

Dazu setzen wir immer wieder andere Schwerpunkte mit scheinbar gleichen oder nur leicht adaptierten Trainingsübungen. Durch die erhöhte Komplexität wird dabei auch die Technik immer mehr unbewusst gesteuert und wird damit im Spiel schneller abrufbar.

Da es nun darum geht, etwas zu lernen und aufzubauen, sind die Abstufungen hier nochmals in umgekehrter Reihenfolge, also aufbauend, dargestellt.

Unser Torhütertraining ermöglicht es, die Schwerpunkte aus dem Anforderungsprofil unterschiedlich zu setzen und gegebenenfalls auch miteinander zu kombinieren. Durch die Integration von zusätzlichen Aufgaben in eine Basisübung erreichen wir diese unterschiedlichen Schwerpunkte.

- Technikerwerb, isoliert
- Technikerwerb mit Dummy
- Spielnahes Training mit Dummy
- Spielnahes Training mit Gegenspieler
- Spielformen
- Spiel

Nachfolgend wird jede Technik und die dazugehörigen Varianten in einem eigenen Kapitel beschrieben und in Fotoreihen dargestellt. Über einen QR-Code kann ein kurzes Onlinevideo der jeweiligen Technik angesehen werden. Darunter sind alle ausschlaggebenden Coachingpunkte definiert.

Unter der Überschrift „Entwicklung der Technik" ist der stufenweise Aufbau und die Hinführung zur Zieltechnik wiederum mit Fotoreihen und Videos erklärt. Dabei steigt der Schwierigkeitsgrad mit jeder weiteren gezeigten Übung.

Ausgehend von der Ausgangssituation des Torhüters und vom Schwerpunkt der Trainingseinheit, kann somit relativ einfach die gewünschte Basisübung ausgewählt werden.

Wir verzichten ganz bewusst auf Empfehlungen, ab welchem Alter Dinge trainiert werden sollen. Es geht in der Entwicklung von Torhütern immer um **den aktuellen Leistungszustand** und **welche neuen Reize** wir setzen, um die **nächsten Entwicklungsschritte** zu fördern und einzuleiten. Dabei spielt es keine Rolle, ob wir einen 10-jährigen Anfänger oder einen 36-jährigen Weltklassetorhüter trainieren!

Je mehr Trainingseinheiten pro Woche zur Verfügung stehen, desto besser kann man Themen isoliert trainieren oder, anders gesagt, die Schwerpunkte sehr detailliert setzen und herausarbeiten.

Im Amateurbereich oder im unteren Nachwuchsbereich bietet unser Trainingskonzept durch die Kombinationsmöglichkeit der unterschiedlichen Schwerpunkte in einer Trainingsübung einen besonderen Mehrwert, da alle Aspekte des Torhüterspiels gemeinsam entwickelt werden.

Dementsprechend wird nachfolgend sowohl auf isolierte Trainingsschwerpunkte als auch auf kombinierte Trainingsschwerpunkte eingegangen.

4.2.1 Defensivspiel und Defensivtechniken

Da jede Defensivaktion aus einer Kombination von Ballangriff und Ballzugriff besteht (teilweise sogar auch noch zusätzlich aus mehreren verschiedenen Ballangriffstechniken), ist eine Gliederung nach diesen Aspekten ebenfalls nicht möglich. Daher sind die nachfolgenden Defensivaktionen nach dem didaktischen Prinzip einer aufsteigenden Komplexität geordnet und sowohl die Ballangriffs- als auch Ballzugriffstechnik detailliert beschrieben.

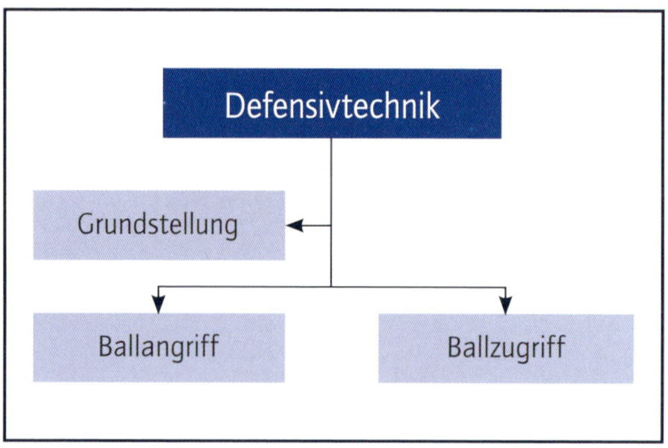

Abb. 37: Defensivtechnik

Torhüter werden oftmals hauptsächlich aufgrund ihrer Abwehraktionen bei direkter Gefahr beurteilt. Dies ist nahe liegend, da diese Aktionen meist spektakulär sind. Besitzt der Torhüter jedoch eine hohe Qualität in der Vereitlung von indirekten Gefahren, kann er gefährliche Situationen bereits vor der Entstehung einer direkten Torchance verhindern. Diese Aktionen sind meist eher unspektakulär und gehen daher in der Wahrnehmung des ungeübten Betrachters leider oft unter. Umso wichtiger ist es, diesem Aspekt des Spiels genügend Aufmerksamkeit zu widmen.

Einwurf

Wir beide sind uns in unserer Philosophie und Sichtweise des Torwartspiels relativ ähnlich. Trotzdem führten wir zahlreiche Diskussionen und sind in Detailfragen immer wieder einmal unterschiedlicher Meinung. Für dieses Buch mussten wir uns in allen Fällen für eine Variante entscheiden, mit ihren Vor- und Nachteilen.

Diese Information soll zeigen, dass es im Torhüterspiel kein Richtig oder Falsch gibt. Alles, was hilft, seinen Job als Torhüter gut zu erledigen, hat seine Berechtigung und jeder Torhütertrainer und Torhüter muss für sich selbst die beste Variante herausfinden.

4.2.1.1 Grundstellung

Die **Grundstellung für direkte Gefahr** ist jene Ausgangsposition, die es ermöglicht, best- und schnellstmöglich zu reagieren, um ein Tor zu verhindern, einen Ball aufs Tor zu fangen oder abzuwehren. Daher werden nahezu alle Aktionen zur Verhinderung eines Gegentors aus dieser Grundstellung gestartet.

Wichtig ist dabei, die Balance auf beiden Füßen zu halten und die Aktion mit dem richtigen Bein zu beginnen. Die Arme sind in einer neutralen Position, um in alle Richtungen den kürzesten und damit schnellsten Weg zu haben.

Die Grundstellung für direkte Gefahr wird immer dann eingenommen, wenn damit zu rechnen ist, dass eine Aktion zur Verhinderung eines Gegentors gestartet werden muss. Um richtig positioniert zu sein, erfolgen in der Grundstellung ständig kleinräumige Bewegungen oder es wird die Grundstellung nach einem Wechsel der Position erneut eingenommen.

Besteht keine unmittelbare Möglichkeit einer Torchance, aber es kann eine vorbereitende Aktion erfolgen, sollte der Torhüter in der **Grundstellung für indirekte Gefahr** eine leichte Spannung aufbauen, um aus dieser Position Ballangriffsaktionen einleiten zu können. Beispielsweise, wenn die gegnerische Mannschaft im Mittelfeld am Ball ist und es könnte ein Pass in die Tiefe kommen oder bei einer Situation auf der Seite des Spielfelds, wenn eine Flanke kommen könnte.

Die Grundstellung ist somit die Ausgangsposition für alle Varianten des Ballangriffs.

Direkte Gefahr

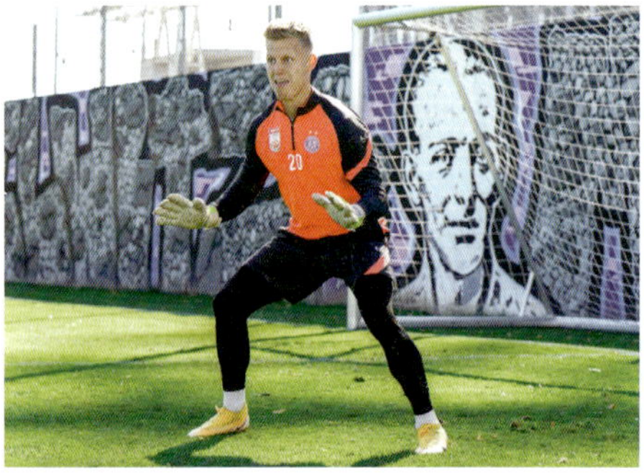

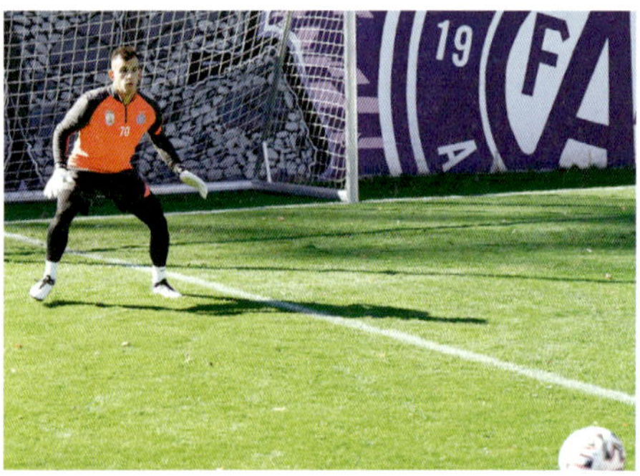

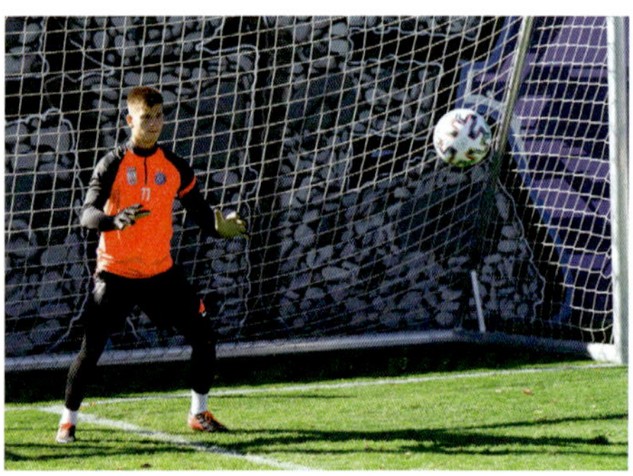

Indirekte Gefahr

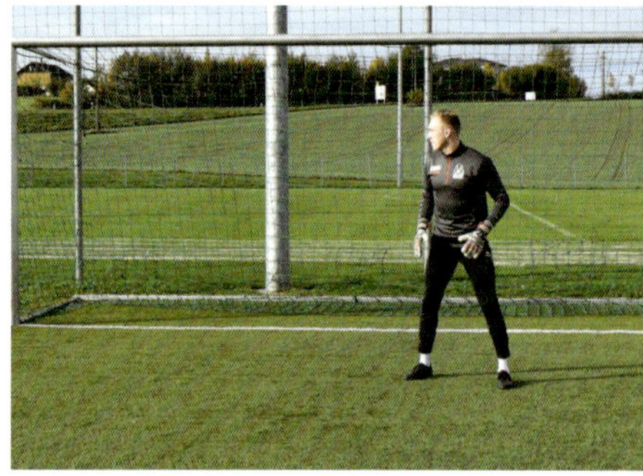

Entwicklung der Technik

SPRUNG – LANDUNG

Anfänger des Torhüterspiels neigen oft dazu, in der Grundstellung eine verkrampfte oder unnatürliche Position einzunehmen. Eine sehr gute Möglichkeit, die individuell optimale Grundstellung zu erarbeiten, ist, ein paar lockere, beidbeinige Sprünge aneinanderzureihen und dann in der Landungsposition zu bleiben. Unbewusst sind Beine und meist auch Arme und Hände bei der Landung automatisch in einer optimalen Grundstellungsposition.

Eine Sonderform des Ballangriffs ist die Grundstellung für 1-gegen-1-Situationen. Dabei wird der Schwerpunkt weiter abgesenkt und die Arme vergrößern die Fläche des Körpers.

Durch diese Haltung nähert man seinen Oberkörper als auch die Arme dem Ball bereits an und oftmals wird durch die vergrößerte Körperfläche ohne weitere Aktion ein Gegentor unterbunden, weil der Schütze am Torhüter vorbei den Ball nicht mehr aufs Tor schießen kann und deshalb entweder daneben oder aber den Torhüter anschießt. Daher ist diese 1-gegen-1-Grundstellung (sichtbar anders) in die Übersicht des Ballangriffs inkludiert.

GRUNDSTELLUNG 1 GEGEN 1

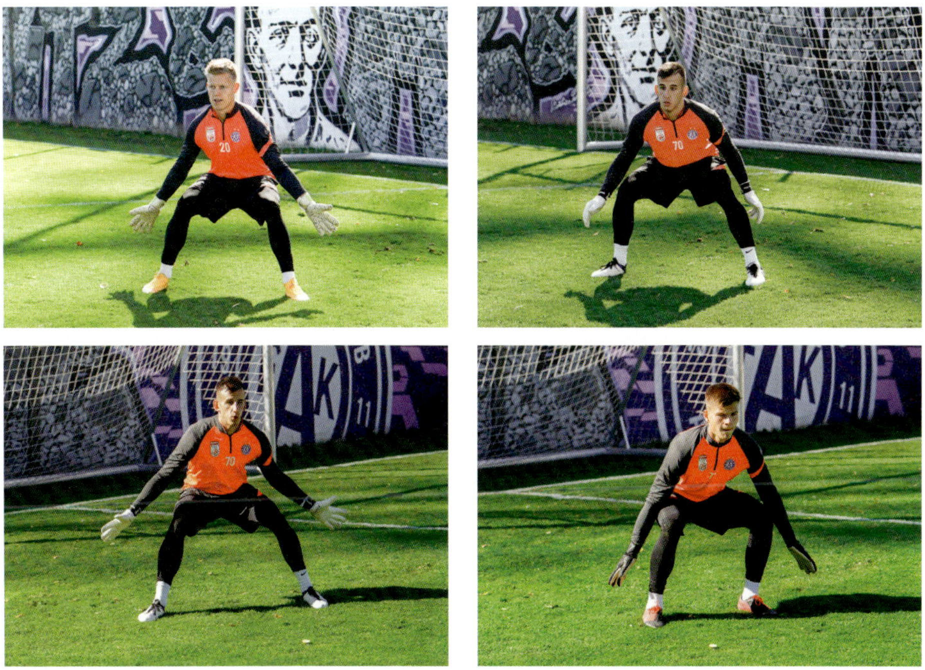

Generell gilt: Je näher der Ball bzw. das Spielgeschehen am eigenen Tor ist, desto höher ist die Vorspannung der Muskulatur. Gutes Torwartspiel ist gekennzeichnet durch ein optimales Wechselspiel aus Anspannung und Entspannung – sowohl physisch als auch psychisch. Nur so ist es möglich, auch in der Nachspielzeit noch reaktionsschnell und frisch zu sein, um schwierige Situationen zu entschärfen.

Aus der Grundstellung erfolgt dann als erste Aktion der Ballangriff und anschließend der Ballzugriff.

Ballangriff und **Ballzugriff** werden fast ausschließlich gemeinsam trainiert, da es von größter Bedeutung ist, dass die beiden Bewegungsabläufe nahtlos ineinander übergehen.

Jedoch gibt es je nach Situation die unterschiedlichsten Kombinationen. Je spielnaher das Training gestaltet wird, desto weniger Wiederholungszahlen des gleichen Ablaufs ergeben sich. Da im Spiel niemals eine Situation zweimal identisch auftritt, werden immer unterschiedliche Kombinationen aus Ballangriff und Ballzugriff benötigt.

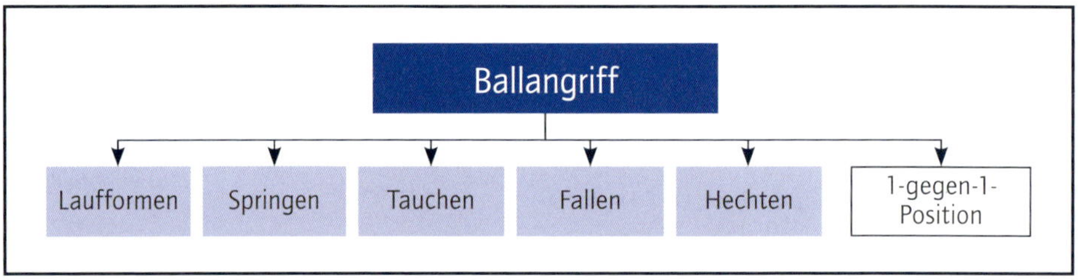

Abb. 38: Ballangriff

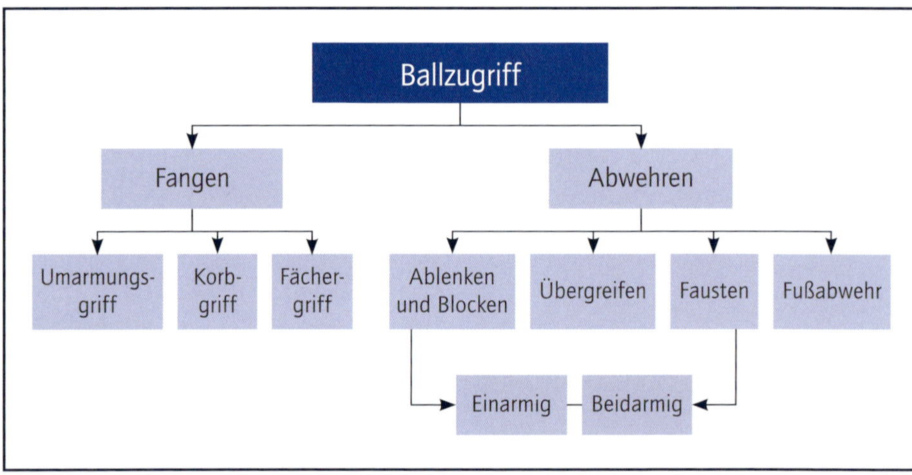

Abb. 39: Ballzugriff

4.2.1.2 Laufformen

Alle Arten der Fortbewegung sind klarerweise auch Arten des Ballangriffs. Laufformen können einerseits direkt in eine Ballzugriffaktion übergehen oder aber einer weiteren Ballangriffaktion vorgelagert sein. Daher macht es Sinn, diese auch isoliert und ohne Anschlussaktion zu trainieren, um möglichst viele Bewegungserfahrungen zu sammeln.

Die wichtigsten Laufformen für das Torhüterspiel sind nachfolgend dargestellt. Viele davon sind selbsterklärend, bei einigen finden sich zusätzliche Erläuterungen.

LAUFEN VORWÄRTS UND RÜCKWÄRTS

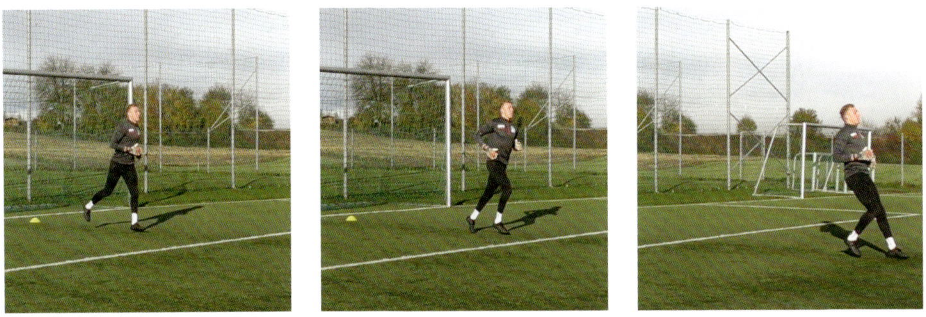

SIDESTEPS

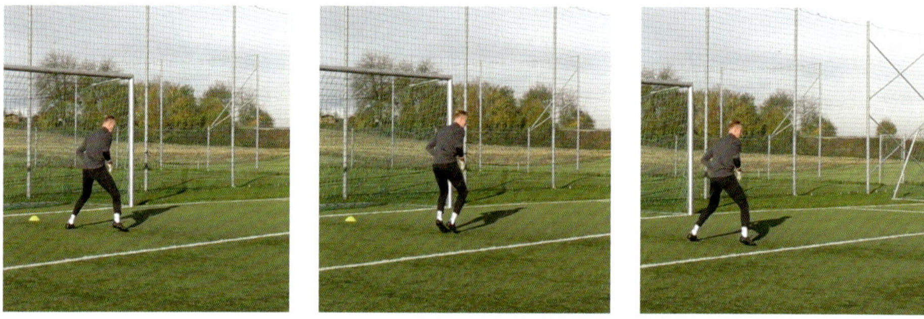

Sidesteps sind oft direkt dem unmittelbaren Ballangriff vorgelagert, wenn noch eine kleine Positionsveränderung nötig ist. Hier ist besonders darauf zu achten, dass der Schwerpunkt tief (auf Höhe der Grundstellung) bleibt und nicht durch eine Auf- und Abbewegung Bewegungsenergie „vergeudet" wird.

KREUZSCHRITT (NUR VORNE ÜBERKREUZEN)

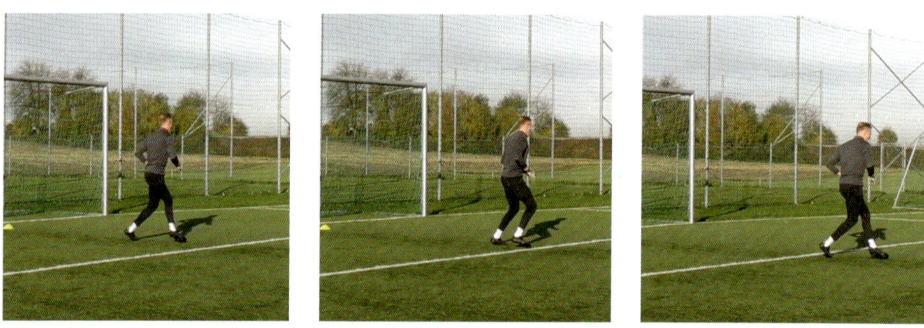

Diese Bewegung bietet einen deutlichen Geschwindigkeitsvorteil zu den beiden davor beschriebenen seitlichen Bewegungen. Deswegen wird der Kreuzschritt immer dann verwendet, wenn für eine Drehung des Oberkörpers zu einem frontalen Sprint zu wenig Zeit ist und mit Sidesteps die nötige Entfernung nicht schnell genug überbrückt werden kann. Diese Bewegung ist für Neulinge sehr ungewohnt – daher unbedingt frühzeitig und auch isoliert ins Training integrieren.

ÜBERKREUZEN VORNE UND HINTEN

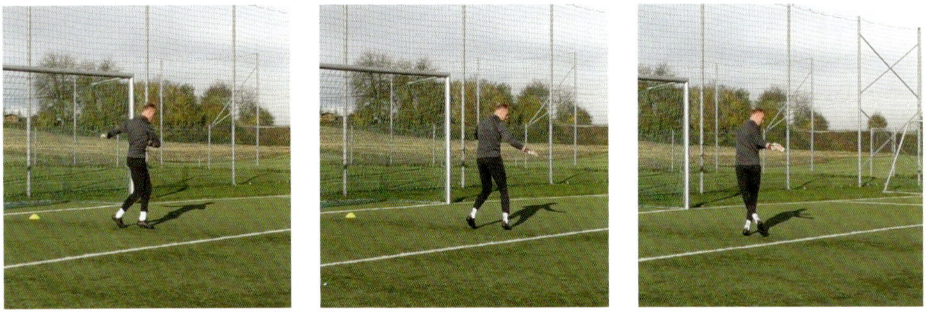

Diese Bewegung macht im Spiel bei koordinierten Aktionen wenig Sinn, da sie einerseits komplexer als der Sidestep ist, ohne aber zusätzliche Vorteile hinsichtlich Raumgewinn oder Geschwindigkeit zu liefern. Allerdings sollte diese Bewegung ausreichend ins Training integriert werden, damit in instabilen Situationen problemlos eine Bewegung in eine Richtung aufrechterhalten werden kann, ohne zu straucheln oder zu stolpern.

SPRUNGLAUF

(gerade, Schlittschuhschritt, überkreuzen)

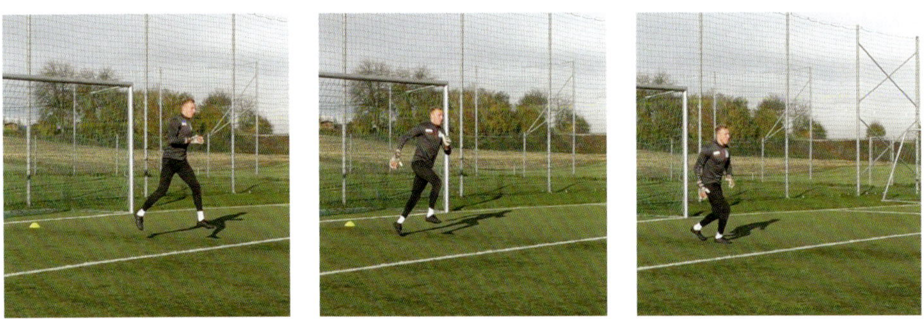

Diese Varianten kommen als Zwischenschritt oder in Situationen mit Improvisation zwar nicht besonders häufig, aber immer wieder im Spiel vor. Des Weiteren schulen diese Bewegungsformen den Abdruck des Beins in unterschiedliche Richtungen – eine, wie später noch detailliert beschrieben, enorm entscheidende Komponente des Ballangriffs.

4.2.1.3 Grundstellung und optimales Stellungsspiel

Da der Ball im Spiel ständig in Bewegung ist, muss auch die Position des Torhüters laufend mit angepasst werden. Ist der Ball in Tornähe, bedeutet das auch, dass die bereits eingenommene Grundstellung schnellstmöglich in einer anderen Position wieder aufgenommen werden muss.

Nachfolgend zeigen wir eine Übungsform, in der die richtige Position (Stellungsspiel) in Kombination mit der Grundstellung in Bewegung trainiert werden kann. Dazu werden drei Bälle auf unterschiedliche farbige Hütchen aufgelegt und ein weiteres Hütchen markiert die Ausgangsposition.

Auf Kommando (Farbe rufen oder zeigen) bewegt sich der Torhüter schnellstmöglich in die richtige Position, man könnte auch sagen, er verschiebt die Grundstellung im Raum, abhängig von der Ballposition.

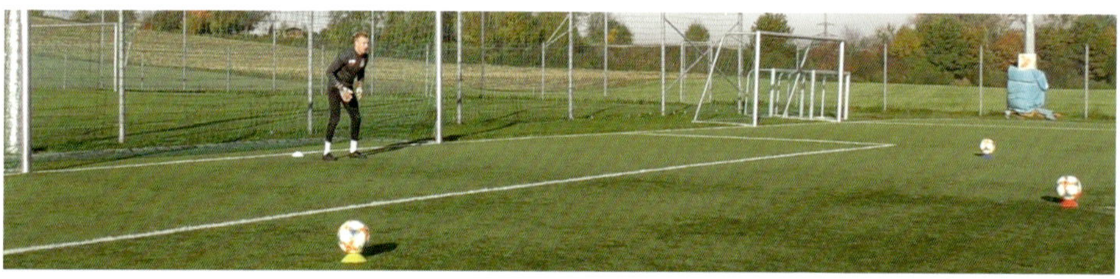

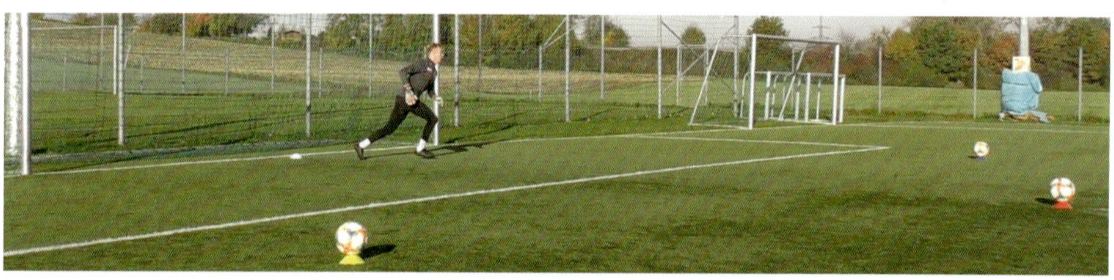

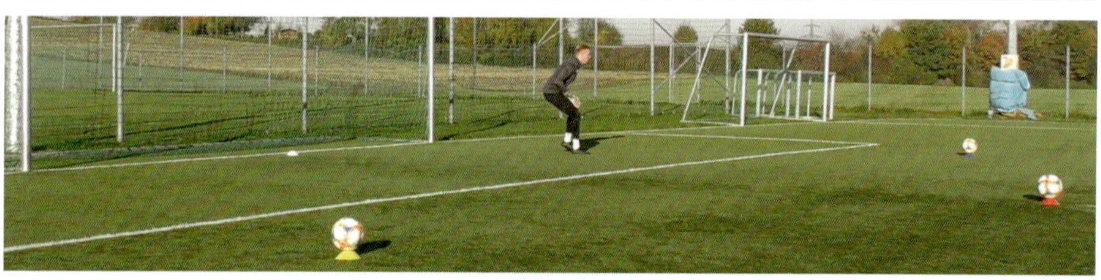

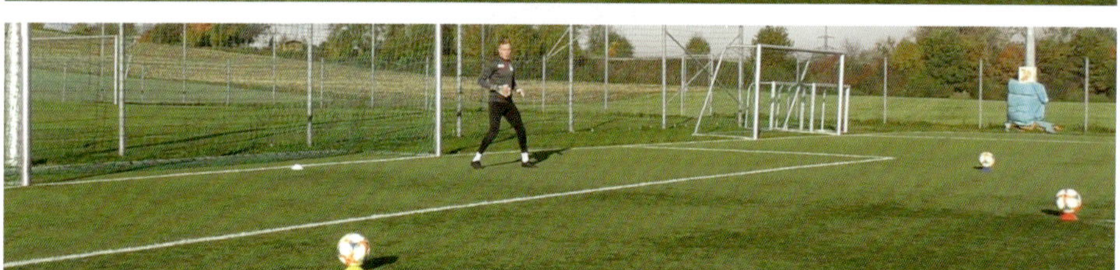

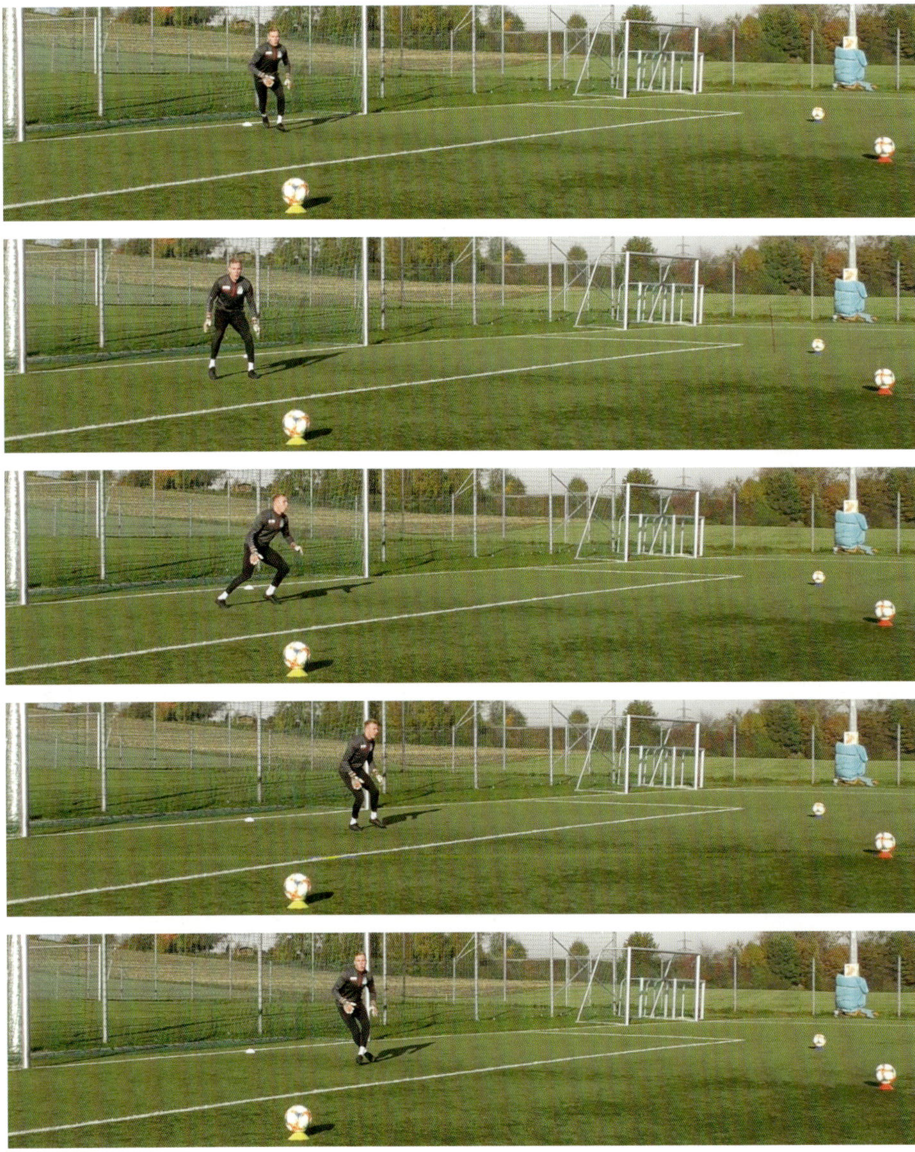

Einwurf

Fußball und insbesondere das Torwartspiel wird vor allem durch optische Reize initiiert. Deshalb ist es besonders wichtig, etwaige Kommandos oder Anweisungen im Training immer wieder durch optische Signale zu geben. Im Falle dieser Übung z. B. mit farbigen Hütchen, um die nächste Position für die Grundstellung anzuzeigen. Alternativ kann man den aktiven Ball natürlich auch mit Handzeichen anzeigen.

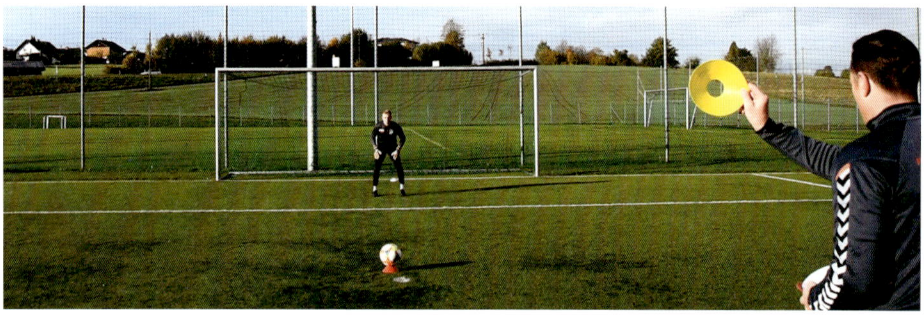

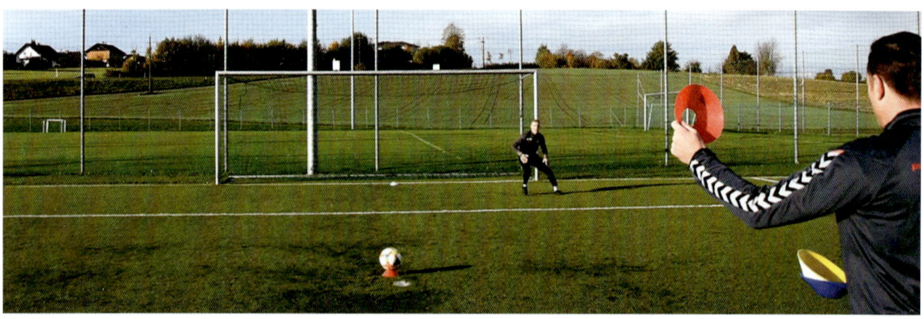

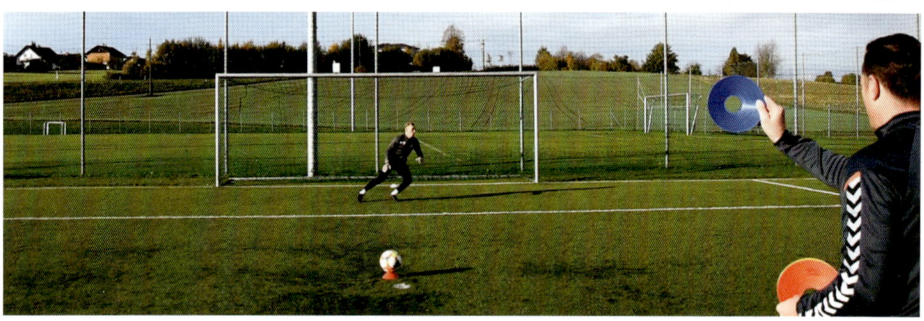

Da die Grundstellung in Kombination mit Laufformen die Basis für alle nachfolgenden Aktionen ist, gehen wir in den nachfolgenden Techniken nicht mehr explizit auf diese, sondern nur noch auf die daran anschließenden Bewegungen detailliert ein.

Da Ballangriff und Ballzugriff zwar unterschiedliche Techniken sind, aber parallel ablaufen, sind zur besseren Zuordnung nachfolgend alle Aktionen des *Ballzugriffs kursiv dargestellt*.

Wir zeigen das noch kurz am Beispiel von Kap. 4.2.1.9:

Hechten und *Fangen im Korbgriff*

→ Hechten = Ballangriff, *Fangen im Korbgriff* = *Ballzugriff*

Der gesamte Bewegungsablauf besteht aus folgenden Detailschritten:

- Grundstellung, Kreuzschritt, Sidestep, Abdruck (= Einleiten Hechten), Hechten, *Fangen (= Ballzugriff in kursiv)*, Hechten, Abschluss (= Landen, Ausgleiten).

Da diese vollständige Auflistung und Beschreibung des Ablaufs zulasten der Lesbarkeit und Übersichtlichkeit geht, konzentrieren wir uns in der Benennung der Unterkapitel auf jene Bewegungsschritte, die diese Technik eindeutig definieren (im Beispiel oben Hechten und *Fangen im Korbgriff*).

4.2.1.4 Grundstellung und *Fangen im Umarmungsgriff*

Fangen ist die zu bevorzugende Variante des Ballzugriffs. Alle Arten Bälle oder Gegenstände zu fangen, schult diese Fähigkeit. Je mehr Erfahrungen im Fangen in jungen Jahren bereits gemacht werden, desto besser wird diese Fähigkeit entwickelt. Daher sind alternative Ballsportarten, wie Basketball, Handball und Volleyball, aber auch Baseball, Football oder Frisbee, perfekt für die Entwicklung des Torhüterspiels.

Grundsätzlich soll der Torhüter alle Bälle fangen und am Körper sichern! Vor allem im Nachwuchsbereich sollen daher die Bälle im Torhütertraining auch so geschossen oder geworfen werden, dass sie vom Torhüter gefangen werden können. Erst wenn der Torhüter die Fangtechniken beherrscht, wird das gezielte Abwehren und Ablenken in das Training integriert.

FRONTAL

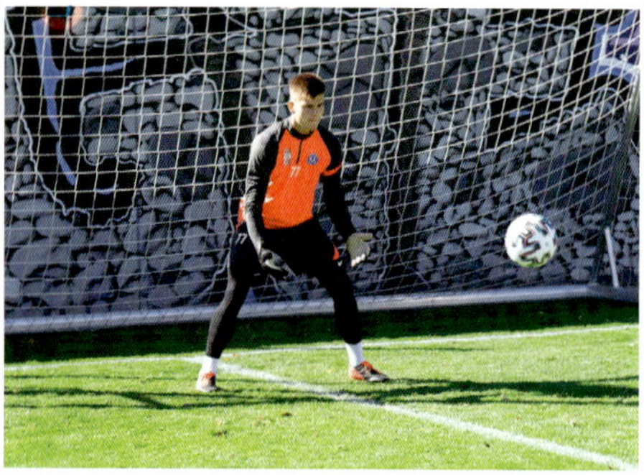

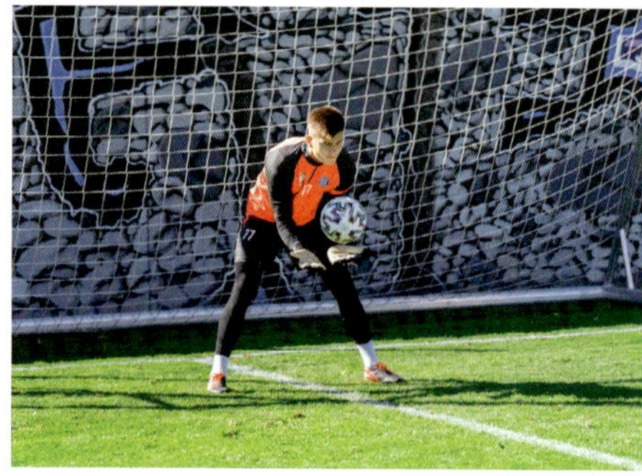

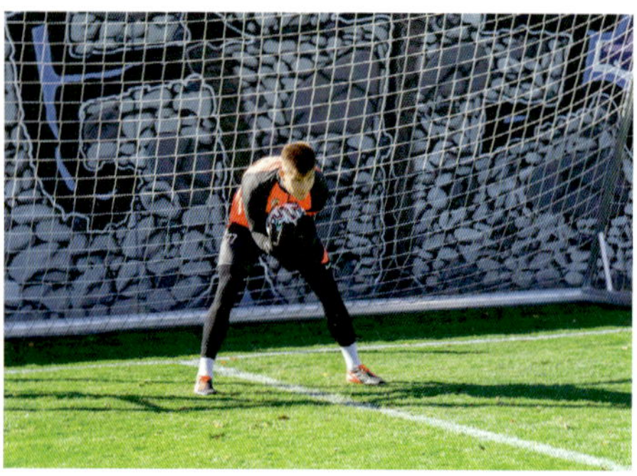

Coachingpunkte:

- Grundstellung.
- *Ellbogenschluss (eng).*
- *Fangen im Umarmungsgriff.*
- *Die Arme bleiben parallel (auch beim Sichern des Balls am Oberkörper).*

MIT SCHRITT IN DEN BALL

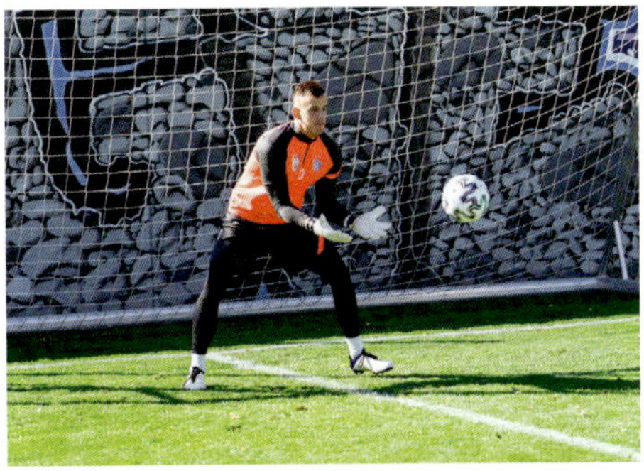

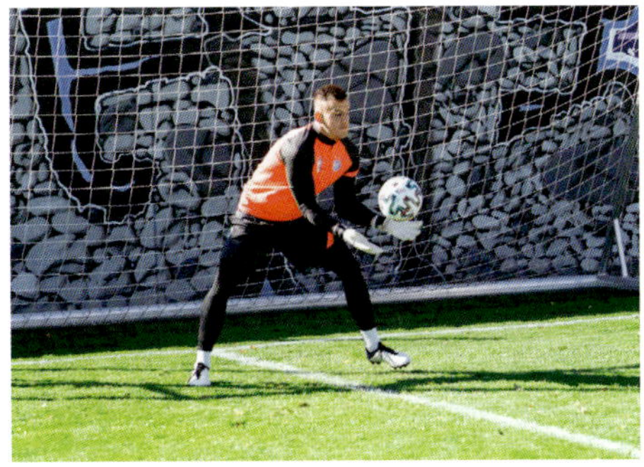

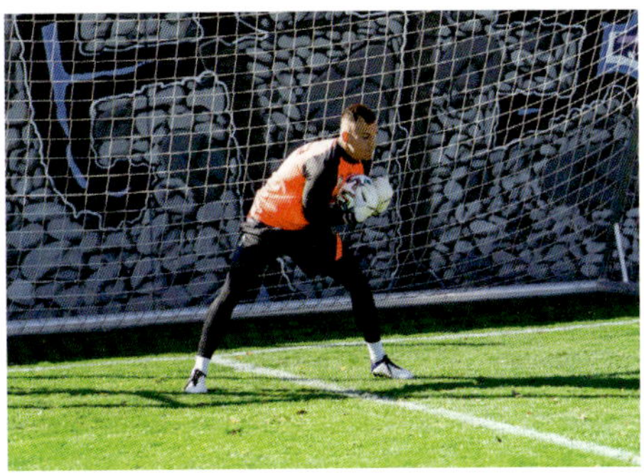

Kommt der Ball etwas neben den Körper, wird ein diagonaler Schritt in den Ball vorgeschaltet.

4.2.1.5 Grundstellung und *Fangen im Korbgriff*

FRONTAL – BRUST UND KOPFHÖHE

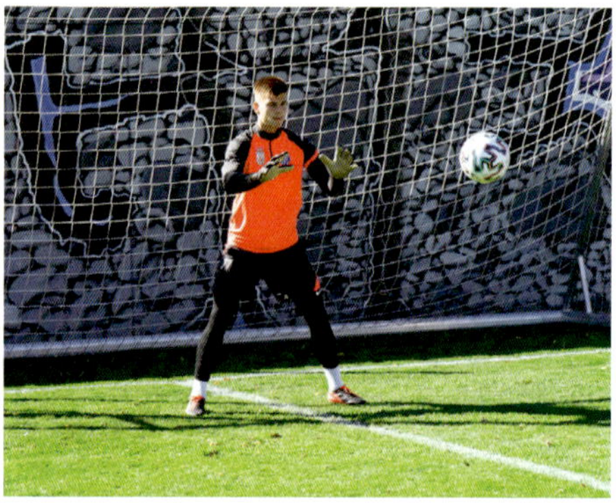

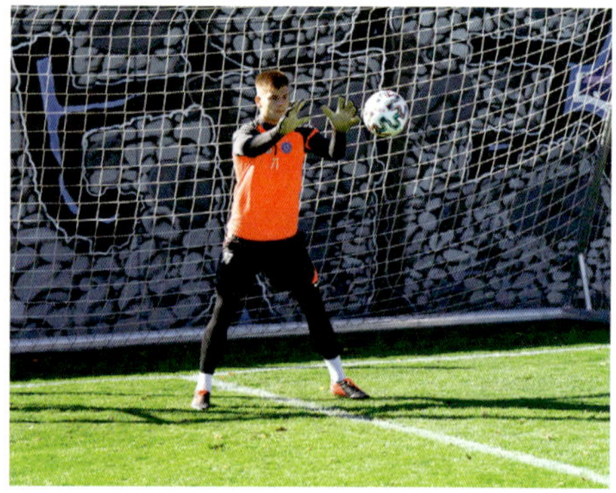

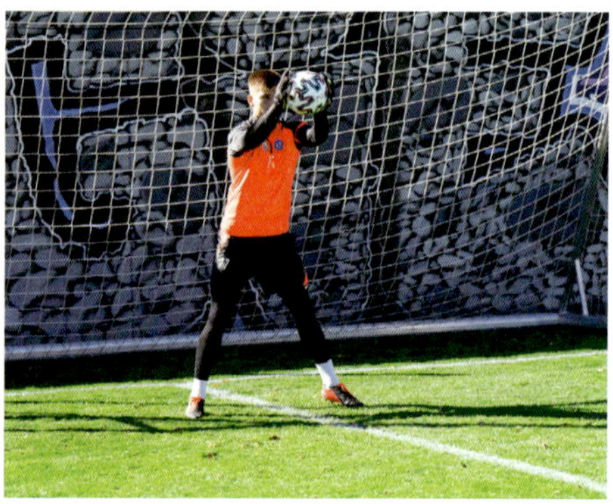

Coachingpunkte:

- *Die Hände zum Ball führen.*
- *Den Ball vor dem Körper fangen (die Ellbogen sind leicht gebeugt).*

FRONTAL – ÜBER-KOPF-HÖHE

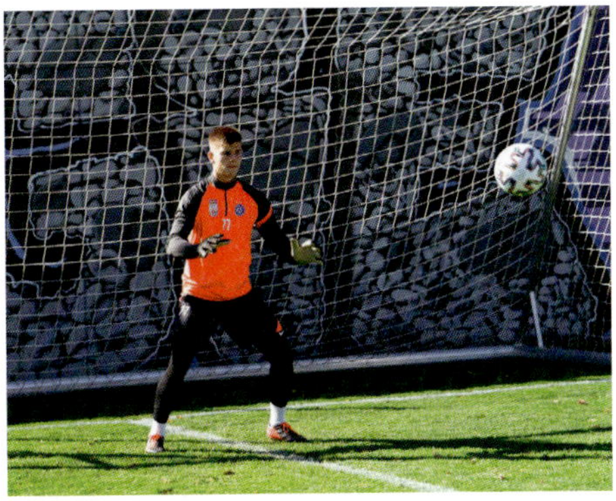

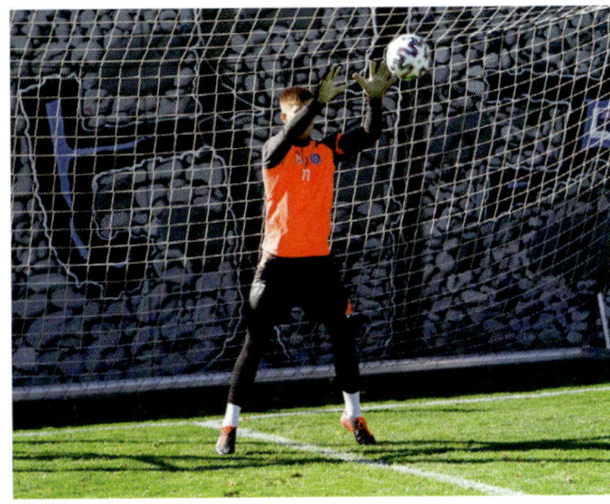

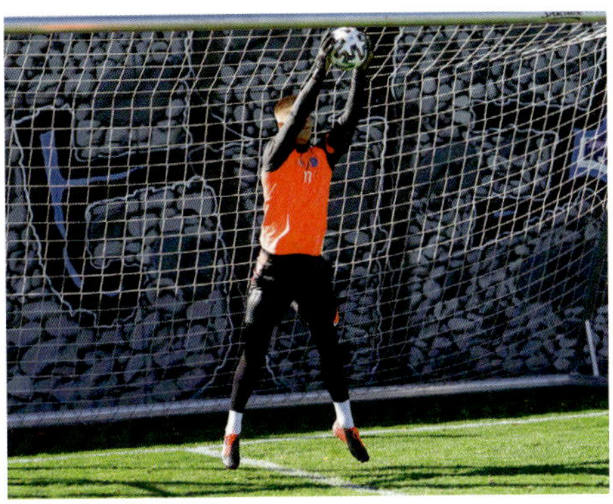

Coachingpunkte:

- *Der Blick ist immer auf dem Ball (den Kopf mitführen).*
- Sprung, wenn nötig, Abdruck beidbeinig.

Einwurf

Unpräzise Schüsse – kein Problem. Ganz im Gegenteil: Etwas unpräzise Bälle ermöglichen es dem Torhüter, eine größere Anzahl an Bewegungserfahrungen zu sammeln und so besser vorbereitet ins Spiel zu gehen. Außerdem schulen sie die Aufmerksamkeit.

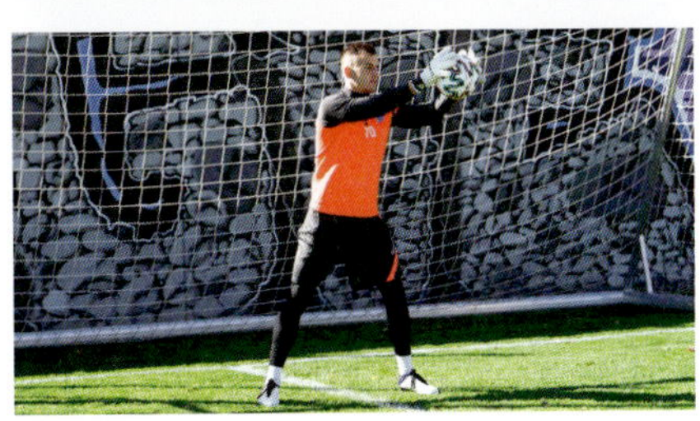

MIT SIDESTEP UND SCHRITT IN DEN BALL

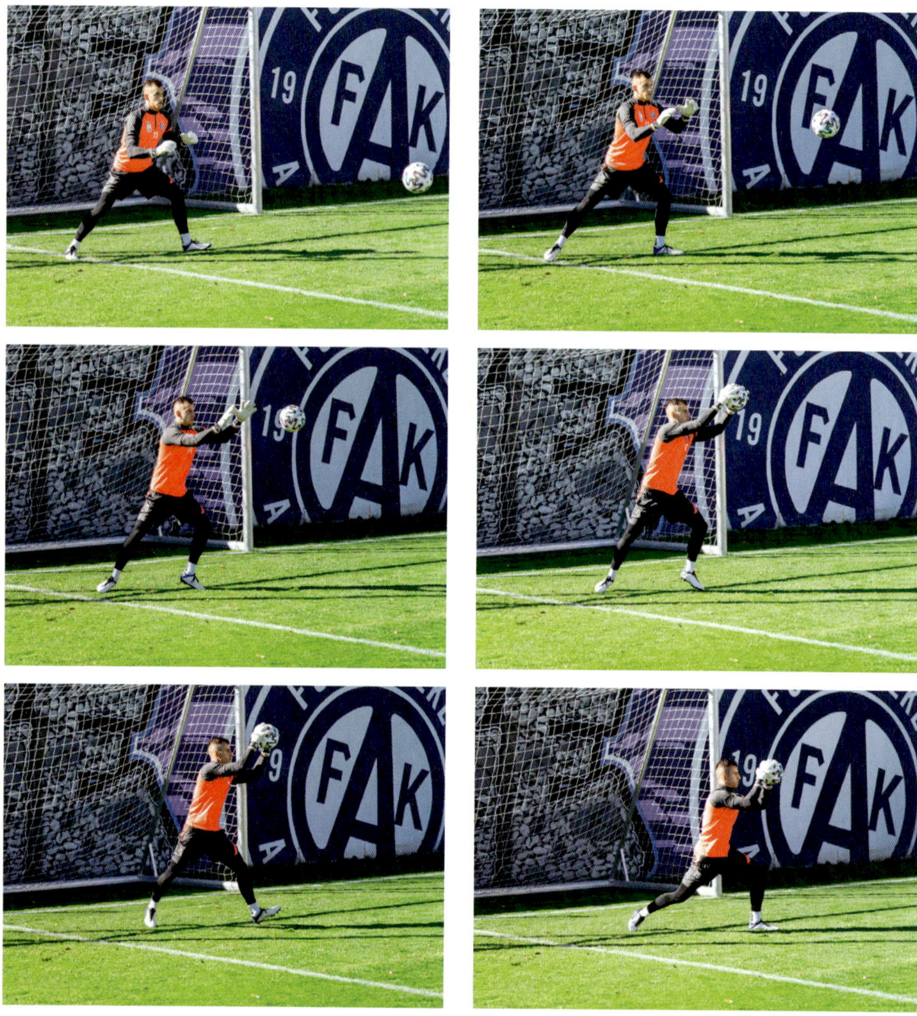

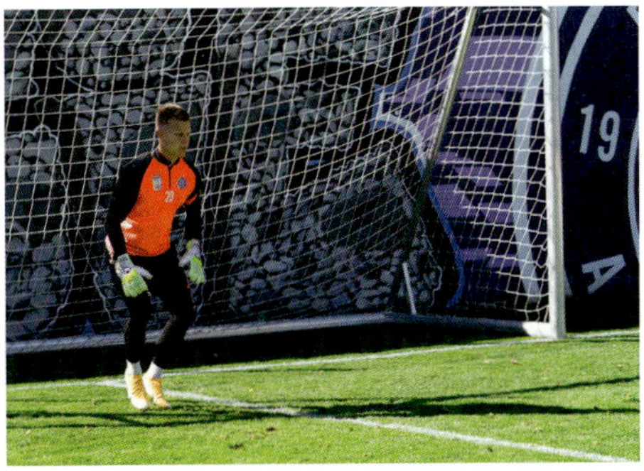

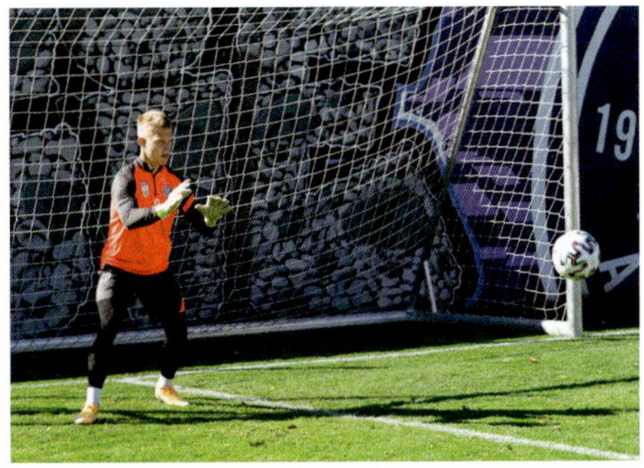

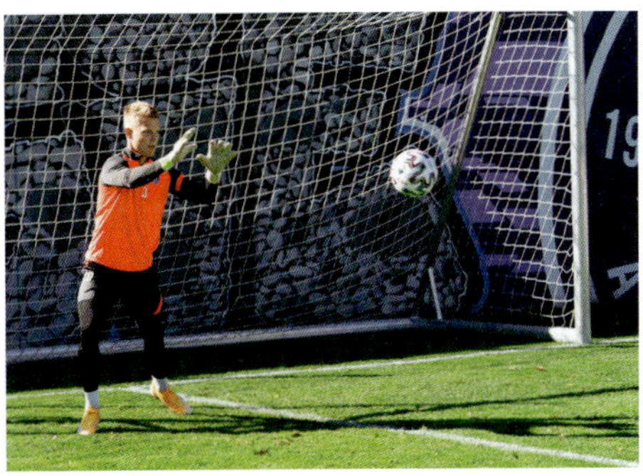

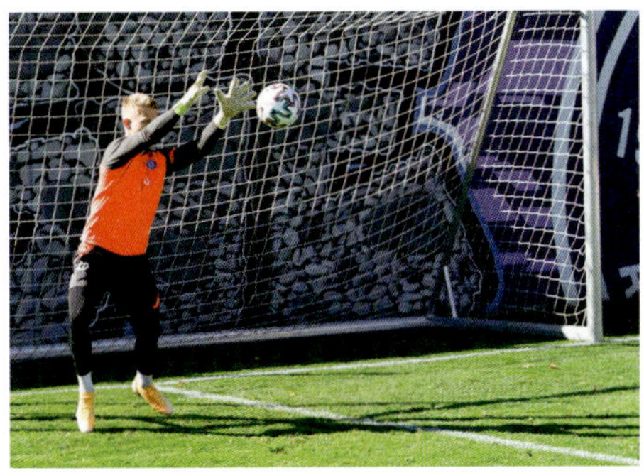

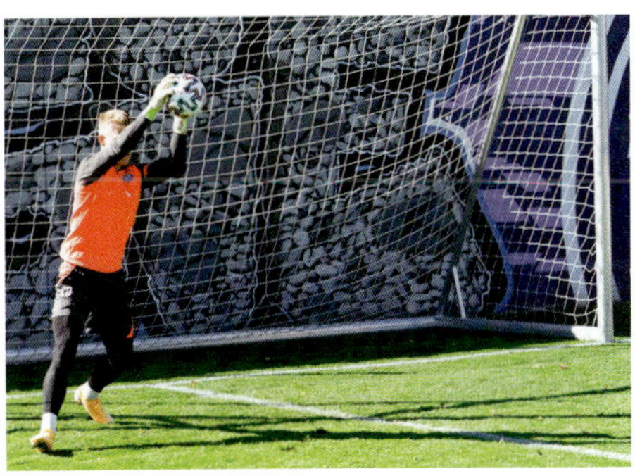

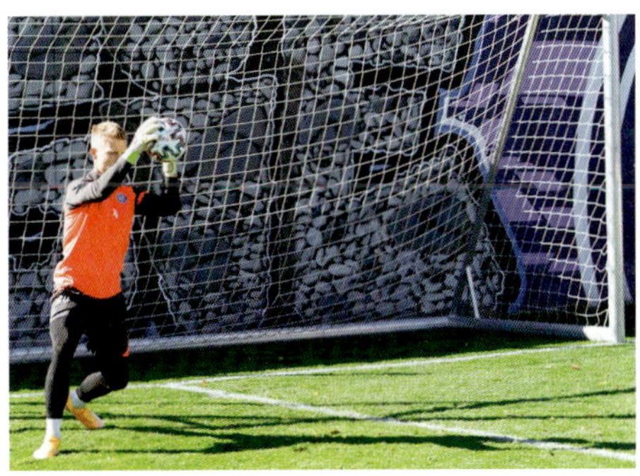

Coachingpunkte:

- Immer den kürzesten Weg zum Ball wählen.
- Der Fuß zeigt in der Endposition in Bewegungsrichtung (**Achtung:** sonst höhere Verletzungsgefahr durch ein eingedrehtes Sprung- und Kniegelenk).

MIT KREUZSCHRITT UND SCHRITT IN DEN BALL

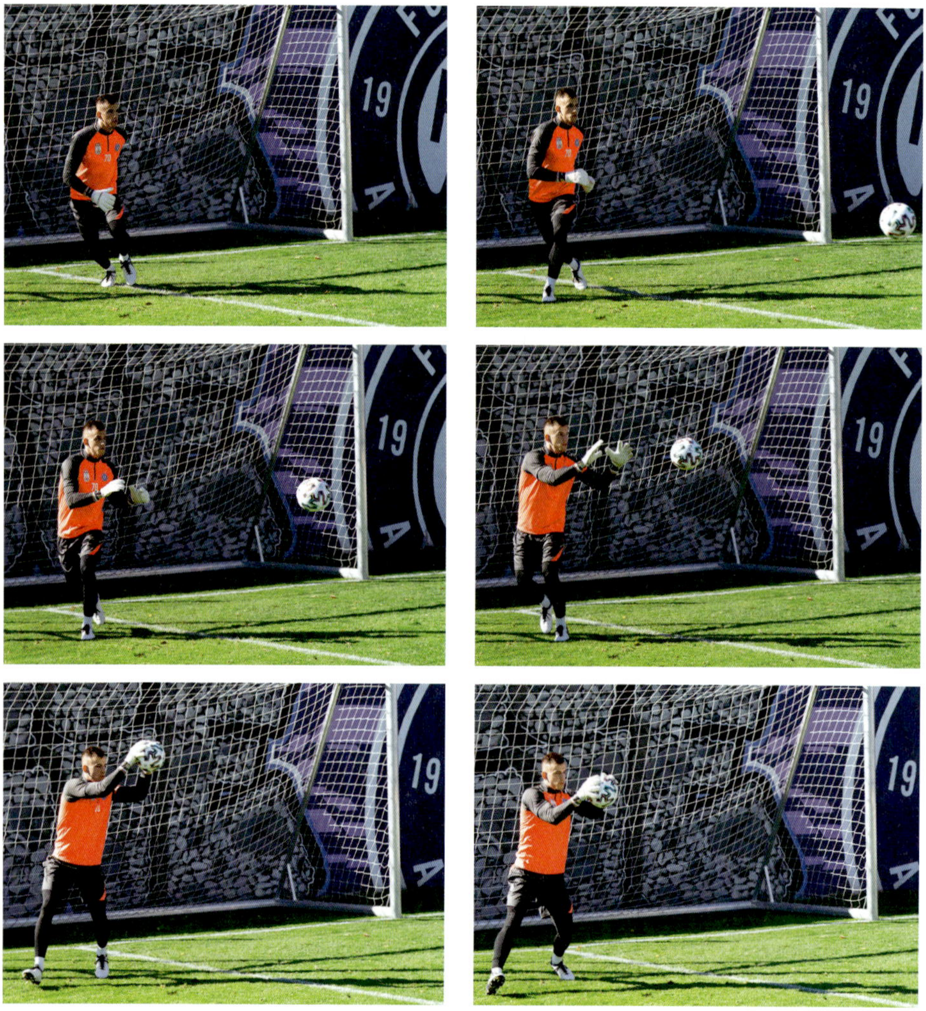

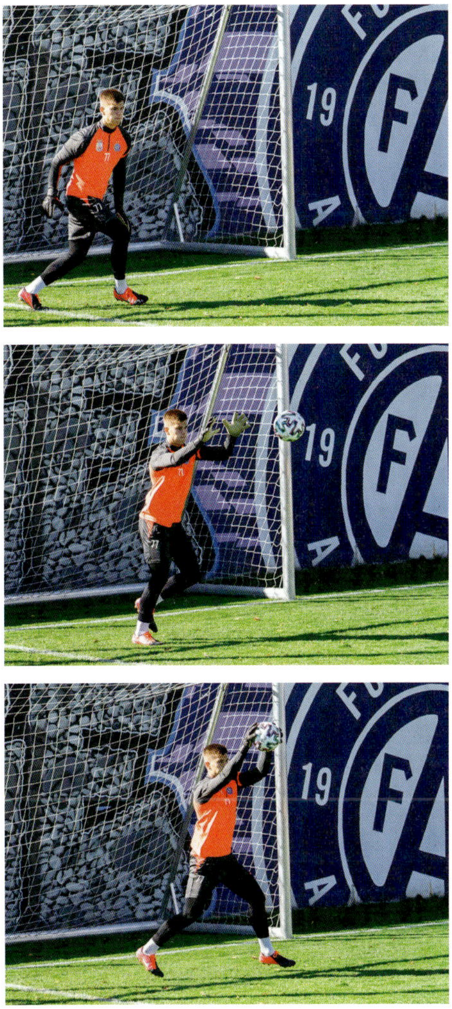

Entwicklung der Technik

MIT DUMMY

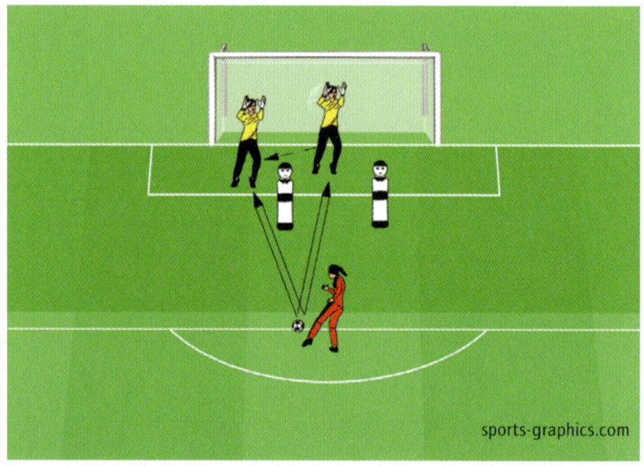

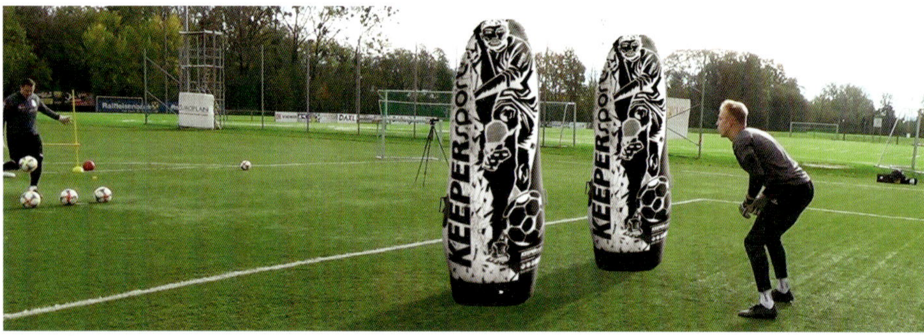

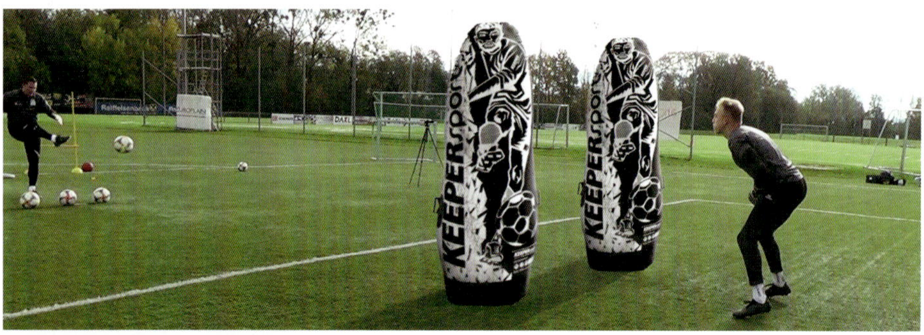

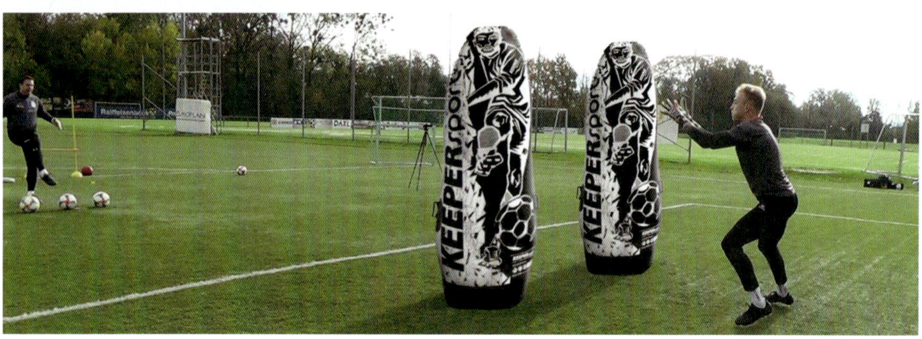

4.2.1.6 Grundstellung und *Fangen im Fächergriff*

DEN BALL FRONTAL AUFNEHMEN

Diese erste Variante ist sehr nah an jener Bewegung, mit der Kinder intuitiv flache Bälle aufnehmen. In vielen anderen Konzepten zur Torhüterausbildung kommt diese Technik nicht vor, aufgrund der vermeintlich großen Gefahr, dass Bälle durchrutschen und in diesem Fall kein weiterer Körperteil (so wie bei den nachfolgenden Techniken) hinter dem Ball ein Gegentor verhindert.

Genau diesen Aspekt jedoch nutzen wir in der Erarbeitung einer sauberen Technik. Nicht zuletzt das Gefühl, dass der Ball durchrutschen könnte, verleitet den Torhüter dazu, besonderes Augenmerk auf seine Fangtechnik zu legen.

Und seinen Trainern offenbart diese Ausführung Fehler schonungslos, wodurch man gemeinsam Schritt für Schritt der individuell optimalen Technik für diese Situationen näherkommt.

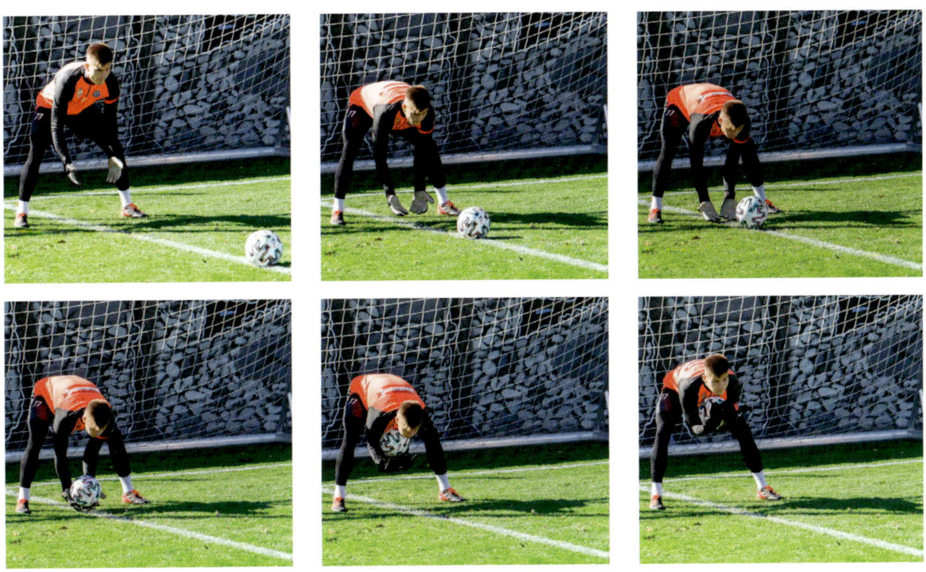

Coachingpunkte:

- Grundstellung.
- Split-Step (= Minisprung, siehe Seite 136) in breiten Stand (mehr als hüftbreit).
- Den Oberkörper tief absenken.
- *Fächergriff.*
- *Die Ellbogen sind eng.*
- *Den Ball vor die Brust bringen, die Arme bleiben parallel, um ein Durchrutschen des Balls zu verhindern.*

Einwurf

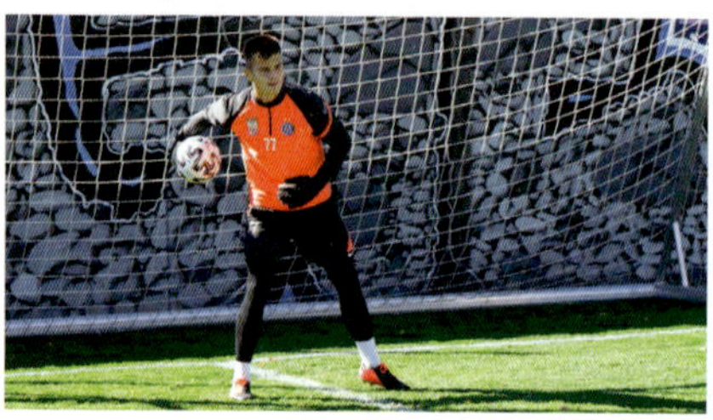

Den Ball zurückwerfen mit beiden Händen, links wie rechts – das schult Ballgefühl und Koordination. Generell sollen die Torhüter die Bälle direkt in die Hände des Trainers zurückwerfen. Dadurch wird die Wurftechnik weiterentwickelt und der Trainingsablauf optimiert.

DEN BALL FLACH AUFNEHMEN MIT SCHRITT IN DEN BALL

Für Bälle, die nicht direkt frontal auf den Körper kommen, sondern unmittelbar daneben, sodass sie mit einem Schritt erreicht werden können. Genauso kann diese Technik alternativ zur oben beschriebenen Variante bei frontalen Bällen (Schritt nach vorne) eingesetzt werden, um zusätzliche Sicherheit zu bieten.

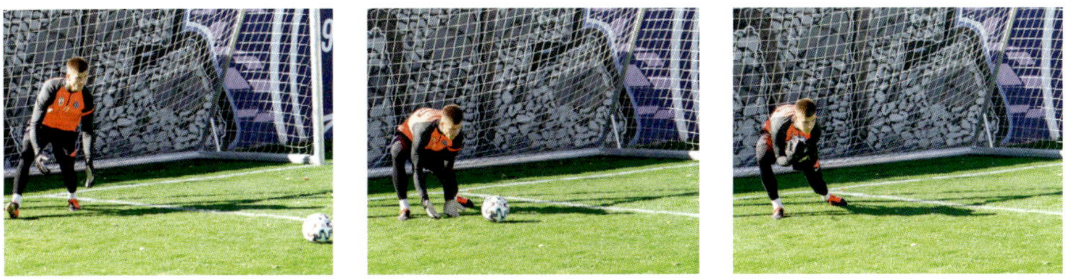

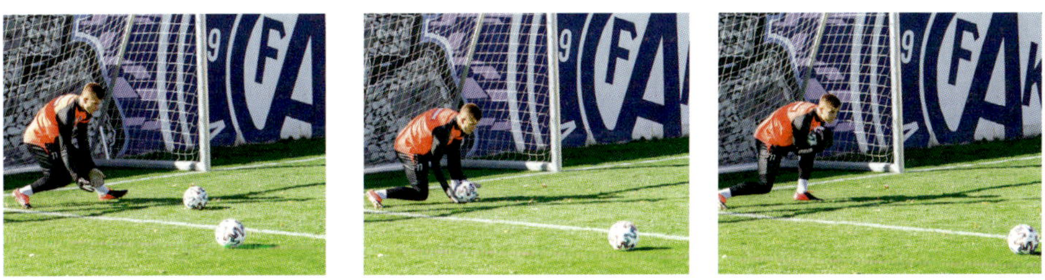

Coachingpunkte:

- Aus der Grundstellung einen Schritt in den Ball machen.
- Das Knie absenken.
- *Fächergriff.*
- *Die Ellbogen sind eng.*
- *Den Ball vor die Brust bringen, die Arme bleiben parallel, um ein Durchrutschen des Balls zu verhindern.*

Einwurf

Der Schritt in den Ball und damit das Knie hinter den Ball zu bringen, ist für Kinder und unerfahrene Torhüter eine sehr anspruchsvolle Bewegung, aber auch auf hohem Niveau wird oftmals ein Rückwärtsschritt statt ein Schritt in den Ball gemacht oder die Bewegung mit dem falschen Fuß gestartet.

Entwicklung der Technik

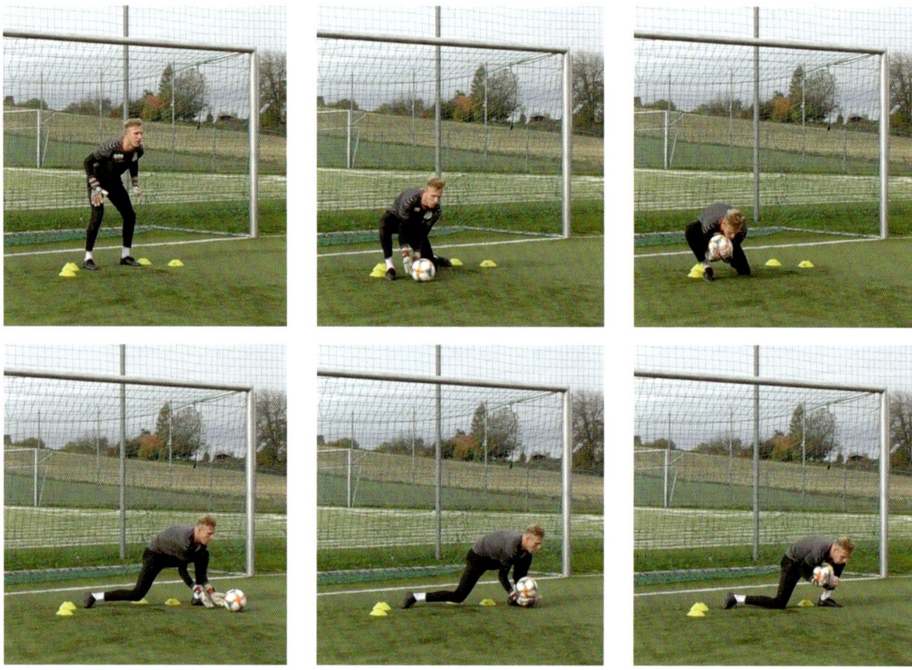

Jeder Mensch hat einen dominanteren Fuß. Dadurch entsteht ein häufiger Fehler bei dieser Bewegung, nämlich das Starten des Angehschritts mit dem falschen Fuß oder ein Rückschritt statt eines Schritts in den Ball.

Dadurch hat man den Körper bzw. das Knie nicht mehr hinter dem Ball, was bei unsauberem Ballzugriff das Risiko erhöht, dass der Ball ins Tor geht. Außerdem wird durch die schlechte Balance beim Ballzugriff dieser sogar noch erschwert.

Fehlerbild

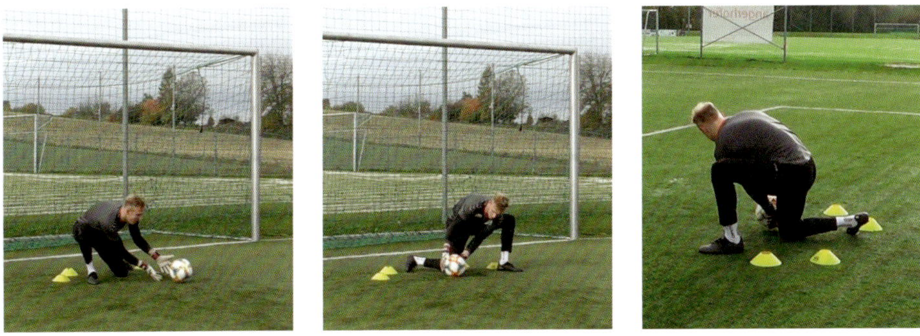

Ergänzt man die Bewegung vor dem Schritt in den Ball mit Sidesteps oder Überkreuzschritten, kann man auch weiter entfernte Bälle mit dieser Technik erreichen, wie das in der ersten Bildreihe des nächsten Absatzes dargestellt ist. Auch diese Bewegung kann man gut mit Hütchen methodisch unterstützen.

4.2.1.7 Tauchen und *Fangen im Fächergriff*

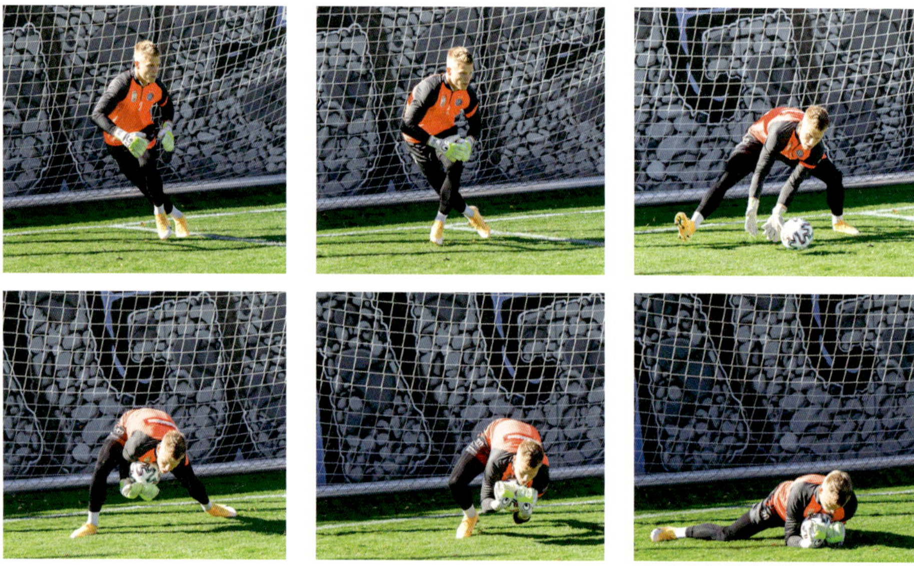

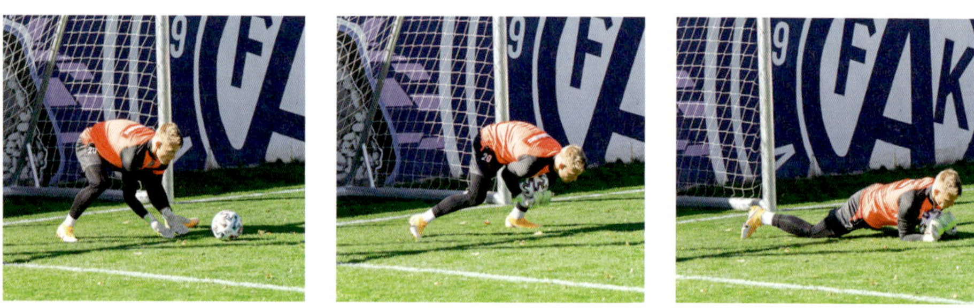

Coachingpunkte:

- Kreuzschritt – um hinter den Ball zu kommen.
- Einen Schritt in den Ball machen.
- Den Oberkörper in Richtung Ball absenken – damit das Tauchen einleiten.
- *Fächergriff.*
- *Die Ellbogen sind eng.*
- *Den Ball vor die Brust bringen, die Arme bleiben parallel, um ein Durchrutschen des Balls zu verhindern.*
- Mit dem Aufnehmen des Balls den Oberkörper mit dem aufgestellten Fuß über den Ball schieben, bis die Unterarme am Boden aufliegen (= Tauchen).
- Stabilisieren des Körpers sowie des Balls unter dem Körper.
- Den Kopf heben, um die Situation für Folgeaktionen wahrnehmen zu können.

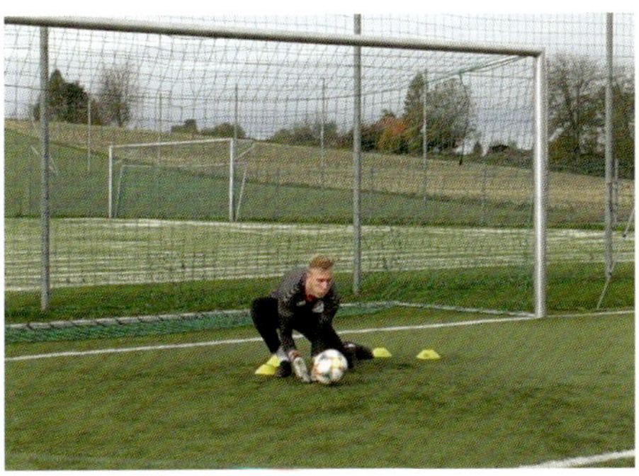

Entwicklung der Technik

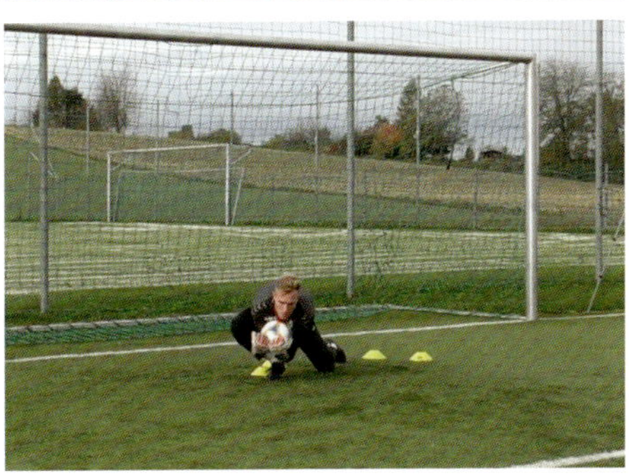

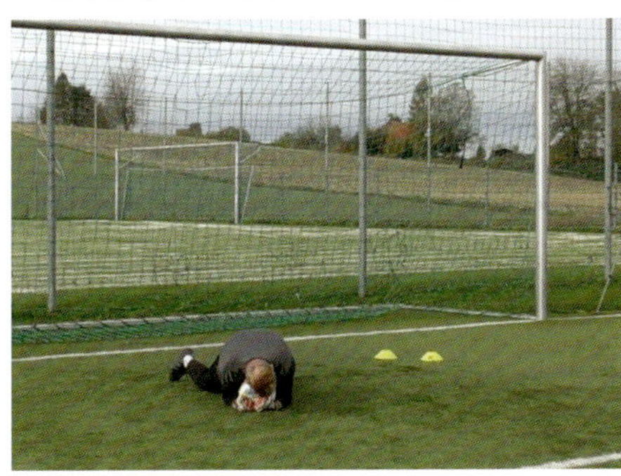

4.2.1.8 Fallen und *Fangen im Korbgriff*

FLACH, SEITLICH

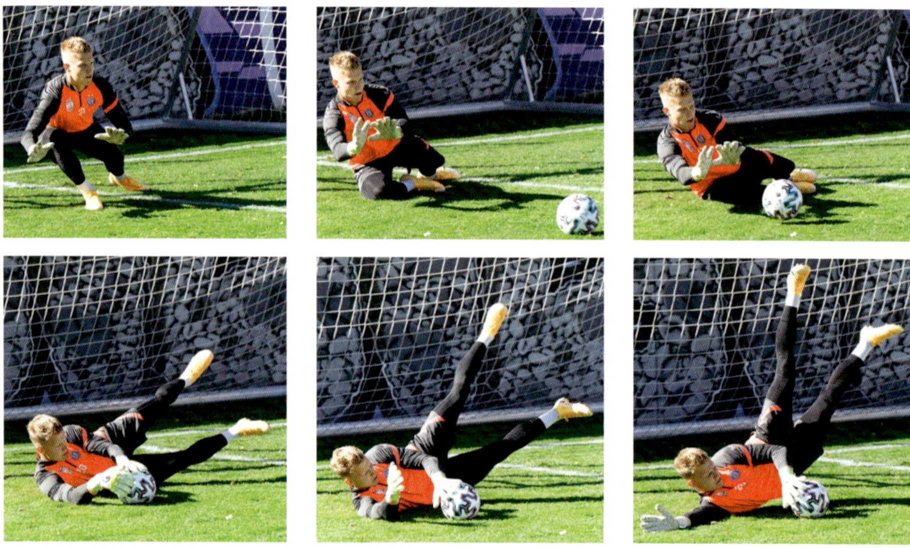

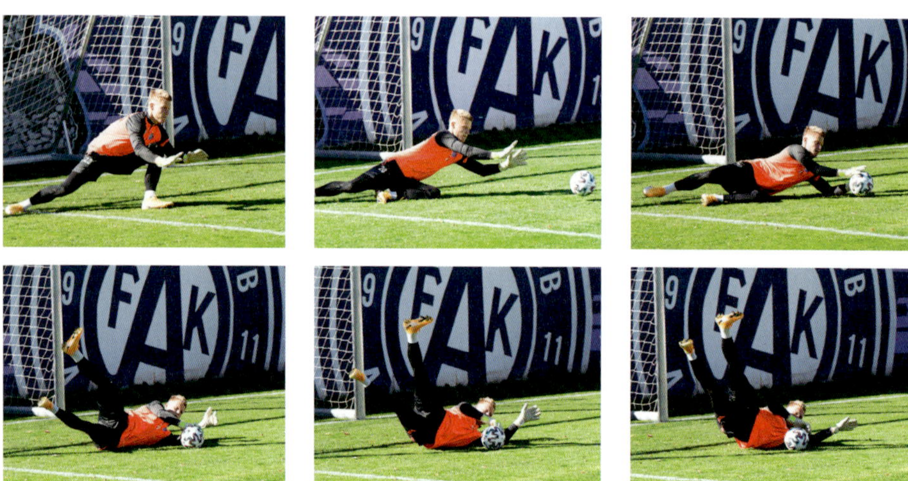

Coachingpunkte:

- Grundstellung.
- Sidesteps bzw. Kreuzschritt – Annäherung zum Ball.
- Einen Schritt in den Ball machen und den Oberkörper in Richtung Ball absenken – Auftakt für das Fallen (der Fuß zeigt in Bewegungsrichtung).
- Fallen – aktive Streckung zum Ball.
    - Abdruck mit dem ballnahen Bein.
    - Über den Unterschenkel und die Hüfte den gesamten Körper zum Ball strecken.
    - Strecken der Arme.
    - Position der Hände (Ellbogenschluss).
    - Der Blick geht zum Ball.
    - Die Hände gehen den kürzesten Weg zum Ball, in direkter Linie (keine Wellenbewegung oder von oben nach unten).
- *Korbgriff – Fangen mit **beiden** Händen.*
- Ausgleiten:
    - Die obere Hand fixiert den Ball.
    - Die untere Hand geht in Bewegungsrichtung weiter.
    - Stabile Hüfte und Strecken der Beine (kein Zurückfallen).
    - Aktives Abbremsen der Aufwärtsbewegung der Beine.

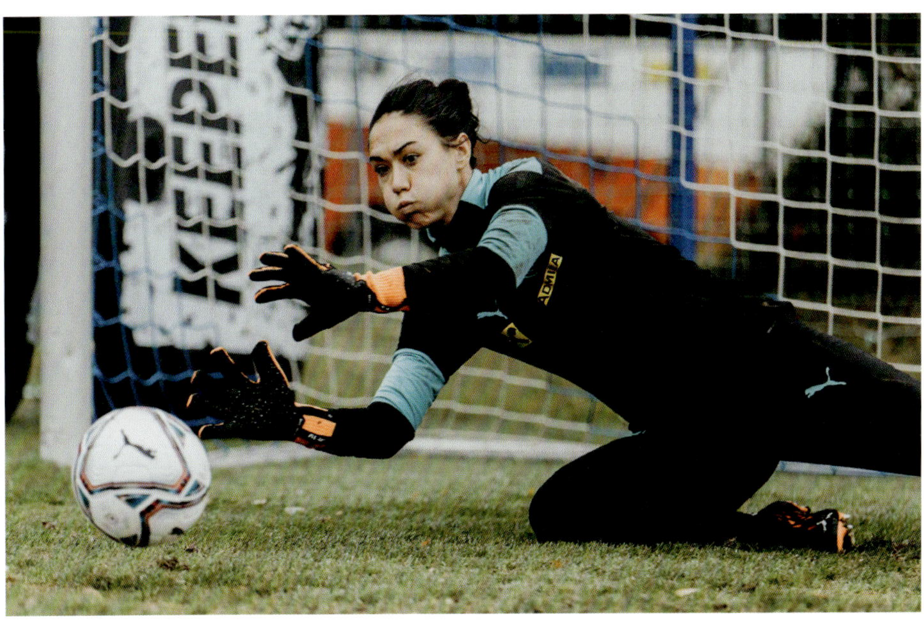

FLACH NACH VORN

Diese Technik wird nicht nur zum Fangen seitlicher Bälle, sondern auch zum Fangen von Bällen, die in die Tiefe gespielt wurden, angewendet. Dazu muss der Torhüter nach vorne sprinten und aus dem Sprint in die Fall- oder Hechtbewegung übergehen.

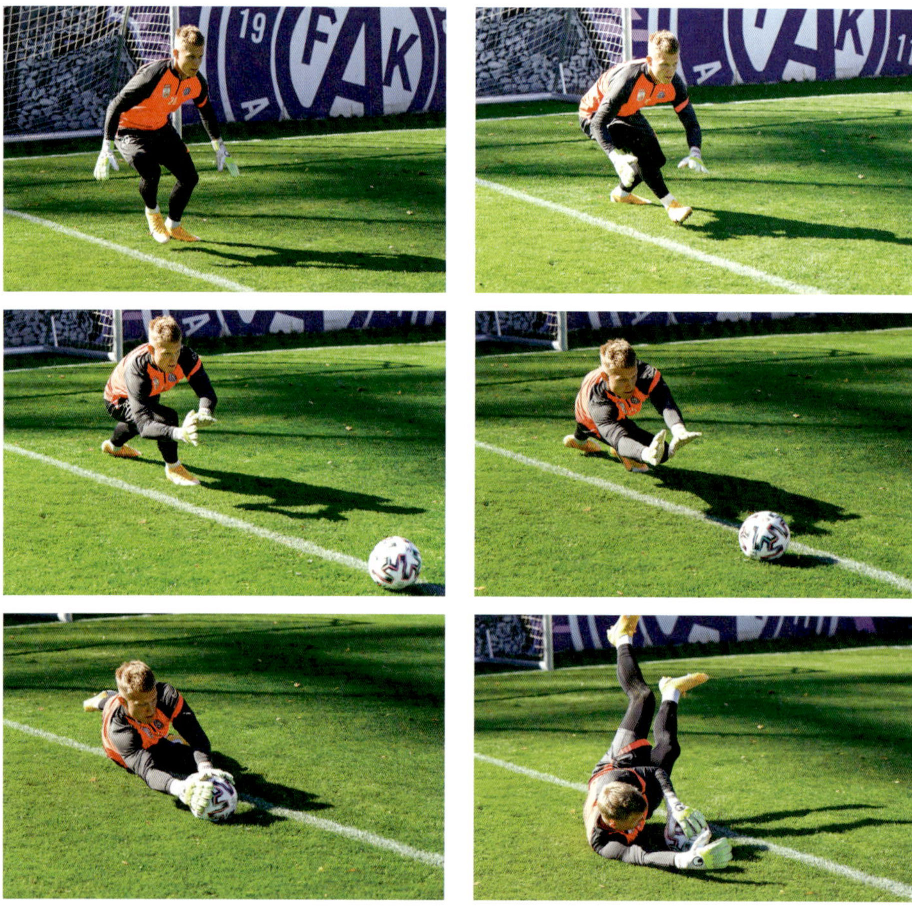

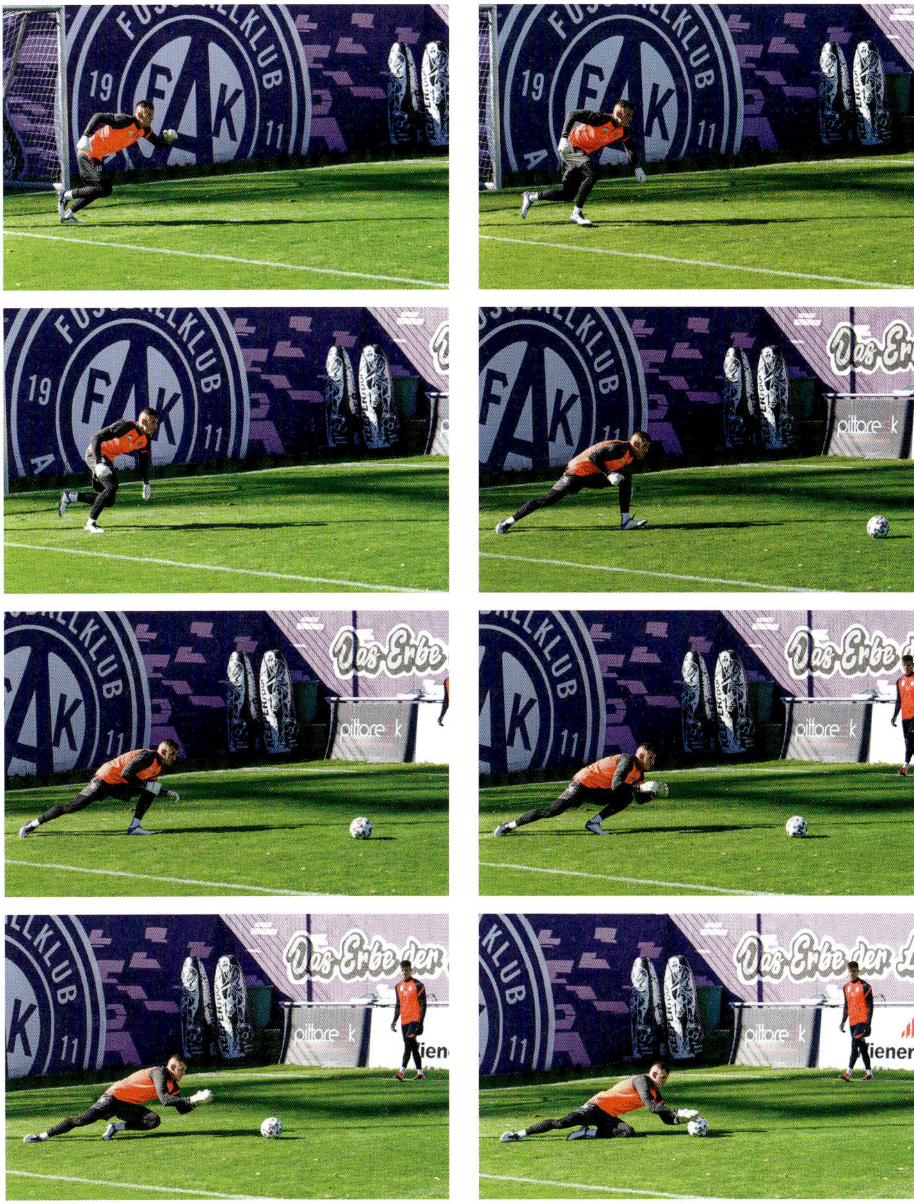

HALBHOCH

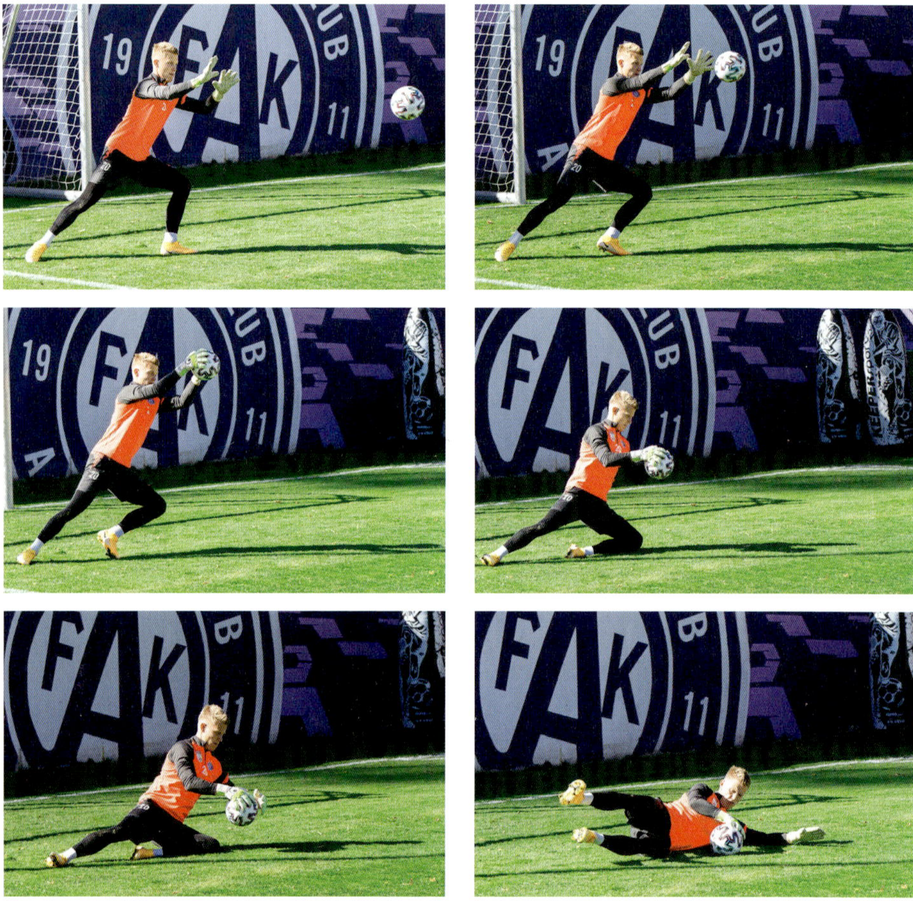

Detail Ballzugriff

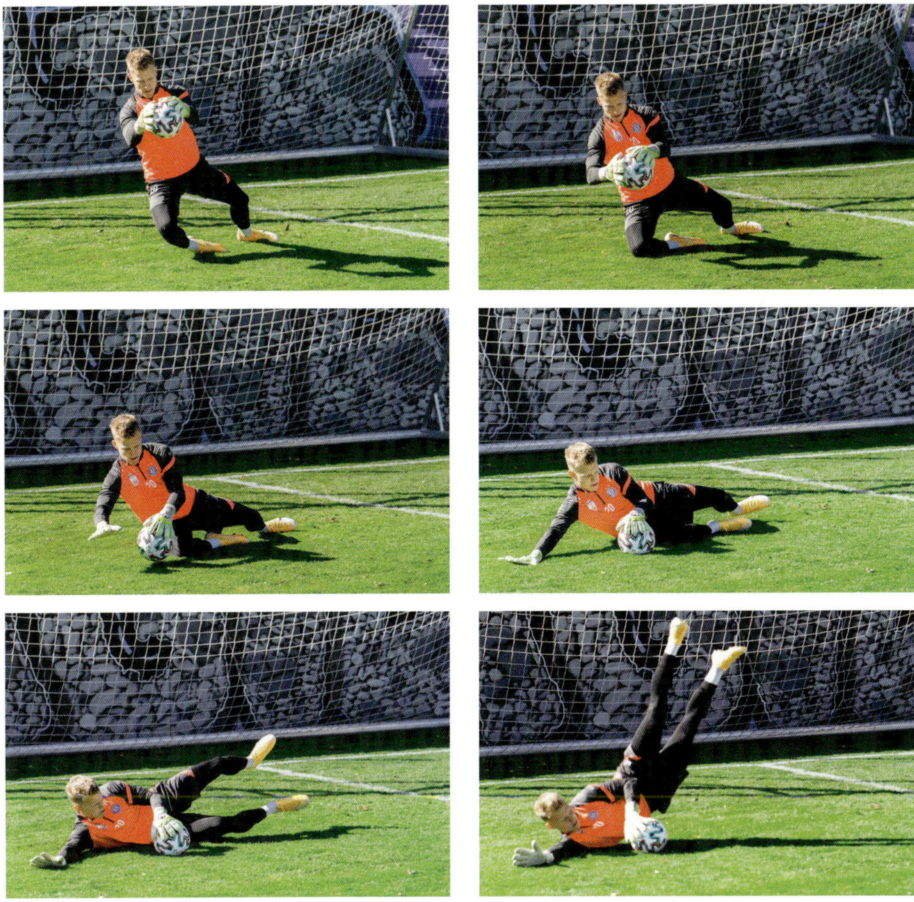

Coachingpunkte:

- *Fangen mit beiden Händen.*
- *Ablegen mit beiden Händen.*
- *Fixieren mit der oberen Hand, um ein Ausgleiten zu ermöglichen.*

Die Technik für **halbhohe Bälle** wird genauso wie jene für flache Bälle sowohl seitlich als auch **nach vorne** eingesetzt.

Entwicklung der Technik

KNIESTAND, FLACH, OHNE AUSGLEITEN

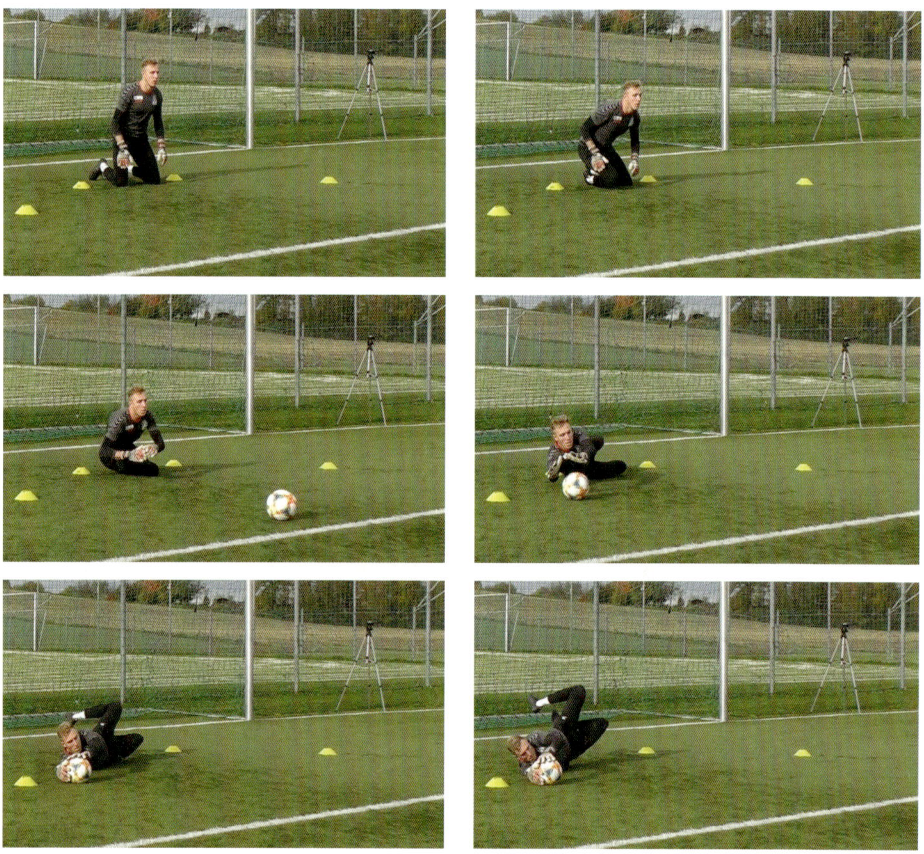

Achtung: Den Coachingpunkt „Strecken der Beine" beim Ausgleiten unbedingt beachten, ansonsten besteht die Gefahr einer Verdrehung der Körperachse, wie im letzten Bild ersichtlich. Diese Körperachsenverdrehung führt oft zu einer Drehung auf den Rücken. Erwachsene Torhüter können das aufgrund ihrer Rumpfmuskulatur meist verhindern, Kinder landen so aber immer auf dem Rücken.

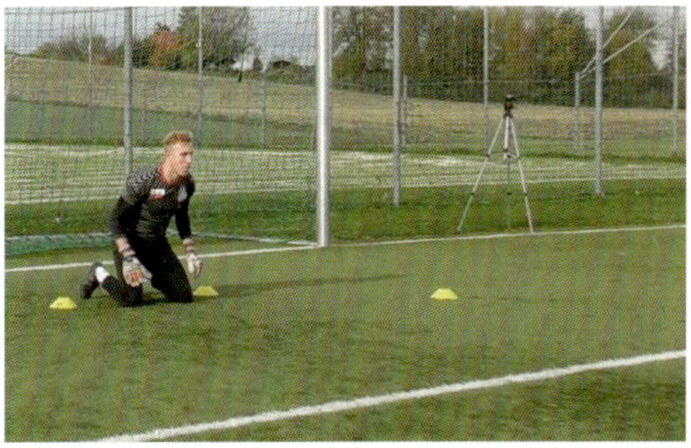
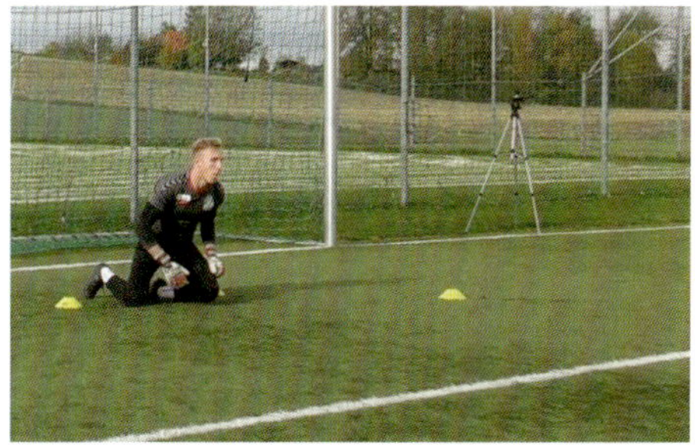
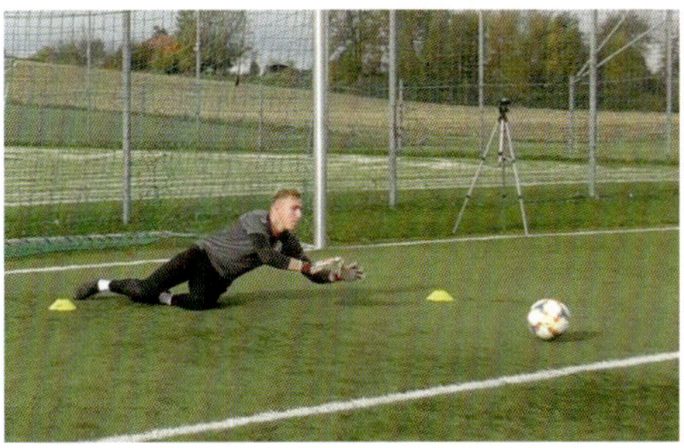
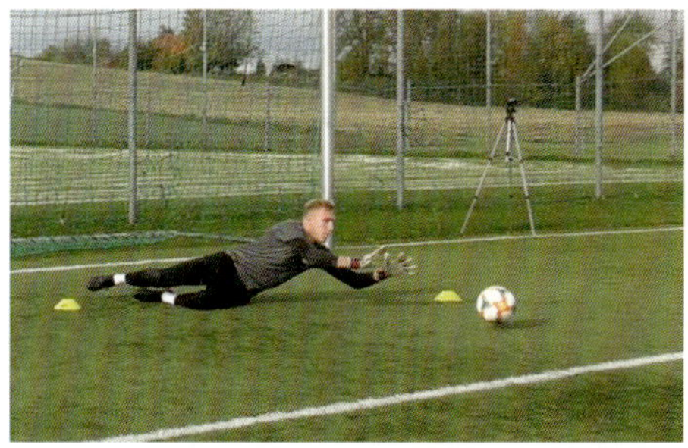
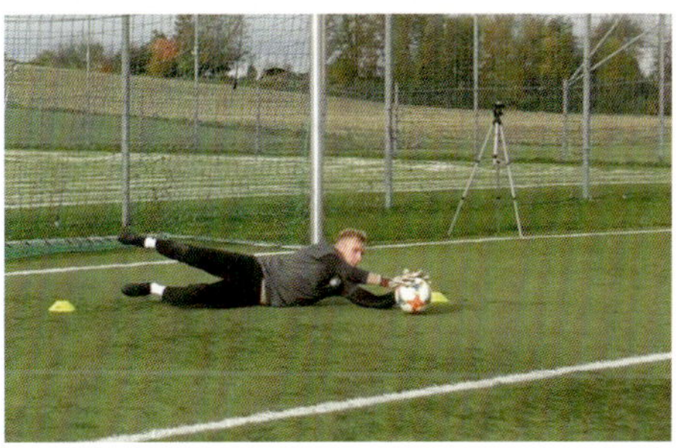
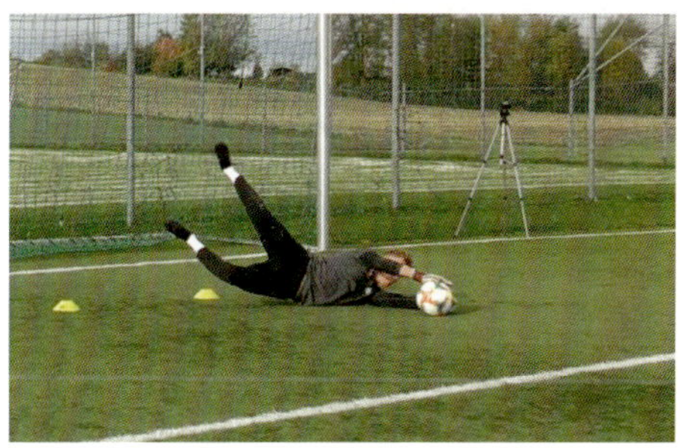

VORZEIGEN DES AUSGLEITENS

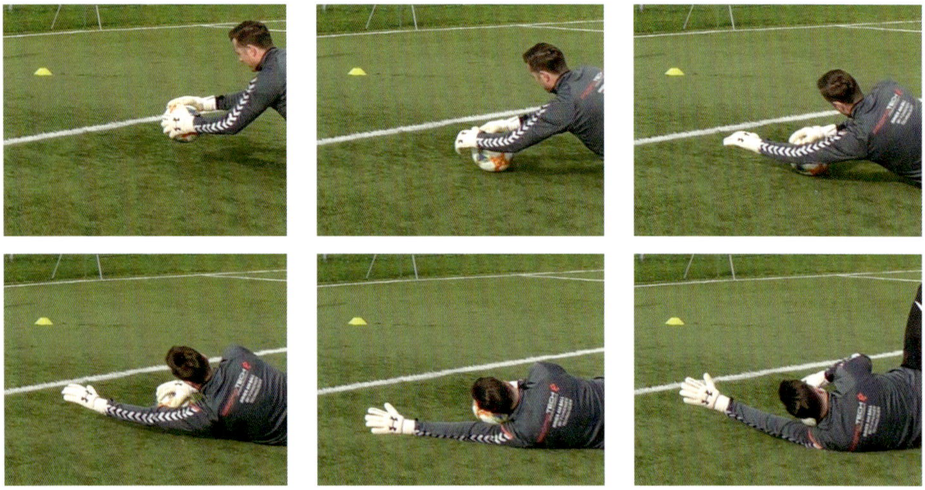

Einwurf

Je jünger bzw. unerfahrener der Torhüter ist, desto mehr sollte man Dinge vorzeigen. Auch wenn es vielleicht nicht perfekt ist, so können sich vor allem Kinder mehr vorstellen als durch Erklärungen.

Generell gilt: Je höher das Leistungsniveau ist, desto detaillierter kann Feedback sein. Auf niedrigerem Niveau ist es deutlich nachhaltiger, anstatt mit Erläuterungen mit Rahmenbedingungen (z. B. Hütchen, Dummys, Gegner, Bälle, . . .) zu arbeiten, die über das Sammeln von Erfahrungen zur Zielbewegung hinleiten. Dabei ist manchmal auch Kreativität gefragt.

KNIESTAND, FLACH, MIT AUSGLEITEN

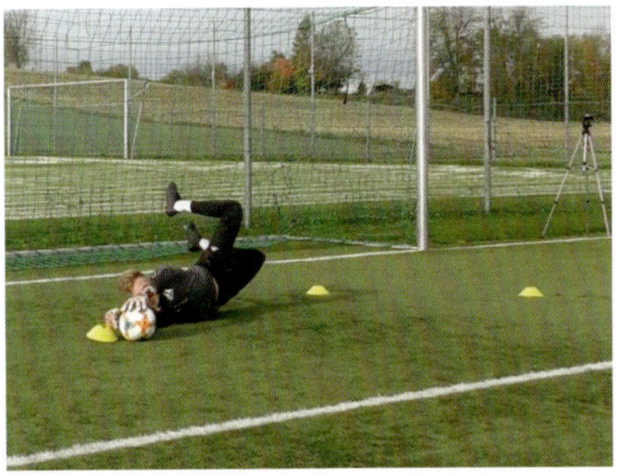

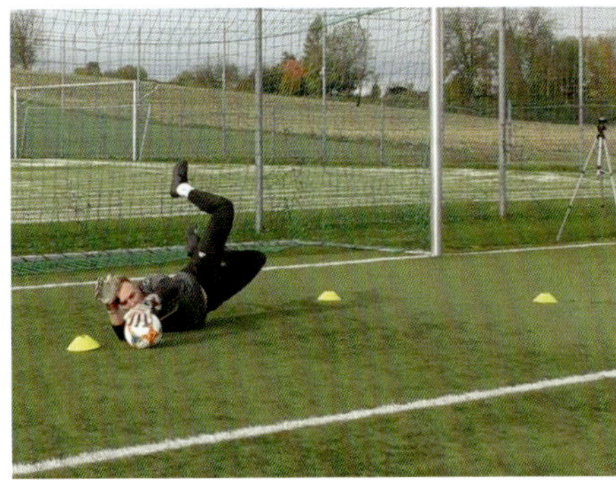

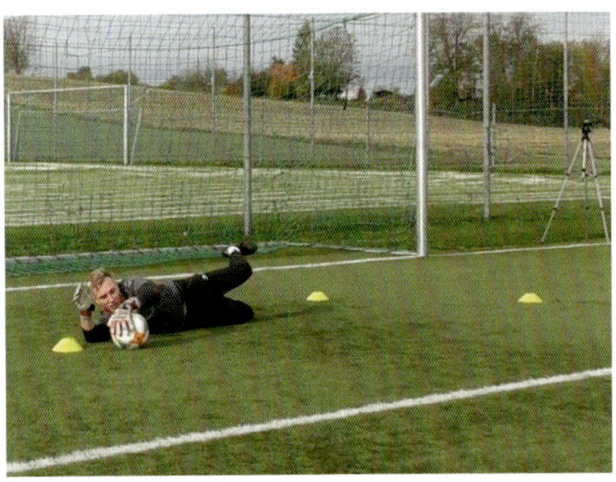

KNIESTAND, HALBHOCH, MIT AUSGLEITEN

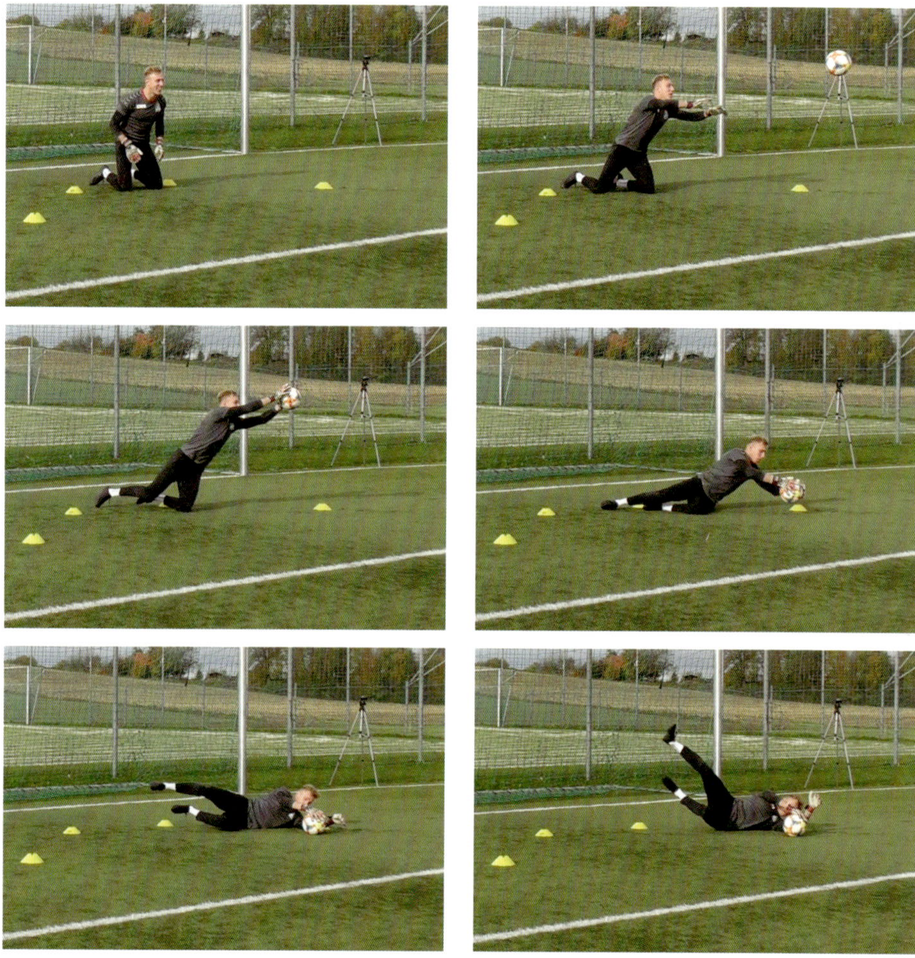

Achtung: Den Coachingpunkt „Schritt in den Ball" auch im Kniestand ausführen.

EINBEINKNIESTAND, FLACH

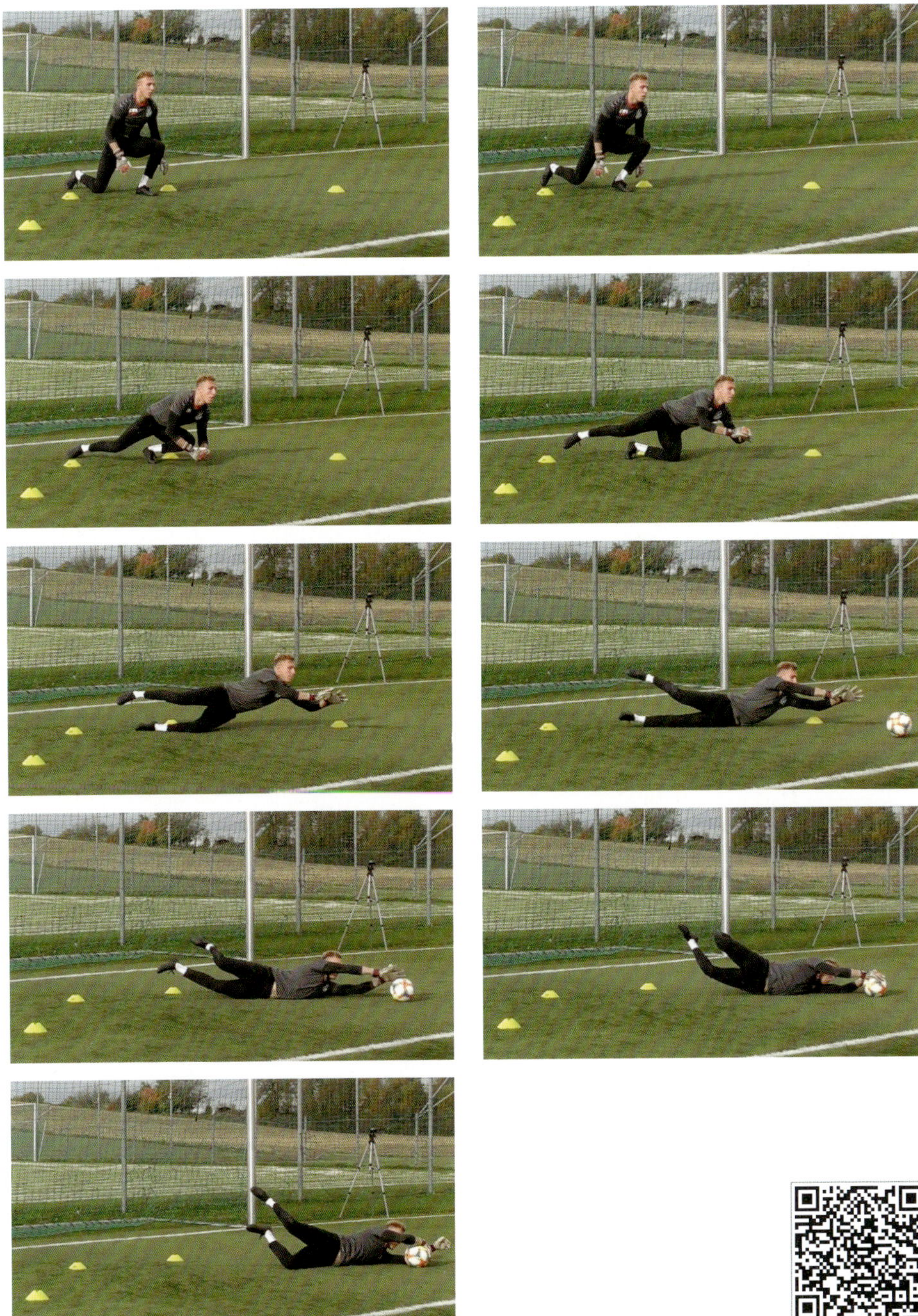

EINBEINKNIESTAND, HALBHOCH

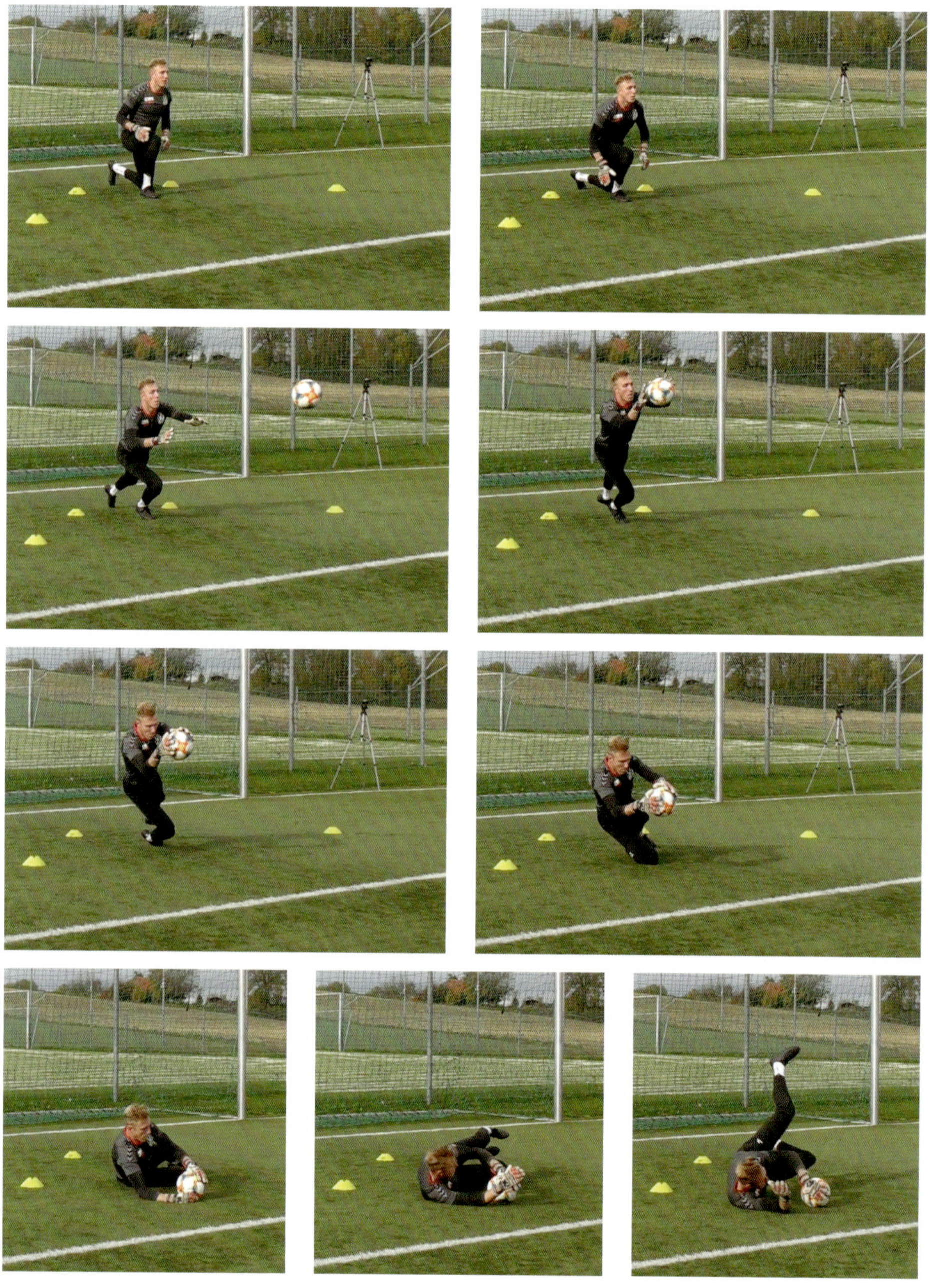

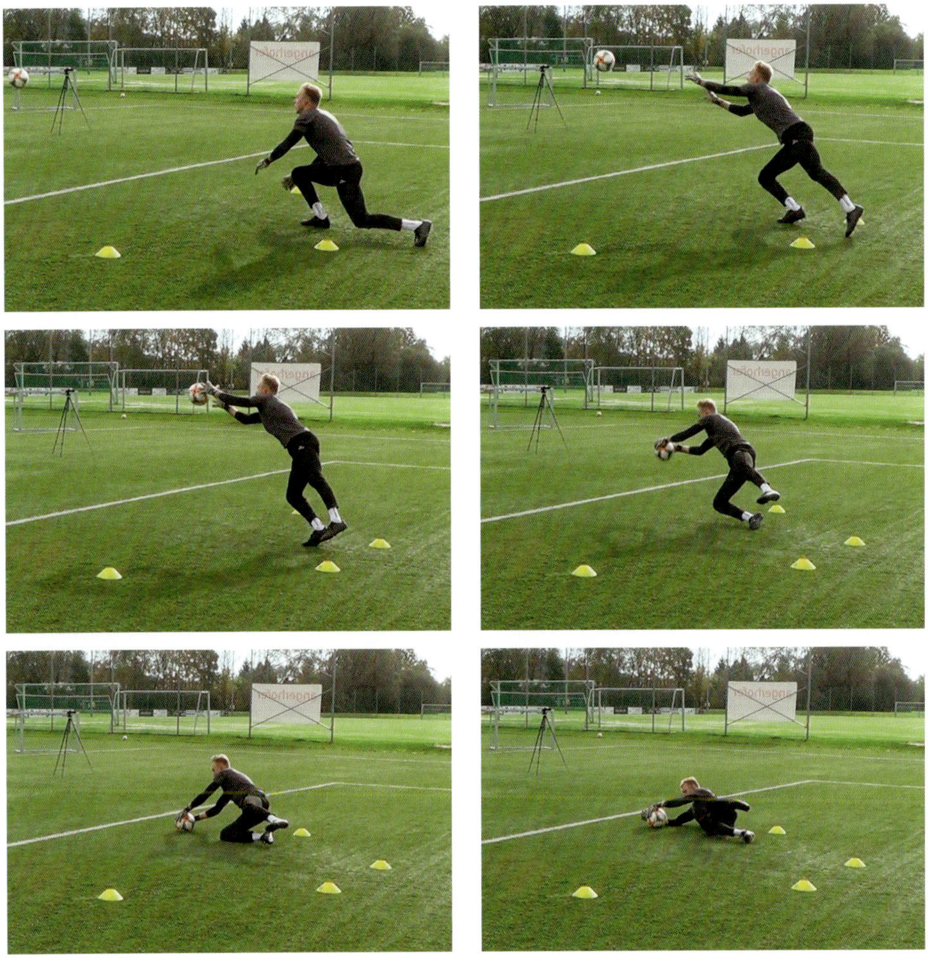

MIT SPLIT-STEP (AUFTAKTSCHRITT), FLACH

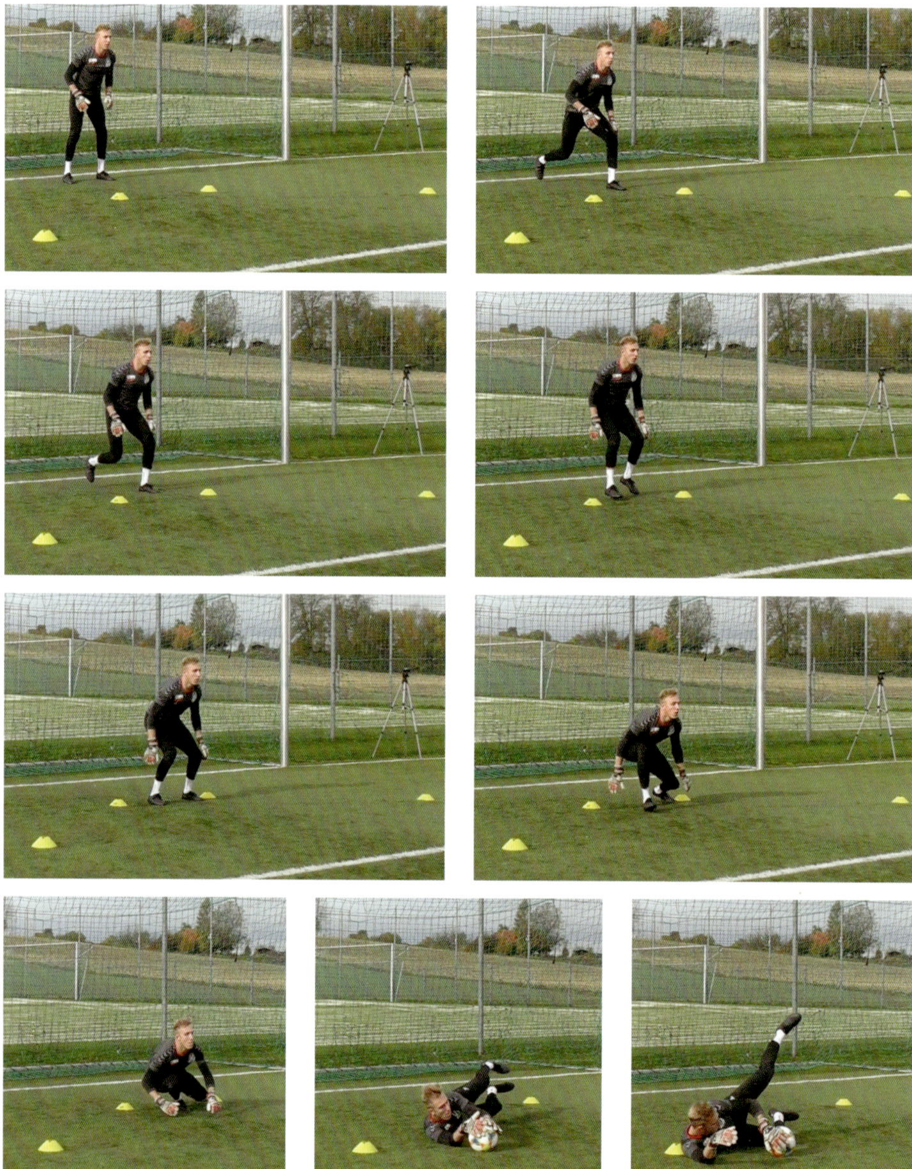

Der Split-Step ist ein flacher und kurzer Sprung mit beidbeiniger Landung unmittelbar vor der Aktion (Bild Nr. 4 und 5). Durch ihn kommt der Torhüter aus der ersten Phase des Ballangriffs (z. B. Sprint) wieder in die Grundstellung und kann anschließend jede Technik in jede Bewegungsrichtung starten.

Analog zu den vorangegangenen Übungen wird diese Übung auch mit halbhohen Bällen durchgeführt. Nachfolgend werden wir die Anzahl der im Buch beschriebenen Übungen reduzieren und zeigen stellvertretend die aus unserer Sicht wichtigsten als Anregung für die eigene Übungsauswahl.

Einwurf

Der Split-Step ist ein wichtiges Element in der optimalen Vorbereitung des Ballangriffs. Durch ihn ist das Gewicht auf beide Beine gleichmäßig verteilt und die Muskeln des Körpers haben eine leichte Vorspannung. Dadurch ist für alle Richtungen und Techniken eine optimale Ausgangssituation gegeben.

Auch in vielen anderen Ballsportarten (Tennis, Volleyball, Basketball, . . .) ist der Split-Step ein leistungsbestimmender Faktor – hier kann man sich durch Videos im Internet interessante Anregungen für das Torhütertraining holen.

OPTISCHES SIGNAL – SPLIT-STEP

Insbesondere der Zeitpunkt des Split-Steps ist durch ein optisches Signal, wie das Anlaufen des Gegenspielers und das Ausholen des Schwungbeins, beeinflusst. Da diese Parameter für Torhüter im Lernstadium noch deutlich zu schnell ablaufen, kann für die Auftaktbewegung ein in den Händen gehaltener Ball auf den Boden geprellt werden, um das Startsignal zu geben.

So startet die Bewegung trotzdem durch ein optisches Signal und die Wahrnehmung dafür wird geschult. Mit steigender Entwicklung lässt man dieses Signal weg und der Torhüter lernt, das Timing des Split-Steps auf die Bewegungen des Schützen abzustimmen.

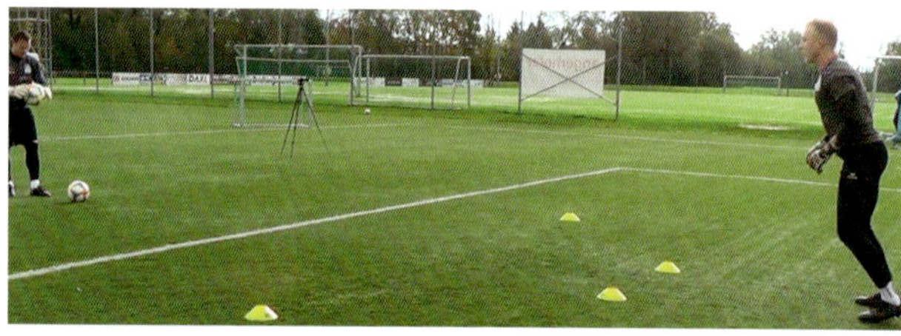

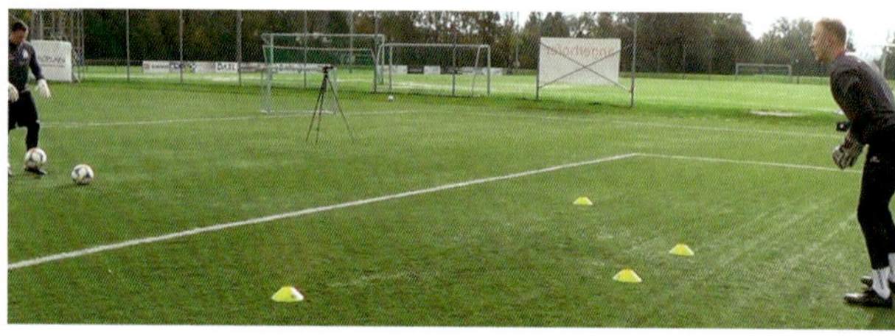

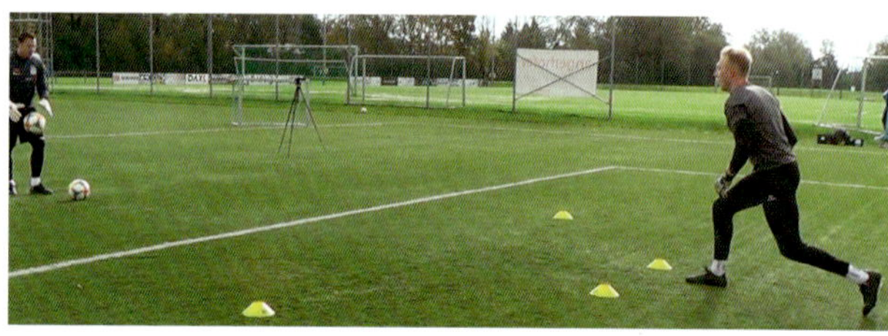

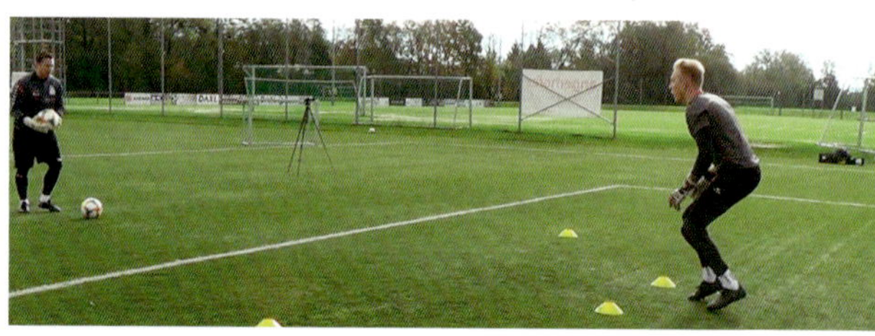

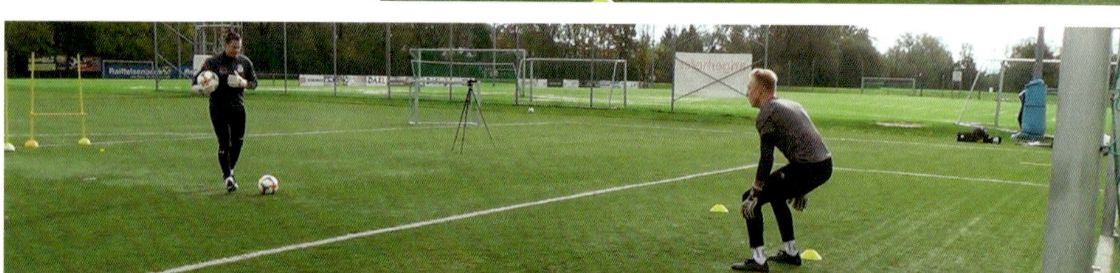

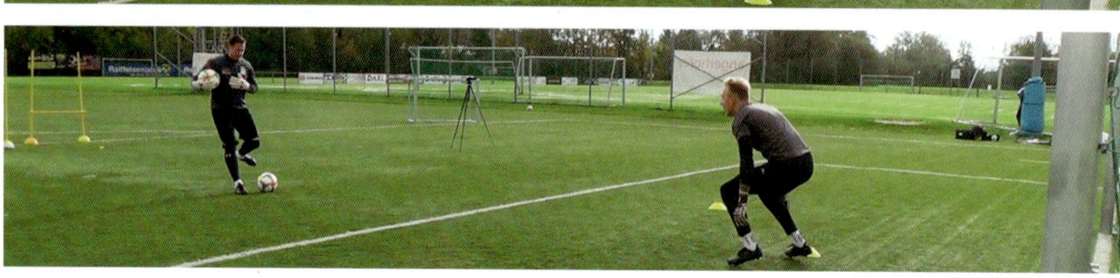

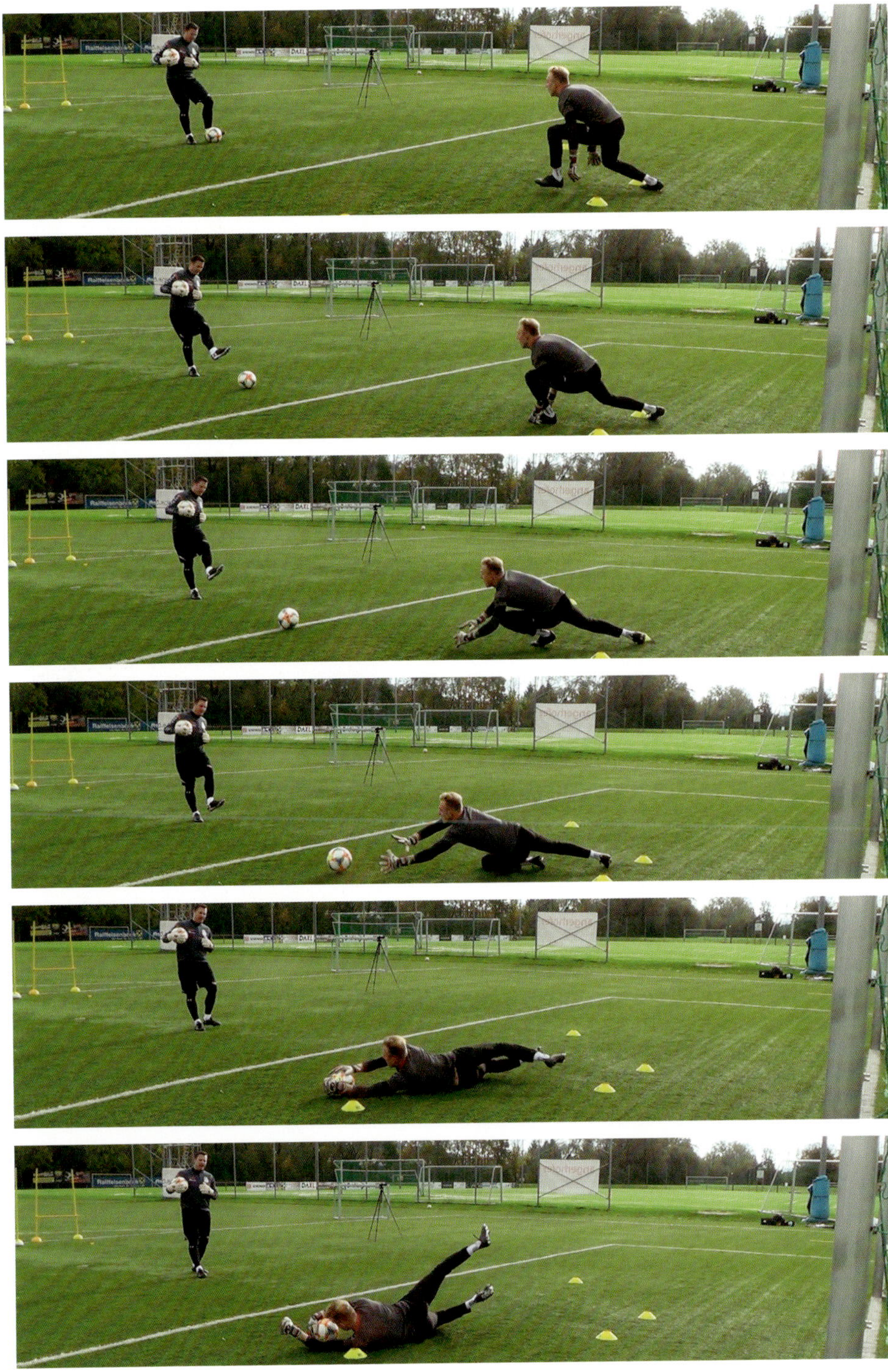

FALLEN UND AUFSTEHEN, ENDLOSFORM, FLACH, MIT AUSGLEITEN UND ZURÜCKROLLEN

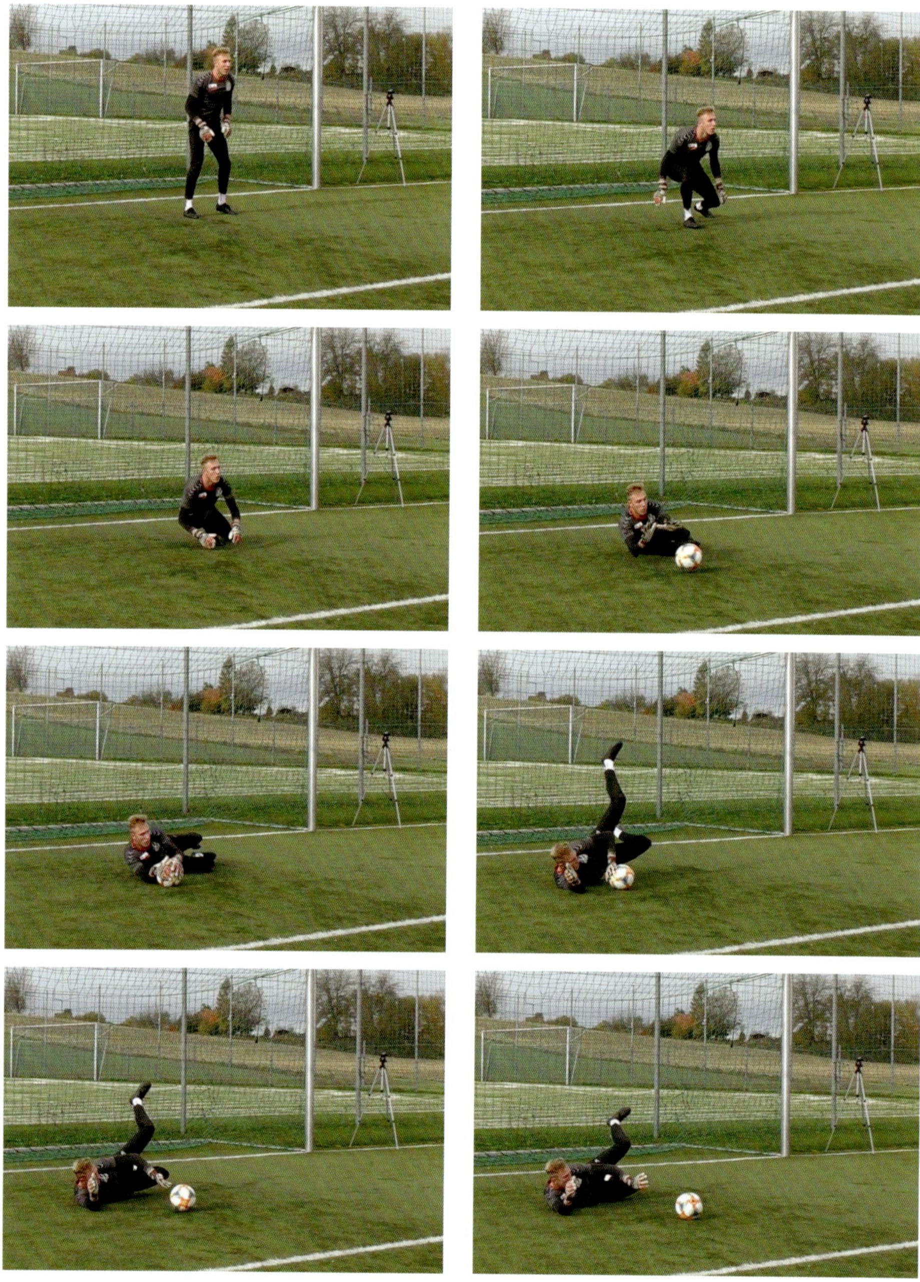

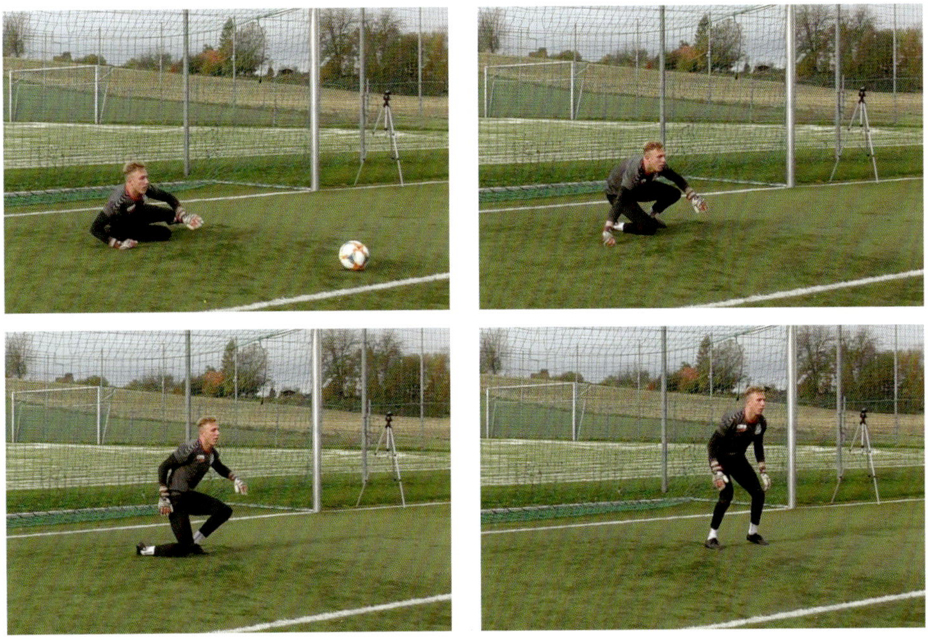

Anmerkung: Diese Endlosform funktioniert natürlich genauso mit halbhohen Bällen.

Im Kindes- und Jugendalter kann mit dieser Endlosform eine hohe Wiederholungsanzahl der Fallen-Technik erreicht werden, sodass diese Bewegung flüssig und rund abläuft. Sie nimmt vor allem Kindern die Angst vor Verletzungen, wenn es nötig ist, auf den Boden zu gehen, weil sie lernen, sich über Unterschenkel, Knie, Oberschenkel und Hüfte auf den Boden „fallen zu lassen". Bei dieser Endlosform wird aber vor allem auch das **schnelle Wiederaufstehen** mittrainiert.

Coachingpunkte Aufstehen:

- Die zum Abschluss der Fallbewegung durch das Abbremsen der Beine aufgebaute Vorspannung nutzen, um die Beine wieder in Richtung Boden zu beschleunigen.
- Das untere Knie anwinkeln.
- Das obere Knie aufstellen.
- Der Abdruck erfolgt mit dem unteren Unterarm bzw. der unteren Hand.

MIT HÜTCHEN UND DUMMY

(Provokation Split-Step und situatives Anwenden der Ballangriffs- und Ballzugriffstechniken)

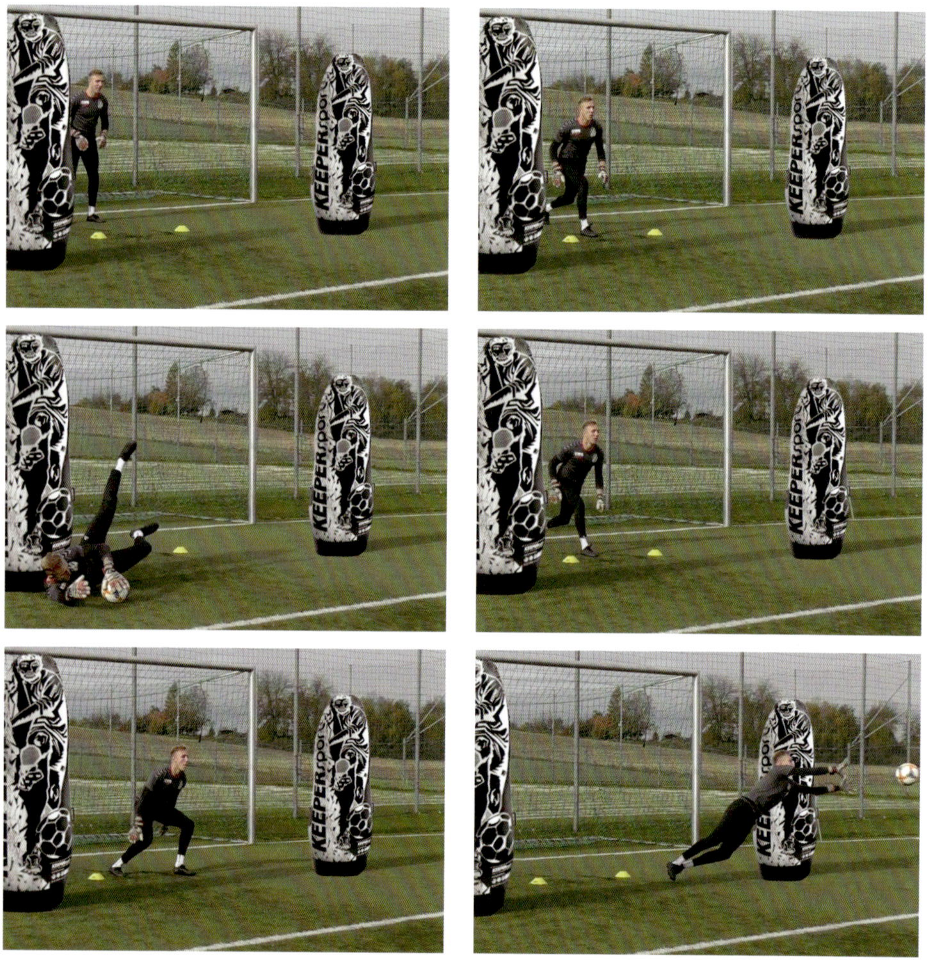

VARIATION MIT SICHTBEHINDERUNG UND KURZEN BÄLLEN

(nach vorne)

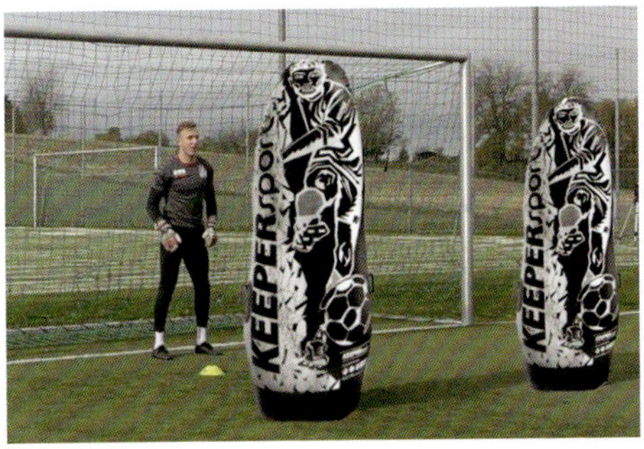

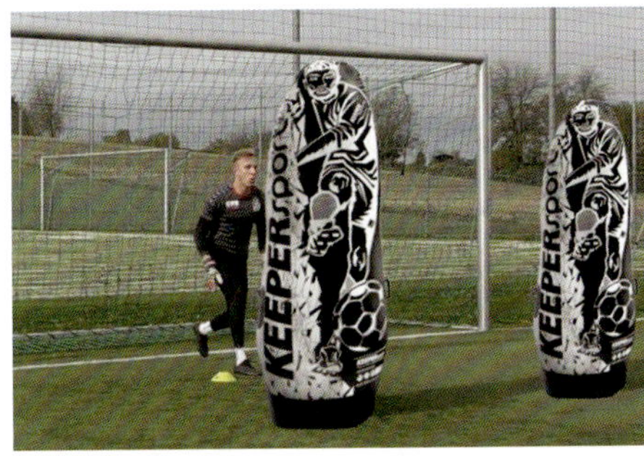

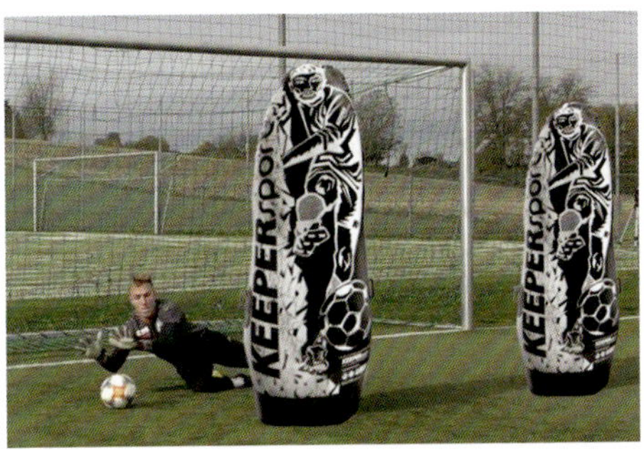

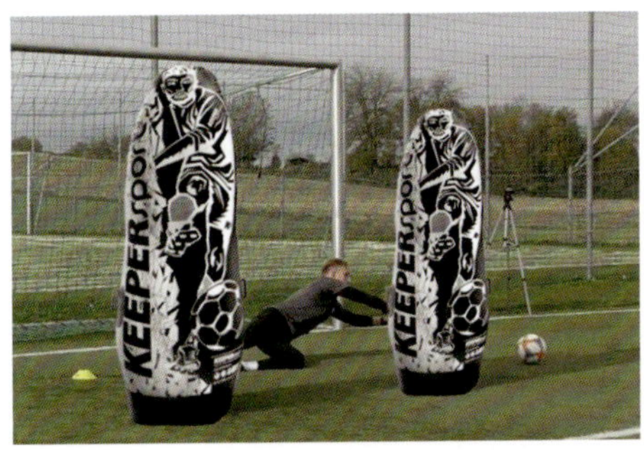

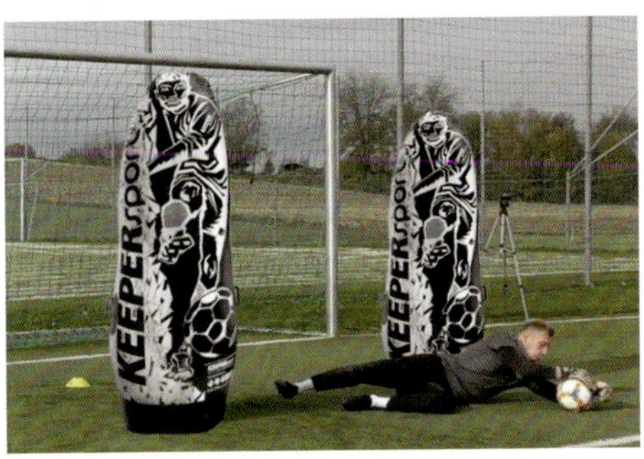

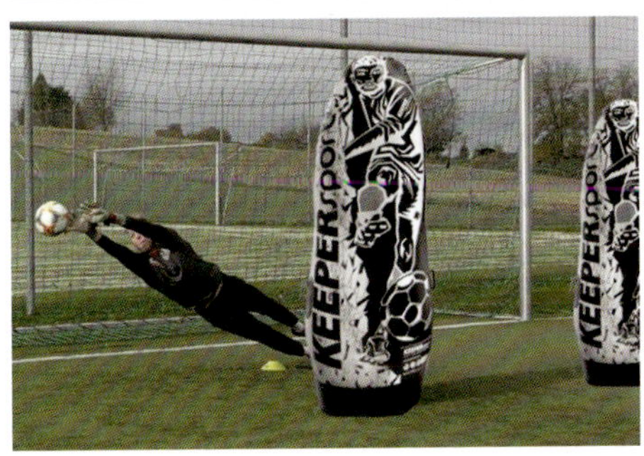

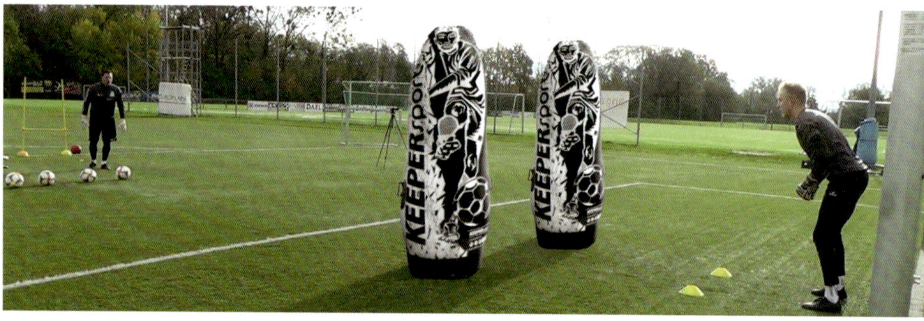

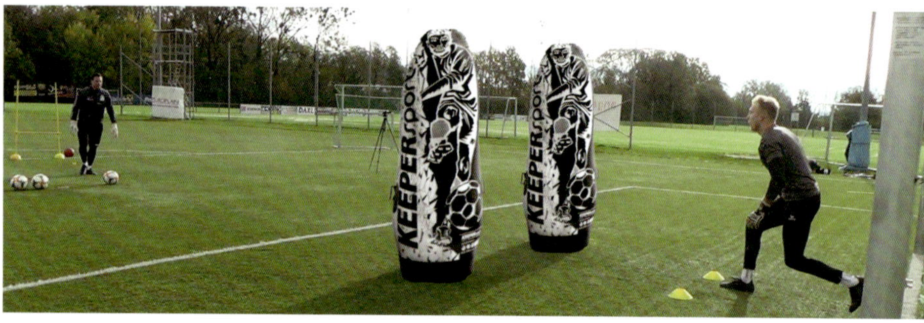

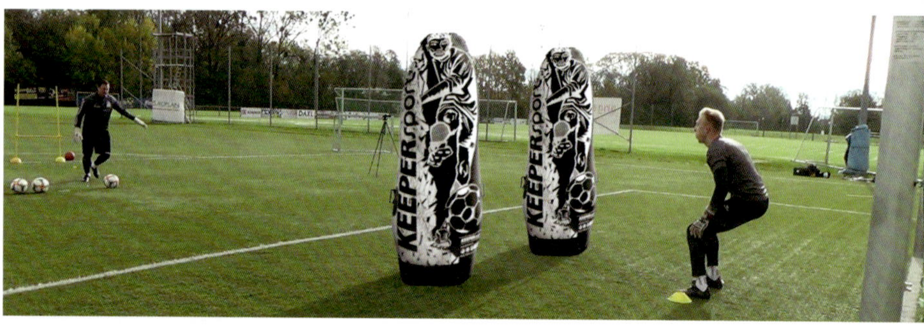

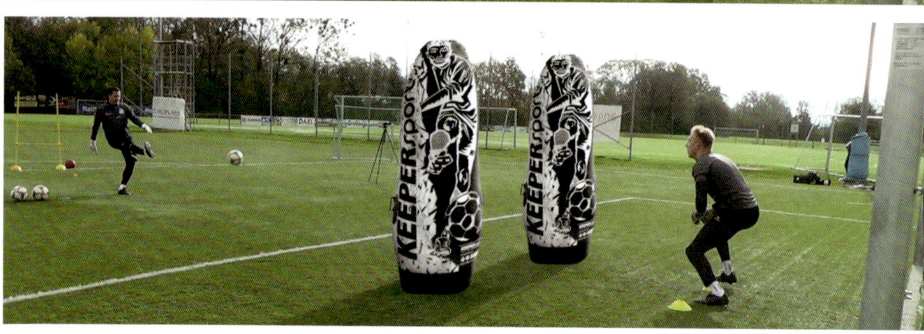

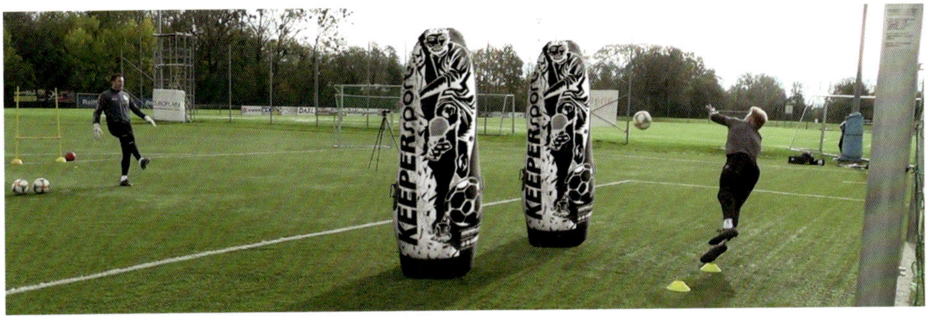

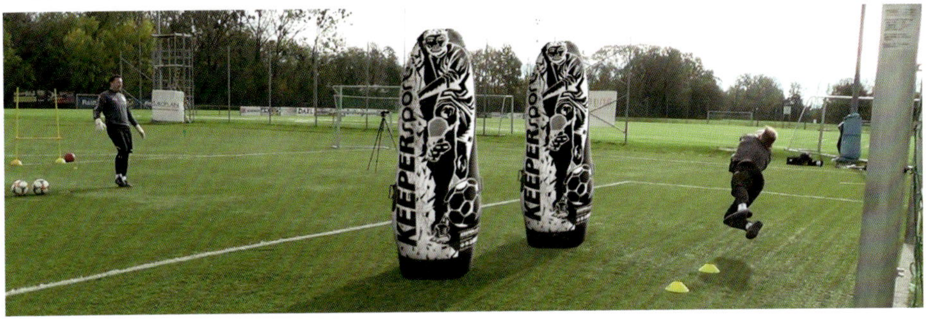

Einwurf

*Gut getimte **Steilpässe** über oder durch die eigene Verteidigung bieten gegnerischen Offensivspielern sehr gute Torchancen oder 1-gegen-1-Situationen gegen den Torhüter.*

Daher ist es ein großer Vorteil, den Ball bereits vor dem Gegner zu erreichen. Dies gelingt durch ein korrektes, offensives Stellungsspiel und mutiges Heraussprinten.

Die Entscheidung bzw. Antizipation, ob der Ball erreicht werden kann, ist unbedingt im Training zu üben. Auch hier gilt: Ein missglückter Versuch bietet dem Gegner möglicherweise ein einfaches Tor.

Daher kann es in engen Situationen auch von Vorteil sein, sich auf die Torverteidigung zu konzentrieren, vor allem, wenn ein Mitspieler eng am Gegenspieler dran ist und ihn unter Druck setzen kann.

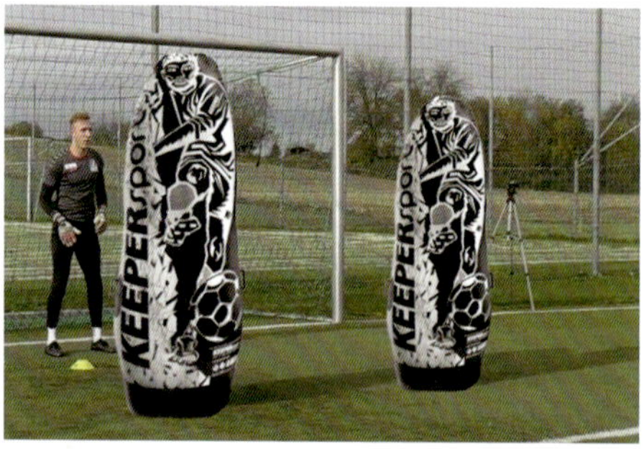
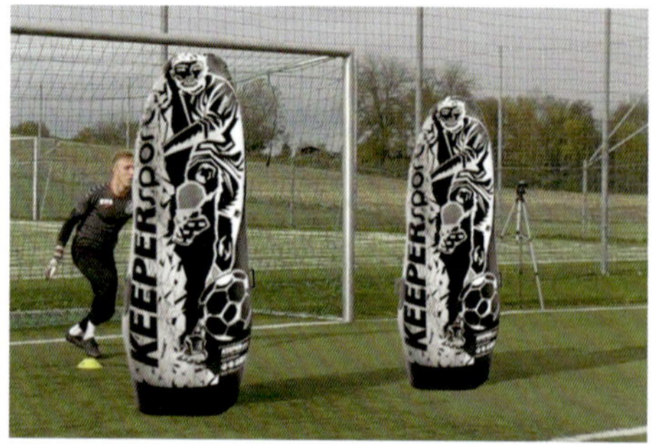
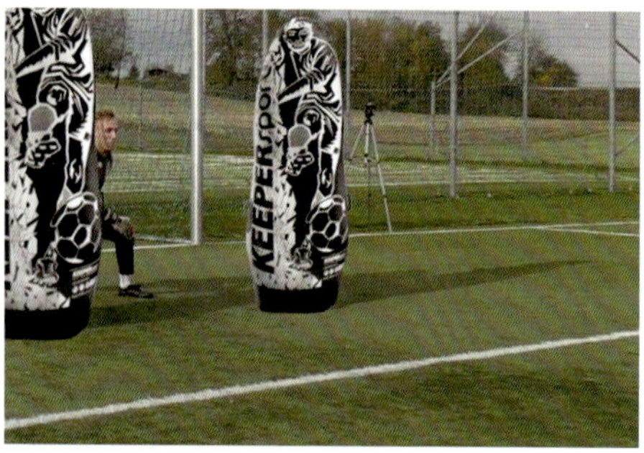
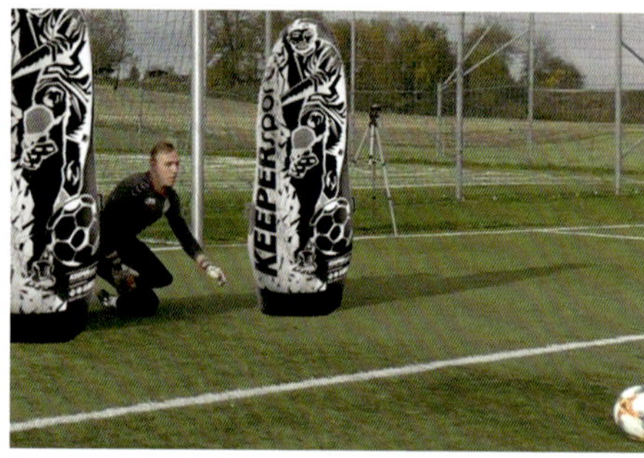
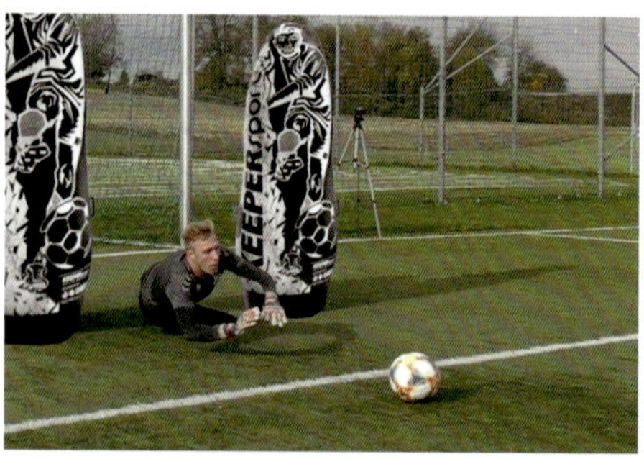
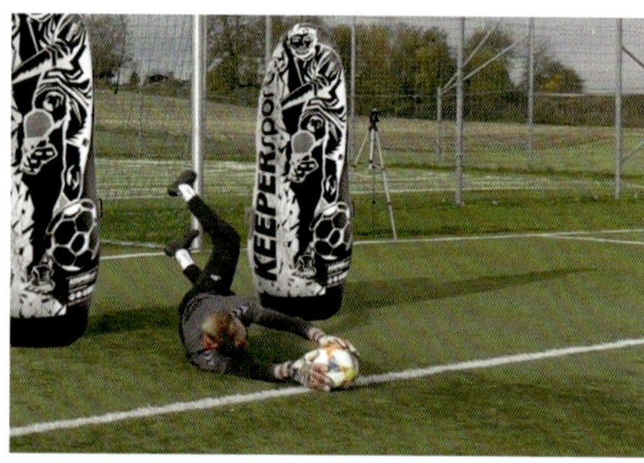
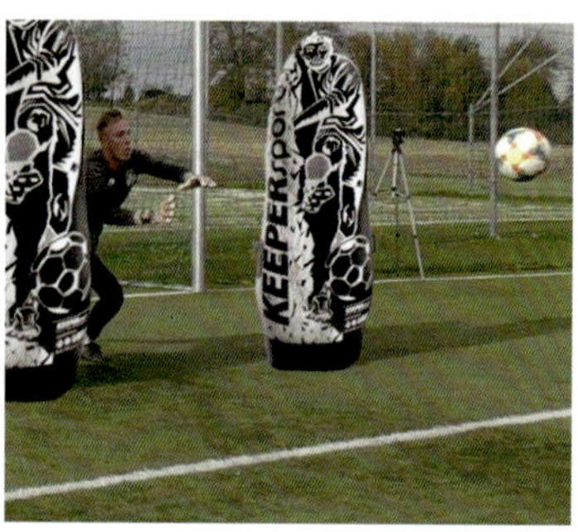
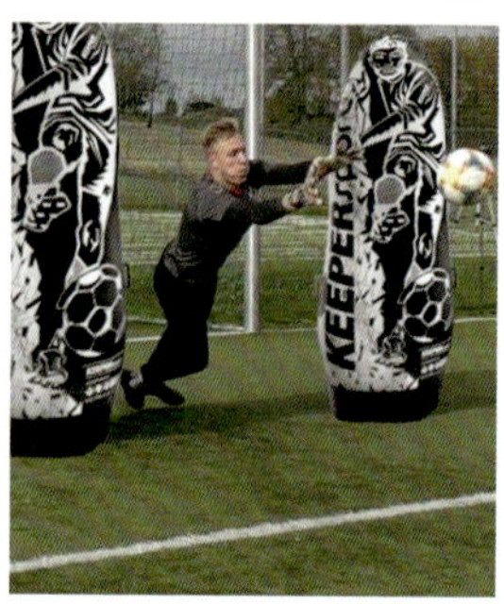
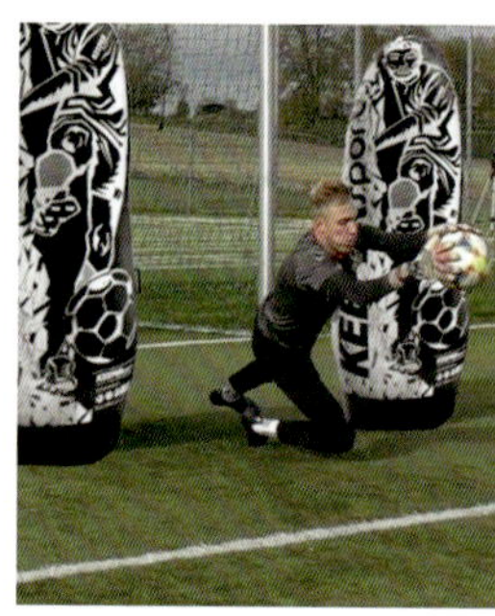

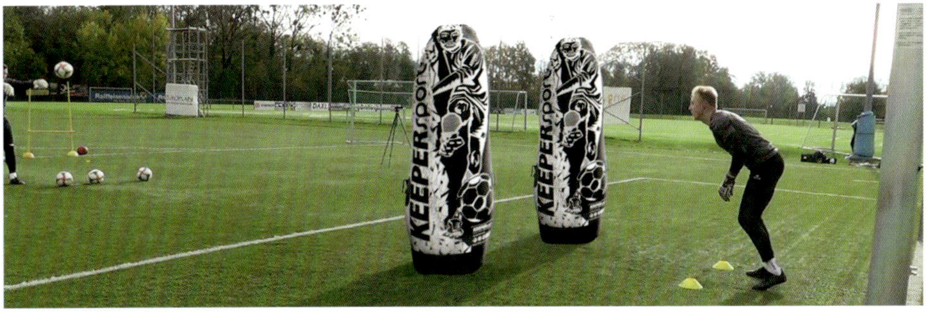

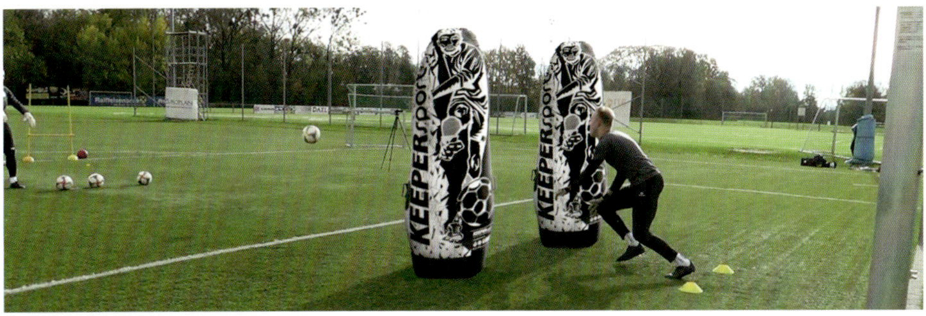

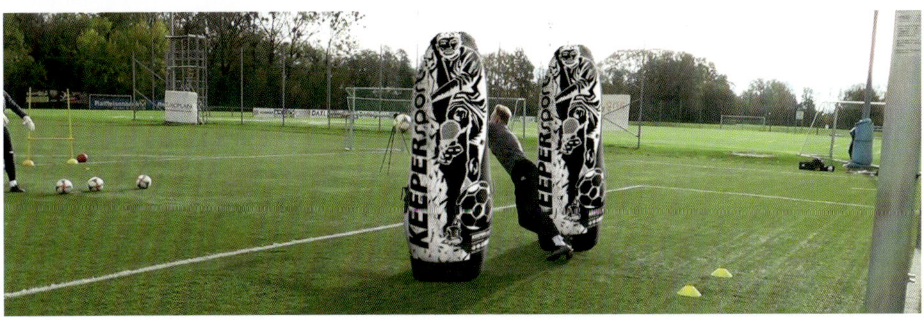

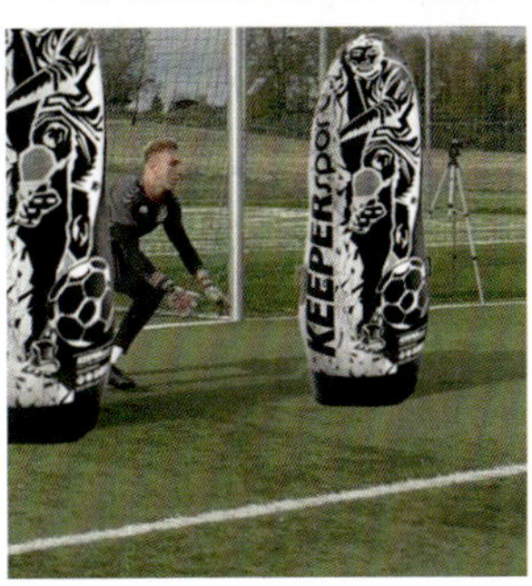

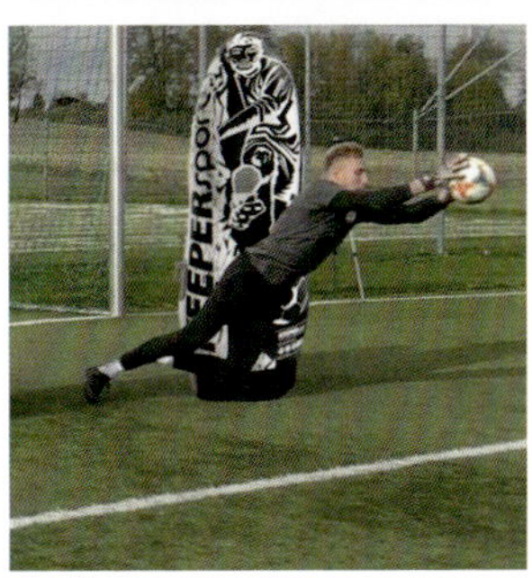

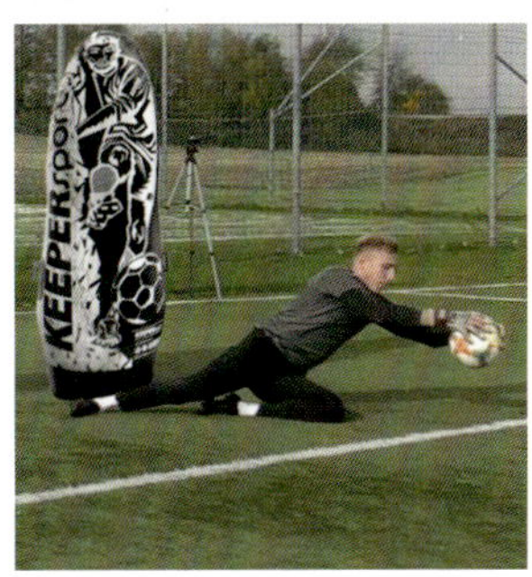

DUMMY UND VARIATION (SITUATIVES ANWENDEN)
SICHTBEHINDERUNG UND KURZE BÄLLE (OHNE PROVOKATION SPLIT-STEP)

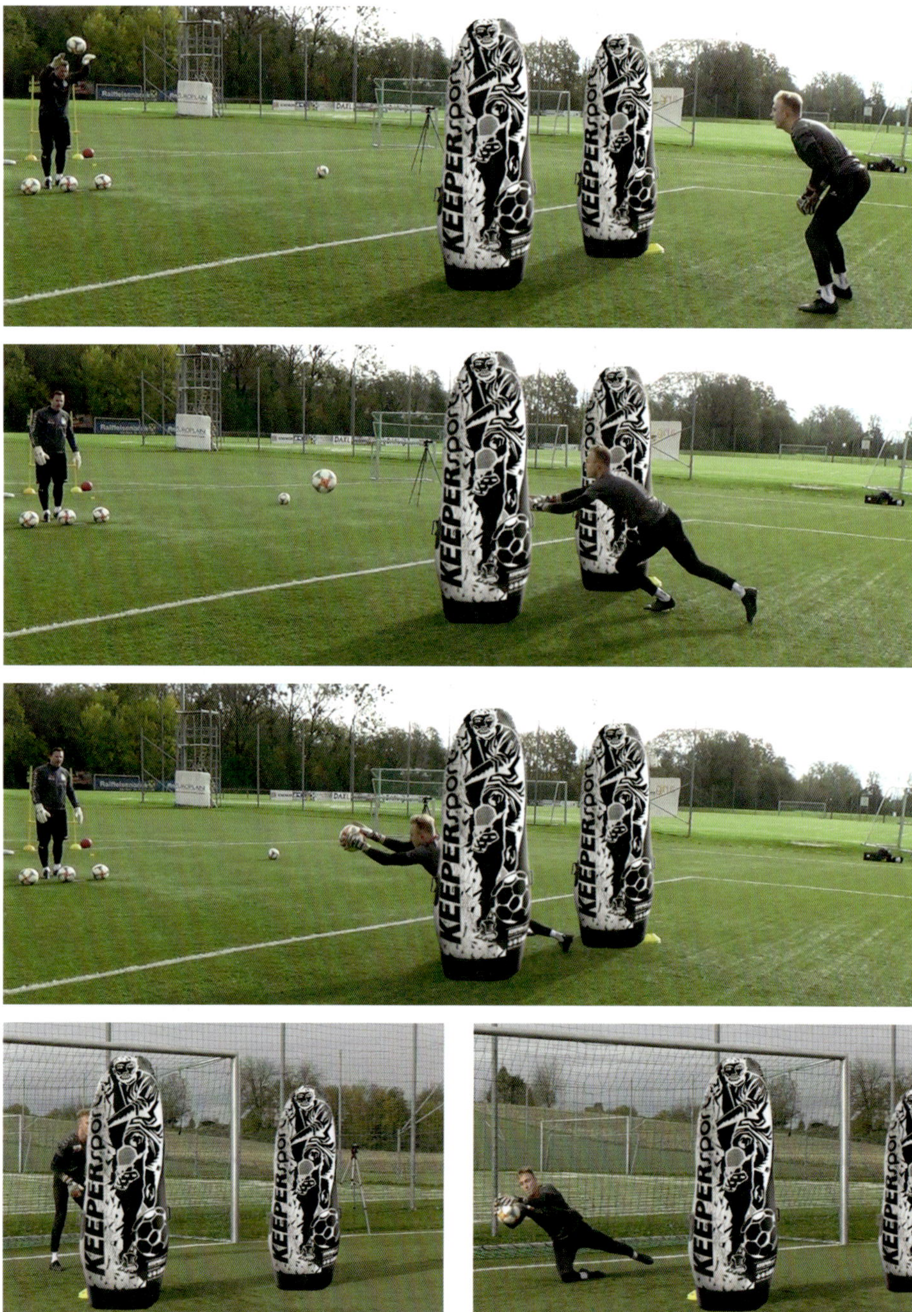

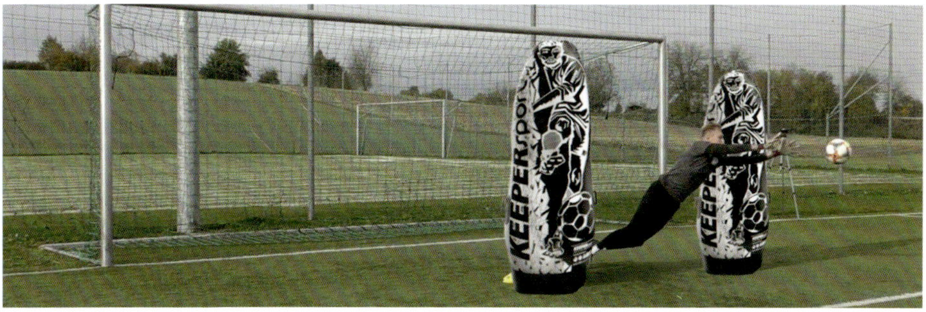

Wir bauen ins Training immer wieder unerwartete Aktionen ein – z. B. bei diesen Übungen einen unangekündigten frontalen Ball durch die beiden Dummys (siehe Kap. 4.3 und 4.4).

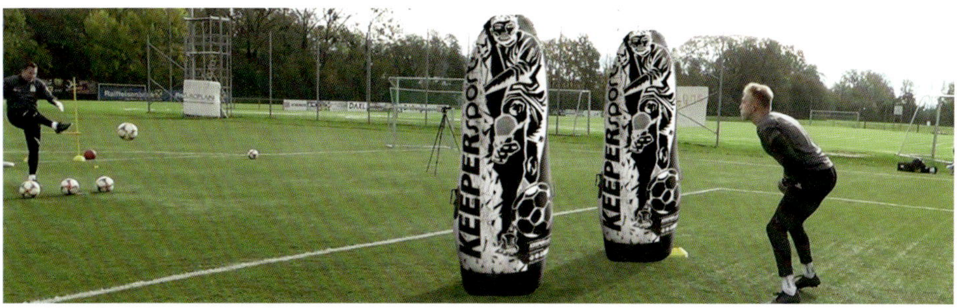

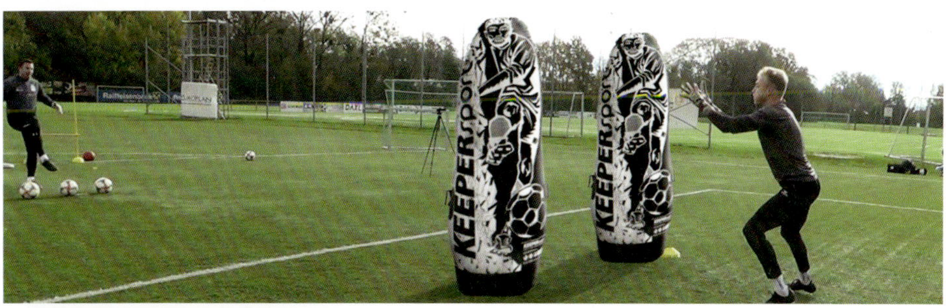

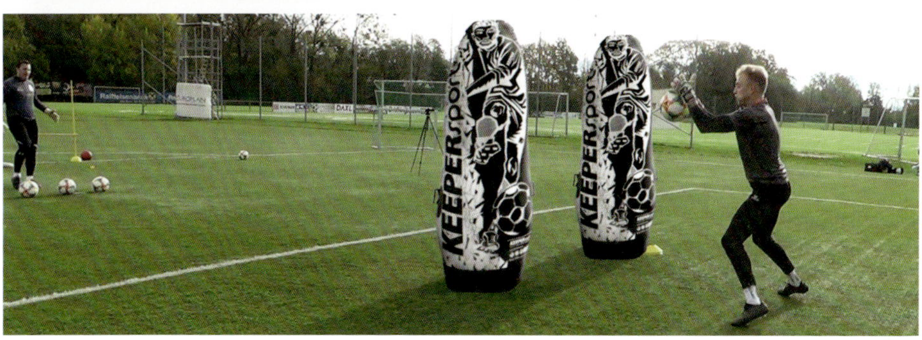

VERSCHIEDENE POSITIONEN

Aus unterschiedlichen Positionen schießen und/oder eine Positionsveränderung der eigentlichen Aktion vorschalten.

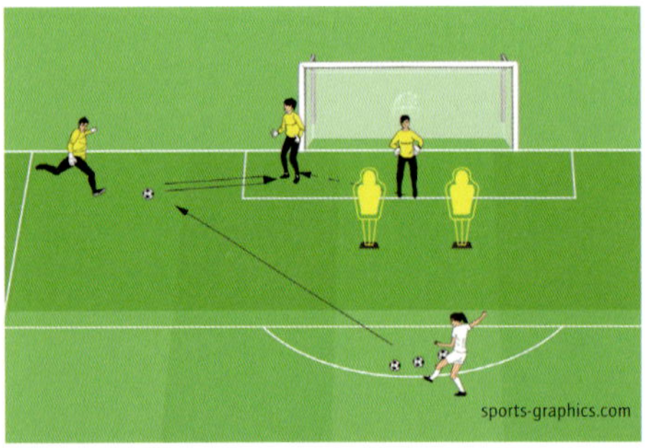

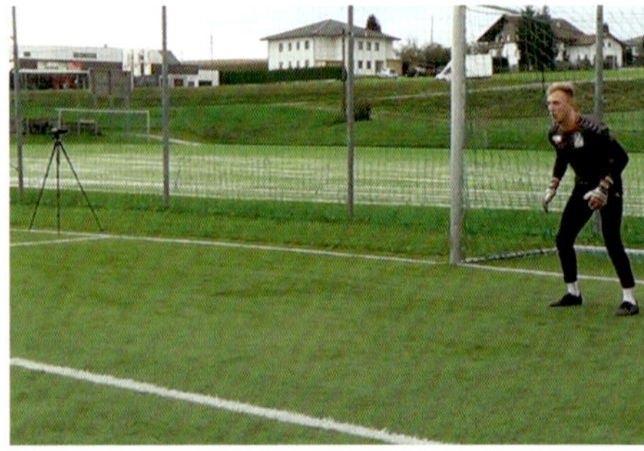

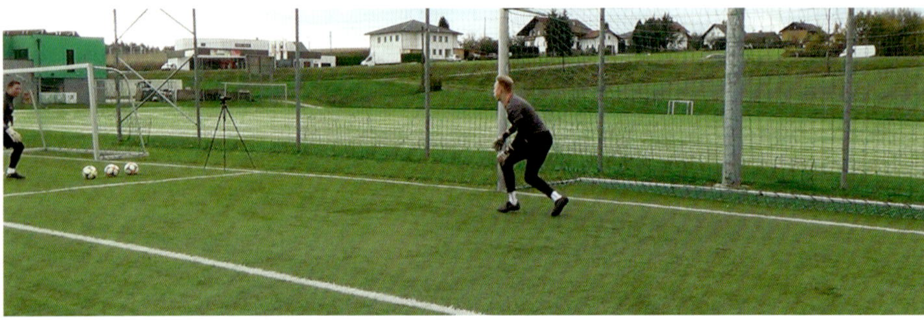

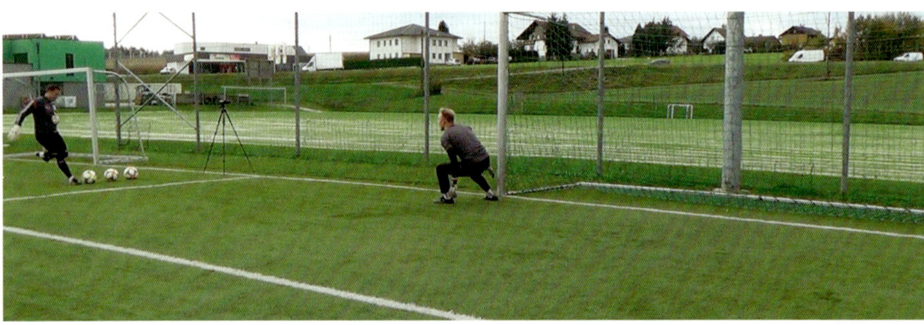

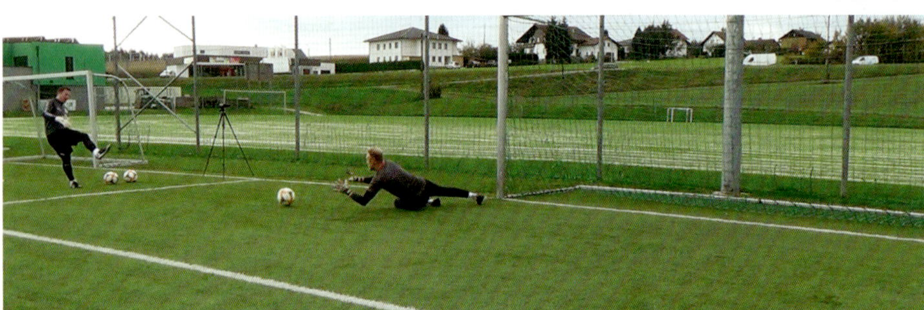

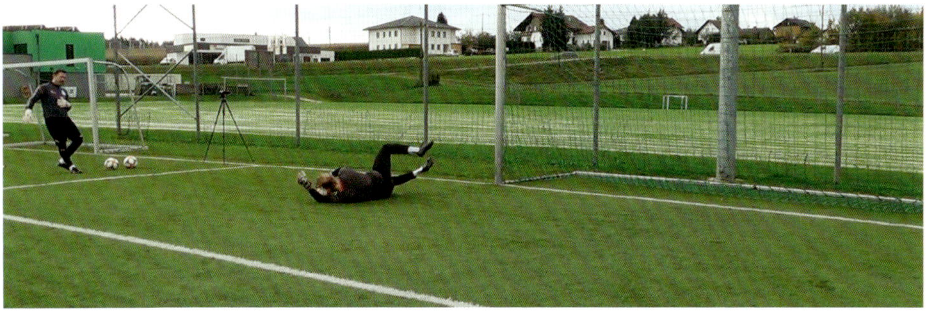

Einwurf

Pässe zum ersten Pfosten sind aufgrund der oftmals kurzen Distanz zum Tor besonders gefährlich und aufgrund der meist auch unmittelbar gegebenen Torschussmöglichkeit ist die Entscheidungsfindung besonders heikel und kurzfristig.

Um die anschließenden Querpässe oder Pässe in den Rückraum fangen oder abwehren zu können, ist daher das richtige Stellungsspiel Grundvoraussetzung. Hier gilt es, ähnlich wie bei geschossenen Flanken, spielnahe Situationen durch das Einbauen von Feldspielern zu konstruieren.

4.2.1.9 Hechten und *Fangen im Korbgriff*

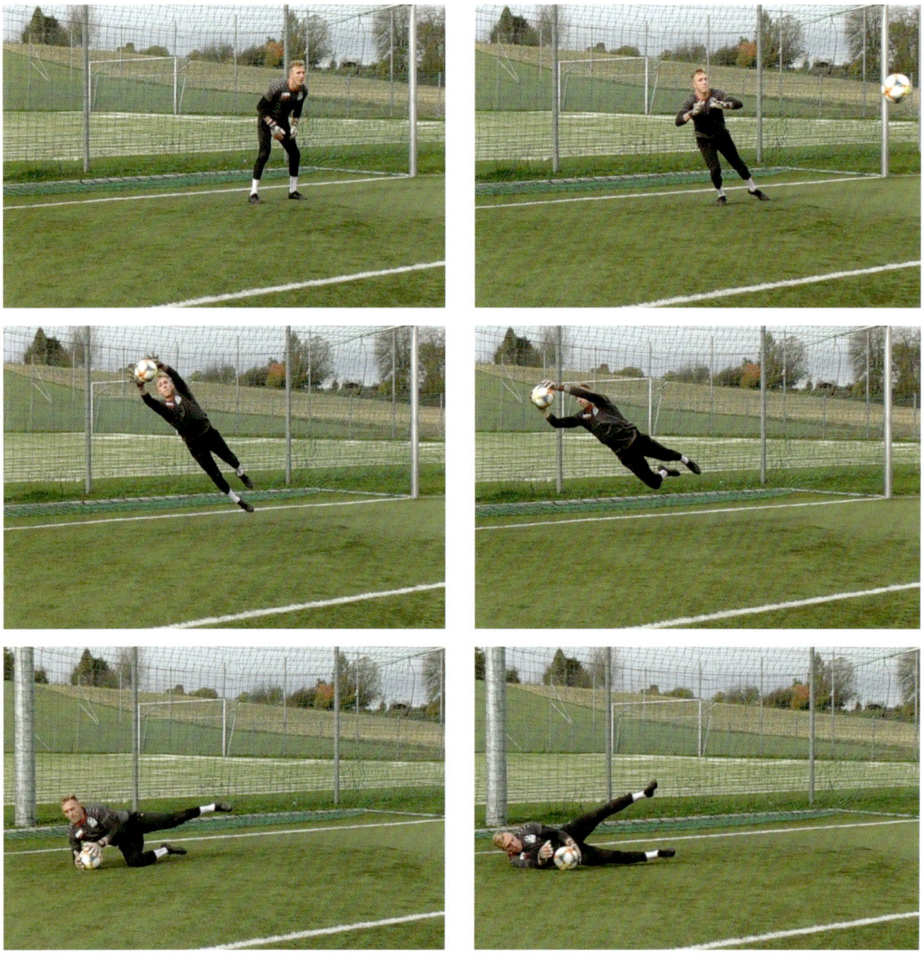

Coachingpunkte:

- Ballangriff mit Kreuzschritt bei größerer Distanz.
- Aktiver Abdruck des ballnahen Fußes.
- Die Bewegung der Hände und des gesamten Körpers ist in direkter Linie zum Ball.
- *Fangen im Korbgriff.*
- Landen in schneller Abfolge über Unterschenkel, Knie, Oberschenkel, Hüfte, Rumpf.
- Ablegen mit beiden Händen.
- Fixieren mit der oberen Hand, um ein Ausgleiten zu ermöglichen.

Achtung: Der Körper bewegt sich nach der Landung noch weiter. Den Ball daher mit der oberen Hand gut fixieren und gegebenenfalls mit dieser Hand beim Weiterrutschen mitnehmen. Aus diesem Grund ist es manchmal (z. B. bei Regen) sicherer, den Ball abzulenken, statt zu fangen, um nicht Gefahr zu laufen, den Ball direkt vor dem Tor zu verlieren.

Entwicklung der Technik

EINBEINKNIESTAND

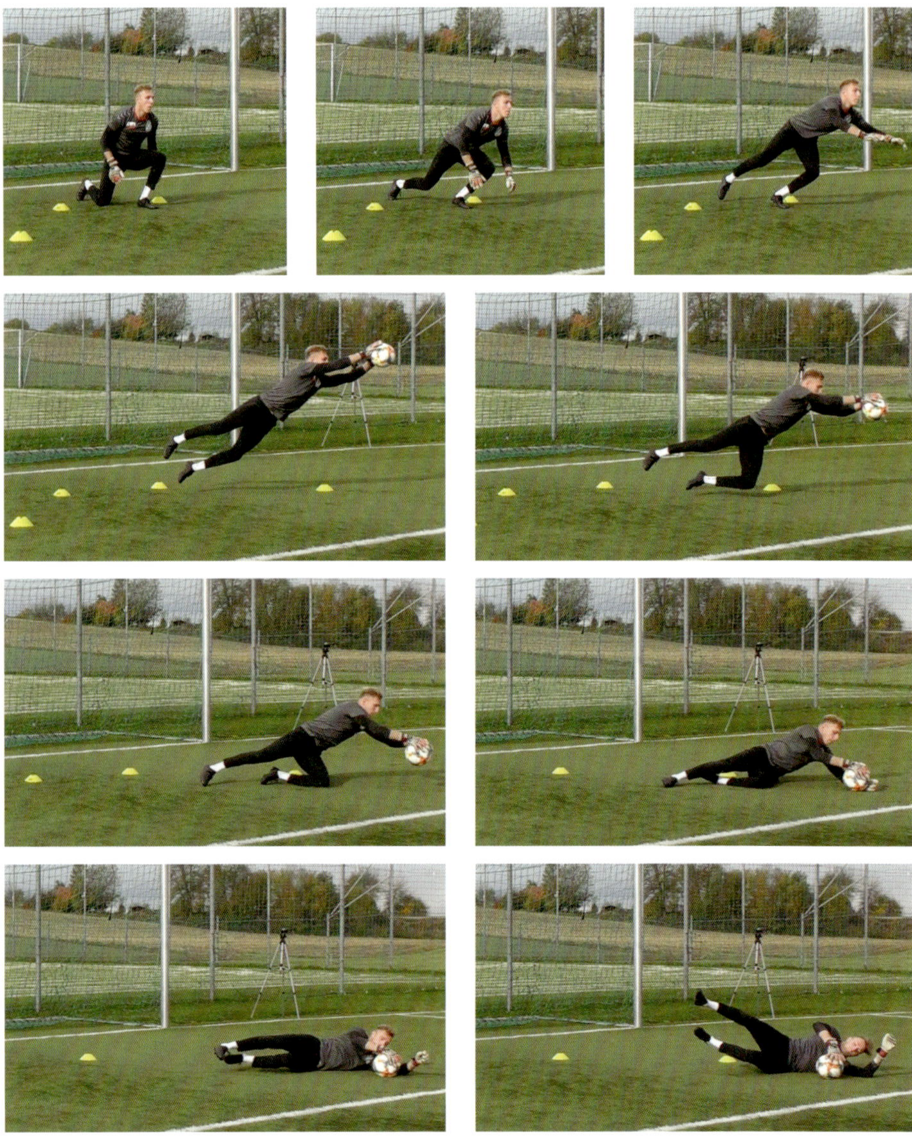

MIT DUMMY UND SPLIT-STEP

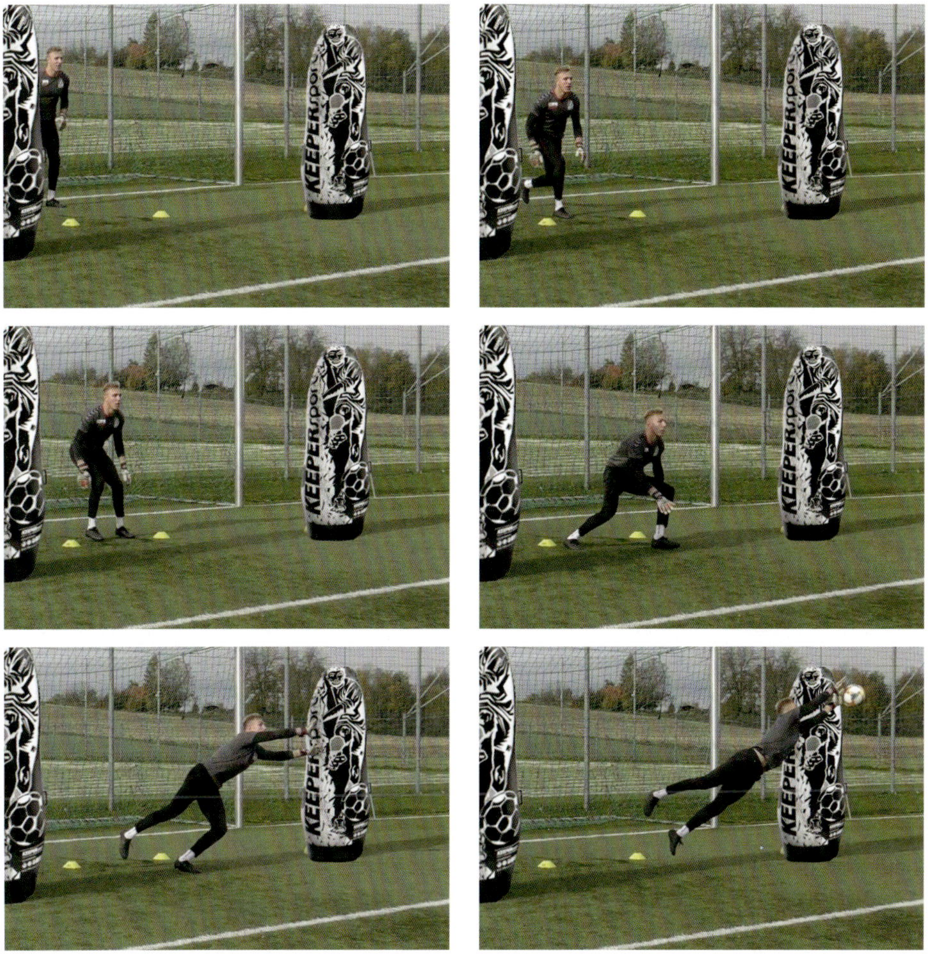

DOPPELAKTION

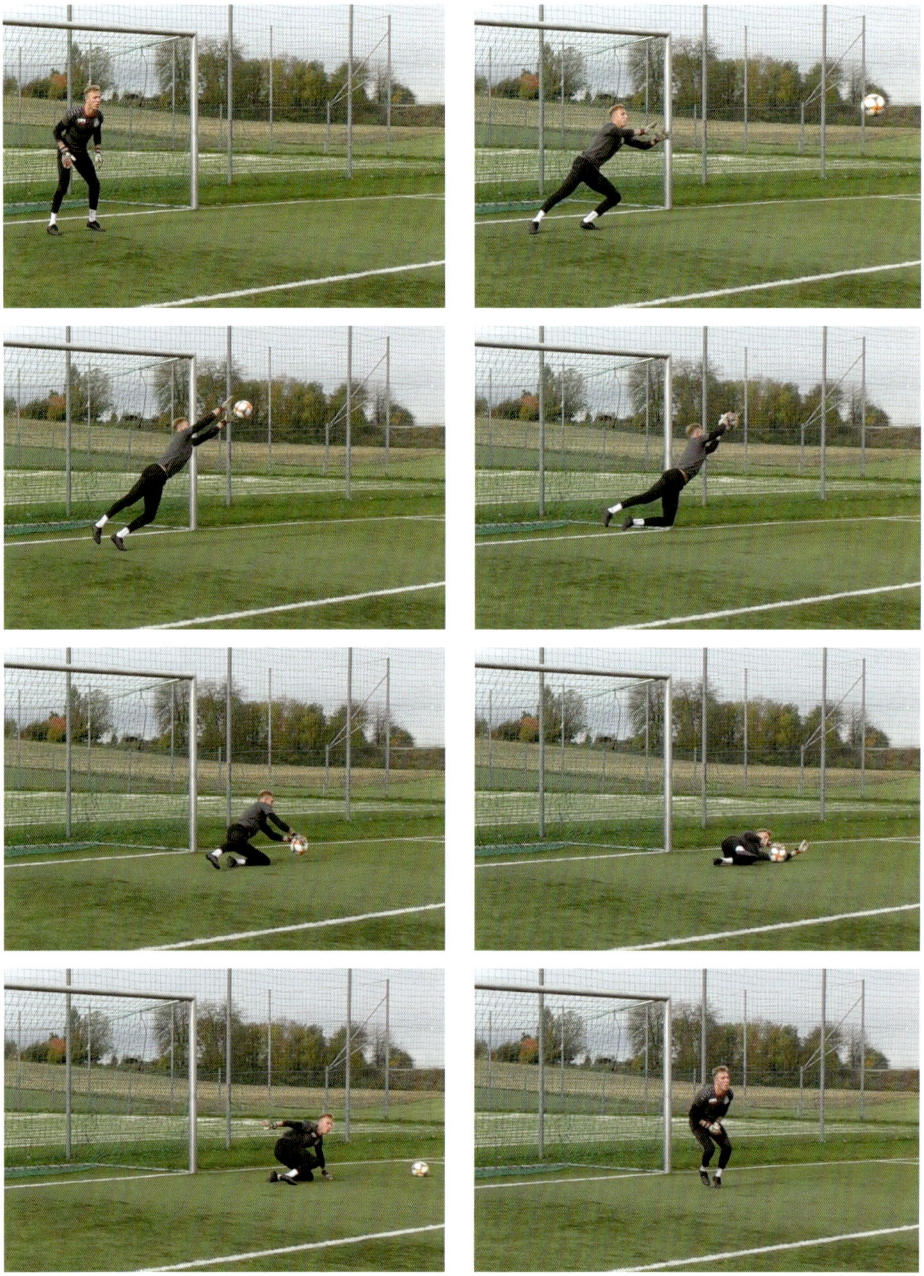

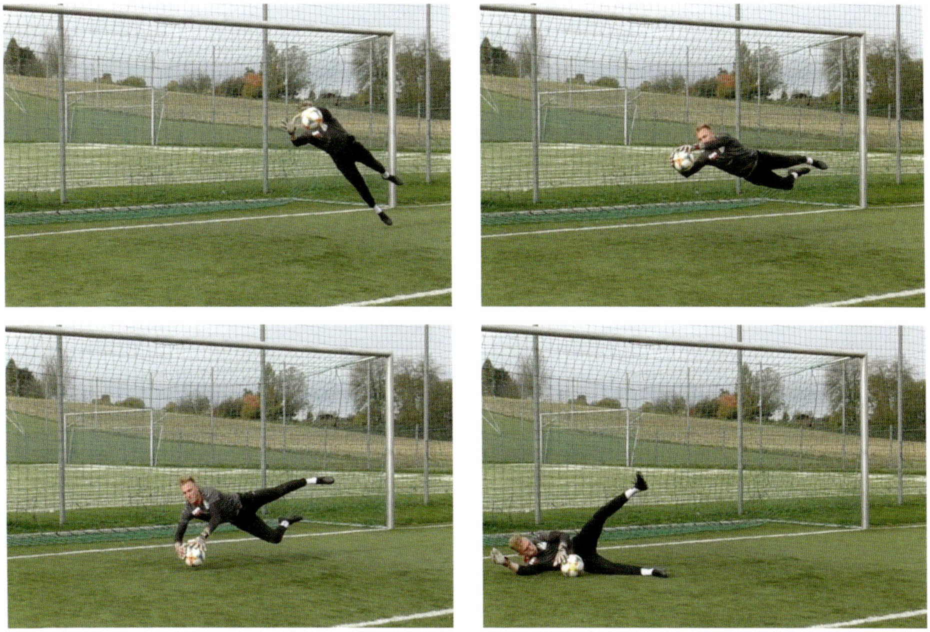

Durch die Doppelaktion ist der Zeit- und Raumdruck bei der zweiten Aktion so hoch, dass ohne Hechten ein Erreichen des Balls nicht mehr möglich ist. Enorm wichtig für eine flüssige Übungsausführung ist das richtige Timing des zweiten Balls.

Achtung: Diese Übungsform ist enorm beanspruchend. Ausreichend Pausen einplanen, sonst wird die Energiebereitstellung anaerob-laktazid.

4.2.1.10 Grundstellung und *Blocken/Ablenken*

Ein **Abwehren** von Bällen ergibt sich eigentlich automatisch, wenn man einen Ball nicht fangen kann. Er springt dann in irgendeine Richtung weg oder prallt ab. In einem frühen Ausbildungsstadium reicht dies völlig aus, denn es soll das Augenmerk auf das Fangen gelegt werden.

Sind die Fangtechniken bereits ausgeprägt, ist der nächste Schritt, das Abwehren bewusst zu machen – also eine aktive Komponente hinzuzufügen.

BLOCKEN

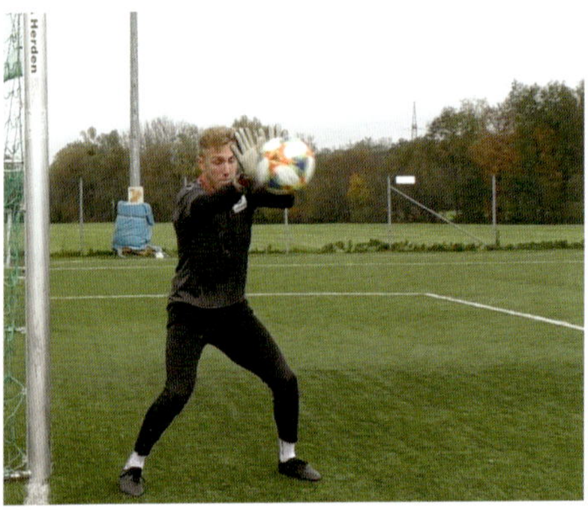

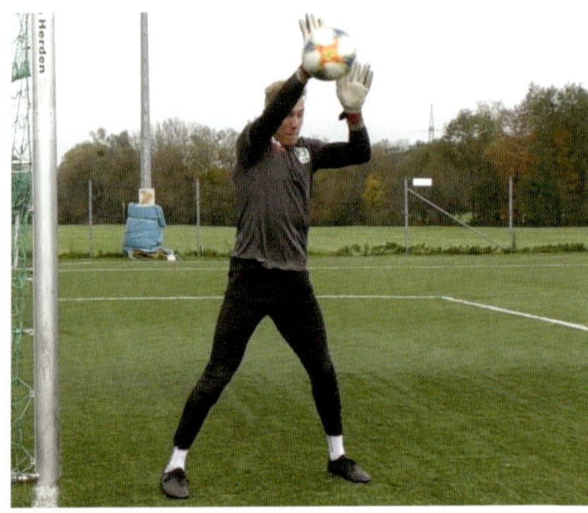

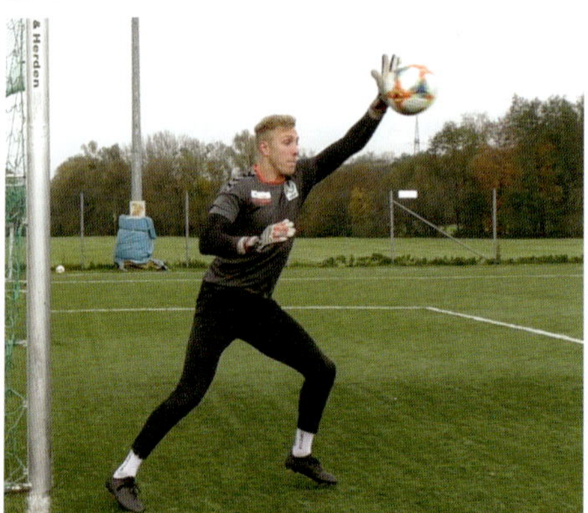

Diese Technik wird bei Bällen aus kurzer Distanz, welche nah am Körper sind, eingesetzt. Hier geht es einzig und allein darum, den Ball am Passieren zu hindern. Meist springt der Ball hier in die Richtung zurück, aus der er gekommen ist.

Von Kommentatoren bei Livespielen werden solche Abwehraktionen fälschlicherweise manchmal als Reflex bezeichnet. Reflexe sind allerdings unbewusste Handlungen, wie beispielsweise das Augenschließen oder das Kopfwegdrehen bei einem Schuss aus kurzer Distanz (oder, unabhängig vom Torhüterspiel, der sehr bekannte Patellarsehnenreflex).

Manche Reflexe, wie eben das Augenschließen, kann man sich abtrainieren. Eine Abwehraktion eines Torhüters ist aber immer eine bewusste Handlung und daher richtigerweise eine Reaktion, auch wenn diese durch jahrelanges Training in unglaublicher Geschwindigkeit erfolgt.

Abwehren bedeutet also, den Ball mit einem oder mehr als einem Körperteil am Überschreiten der Torlinie zu hindern oder ihn aus der Gefahrenzone zu befördern. Dazu kann die Geschwindigkeit des Balls genutzt werden, indem man einen Körperteil in die Flugbahn des Balls bringt und den Ball bewusst in eine Richtung abprallen lässt, ihn also ablenkt. Daher sprechen wir ab dem nächsten Kapitel vom Ablenken des Balls.

ABLENKEN

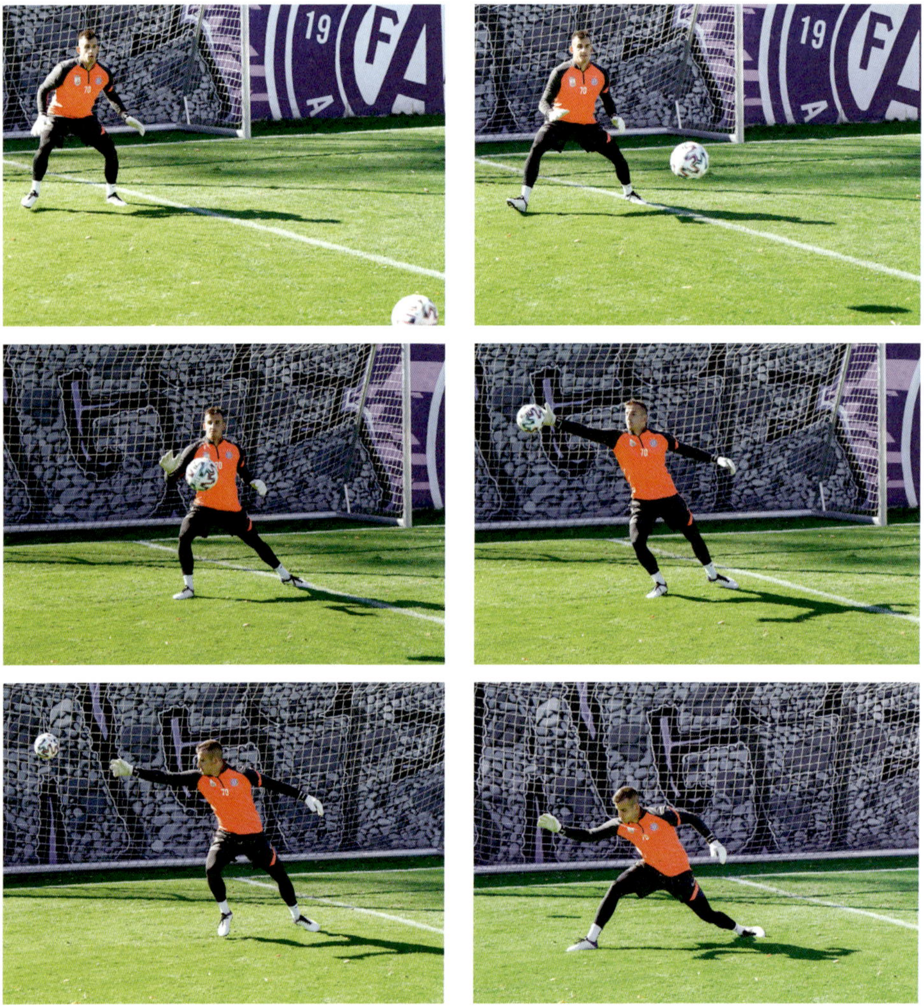

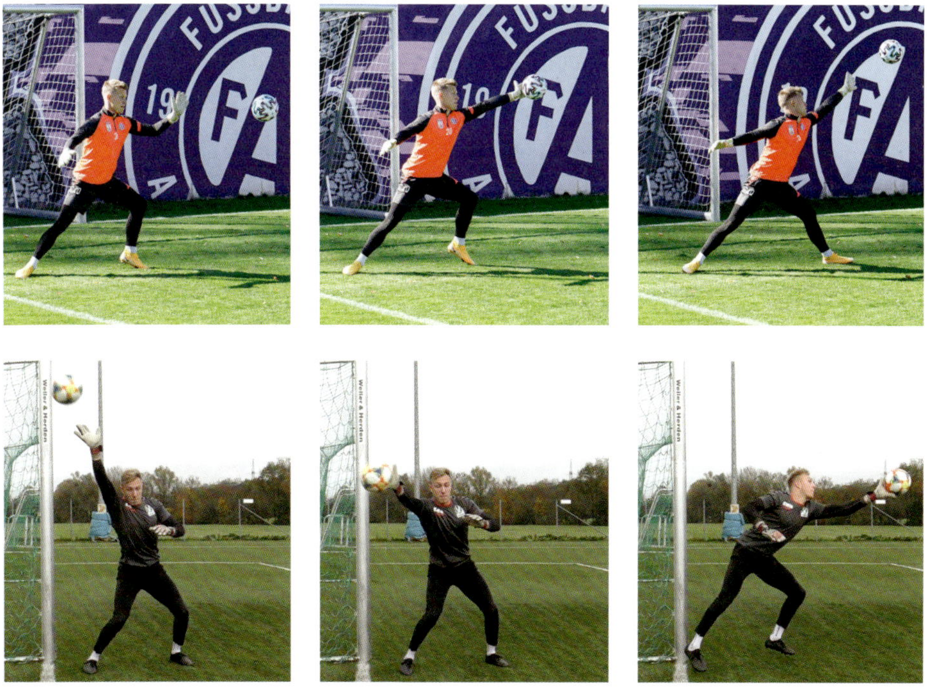

Im Gegensatz zum Blocken kann hier der Ball bewusst in eine bestimmte Richtung abgelenkt werden.

Entwicklung der Technik

BEWEGUNG VORSCHALTEN, DISTANZ UND SCHÄRFE VARIIEREN

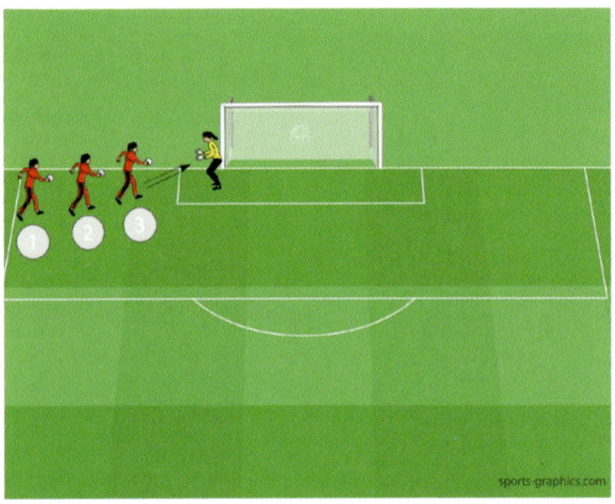

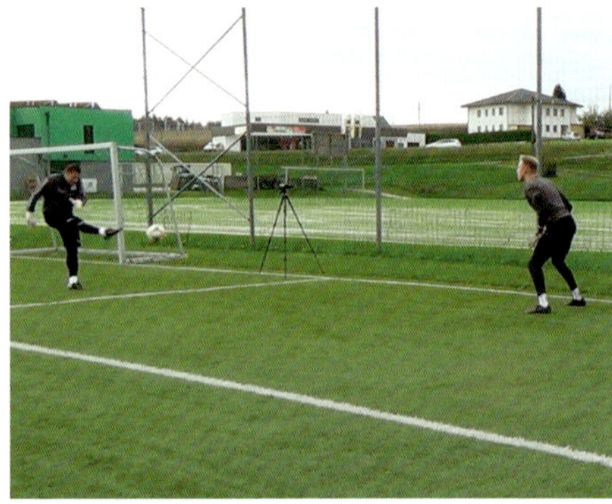

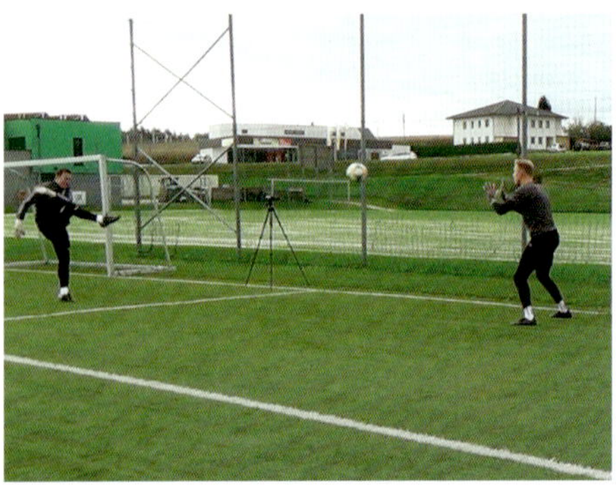

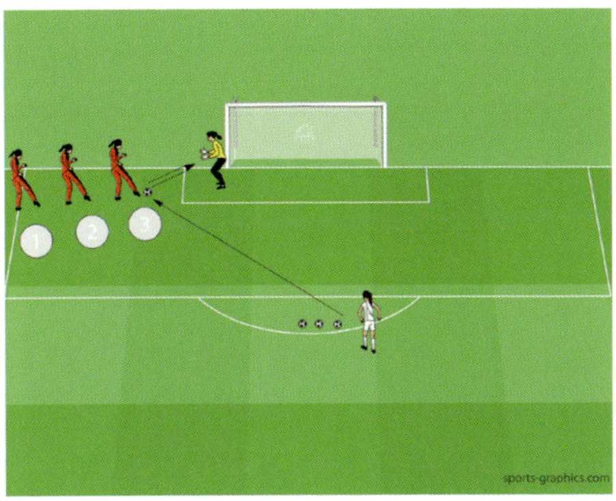
1
2
3
sports-graphics.com

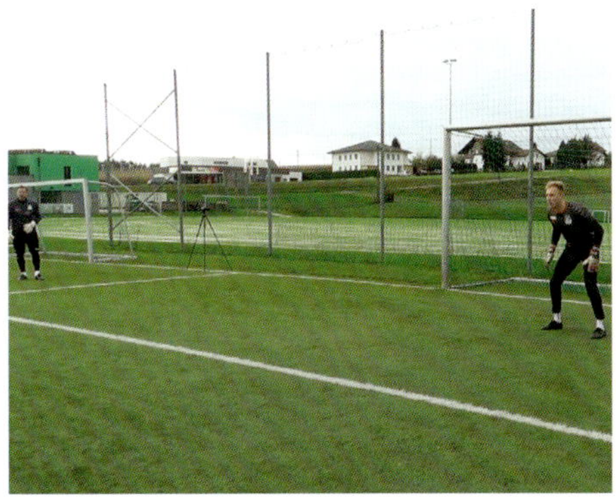

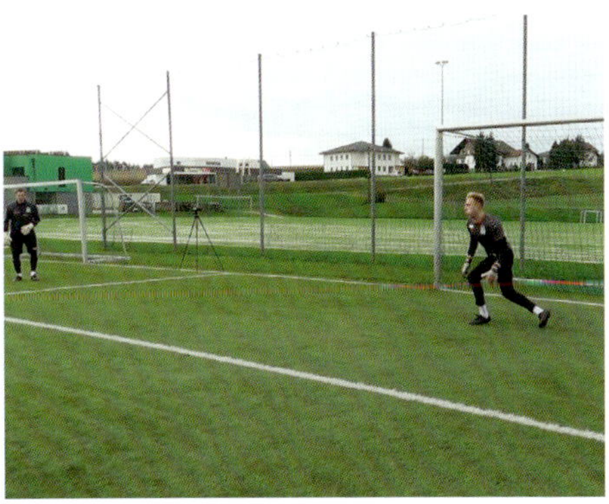

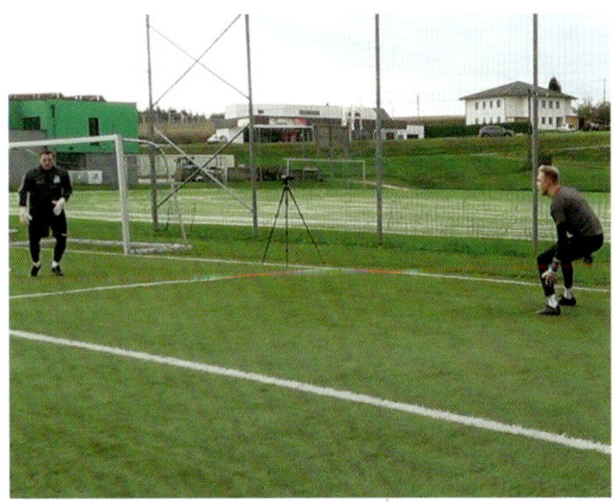

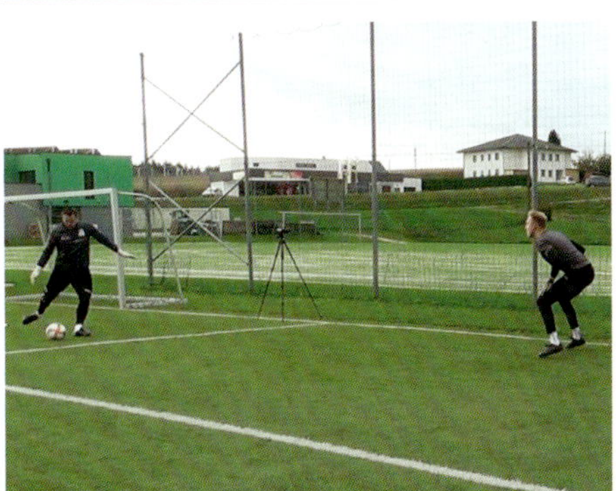

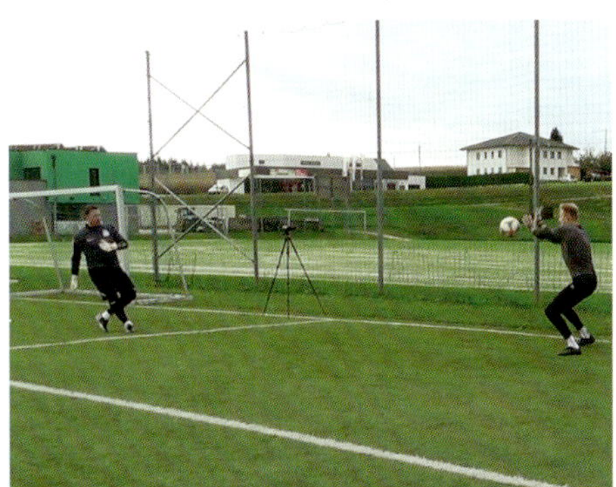

4.2.1.11 Grundstellung und *Fußabwehr*

Flache Bälle in Körpernähe können schneller mit dem Fuß als mit den Händen erreicht werden. Vor allem aus kurzer Distanz reicht die Zeit oft nicht aus, um mit den Händen zum Ball zu kommen. Daher ist auch die Abwehrbewegung der Beine unbedingt regelmäßig zu trainieren.

Am häufigsten ist diese Form der Abwehr in 1-gegen-1-Situationen nötig, da hier die Distanz zum Schützen gering ist. Daher wird diese Art der Abwehrtechnik meist aus der tieferen 1-gegen-1-Grundstellung gestartet. Häufig eingesetzt wird diese Technik auch bei Querpässen vor dem Tor am ersten Pfosten.

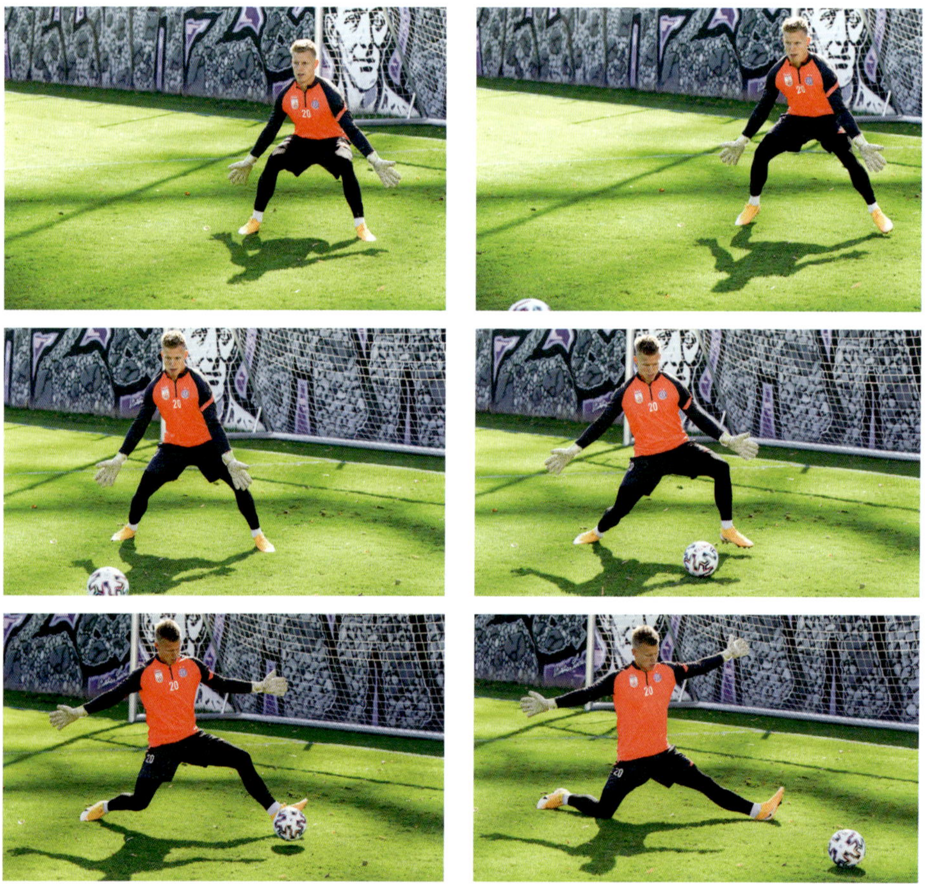

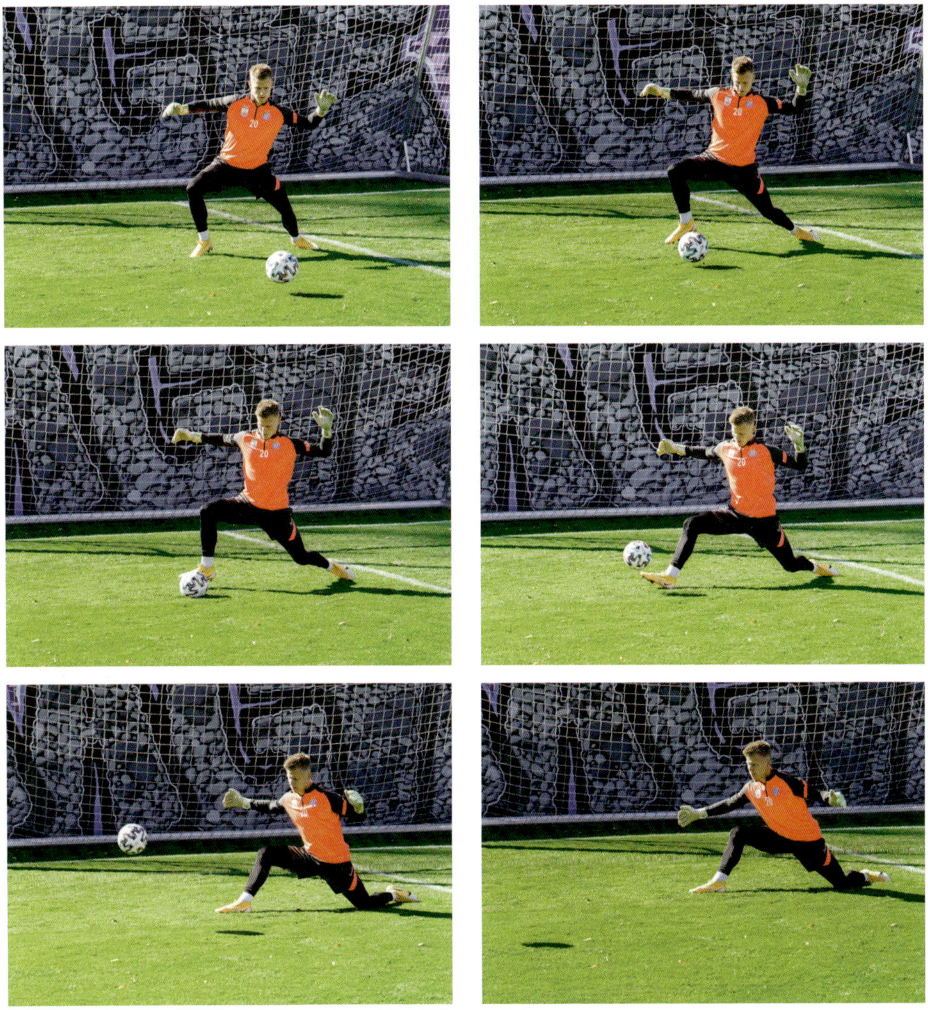

Coachingpunkte:

- Grundstellung.
    - Schwerpunkt neutral – somit ist sowohl ein Fuß- als auch ein Handblock möglich.
- Der Blick geht immer zum Ball.
- *Aktive Bewegung zum Ball.*

Einwurf

1-gegen-1-Situationen – die Crème de la Crème des Torhüterspiels! Zweikämpfe haben überall auf dem Feld großen Einfluss auf Erfolg oder Misserfolg, sie entscheiden über den Ausgang von einzelnen Aktionen bis hin zu Spielen. Aber nirgendwo steht so viel auf dem Spiel wie beim Duell zwischen Stürmer und Torhüter, dem ultimativen Fußballzweikampf, der über Tor oder kein Tor entscheidet.

Richtiges Verhalten im 1-gegen-1:

- ***Zusammenspiel** zwischen Torhüter und Verteidiger:*
    - *Ist der Verteidiger (blau) am Gegner dran, ist es meist ratsamer, das Tor zu sichern. Außer, der Stürmer (weiß) ist näher am Tor und der Verteidiger kann nicht mehr eingreifen bzw. der Stürmer hat eine klare Einschussmöglichkeit, dann sollte man ins 1-gegen-1 gehen.*

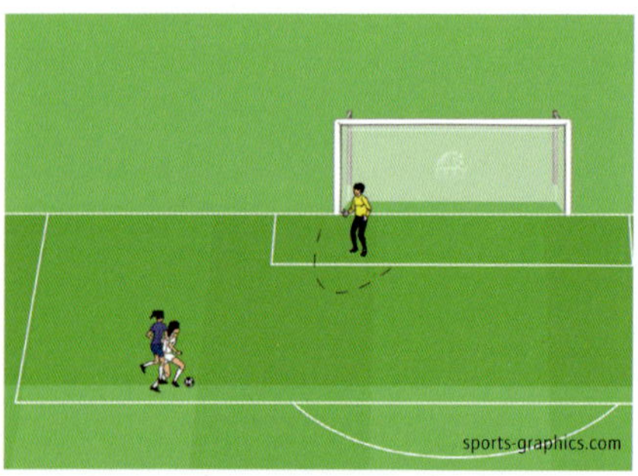

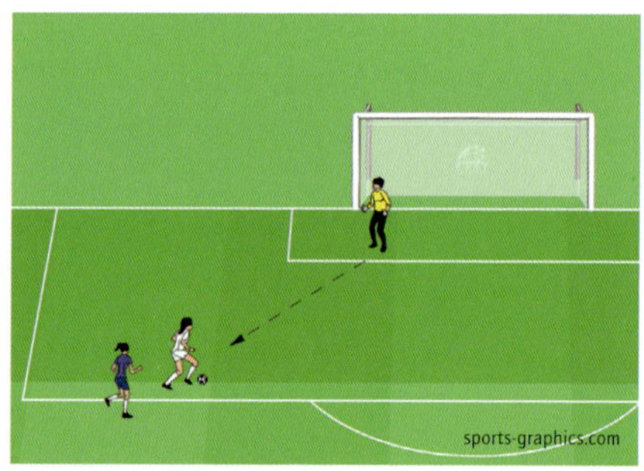

- *Generelle Faustregeln:*
    - *Der Verteidiger (blau) deckt die kurze Ecke ab, der Torhüter sichert den Rest.*

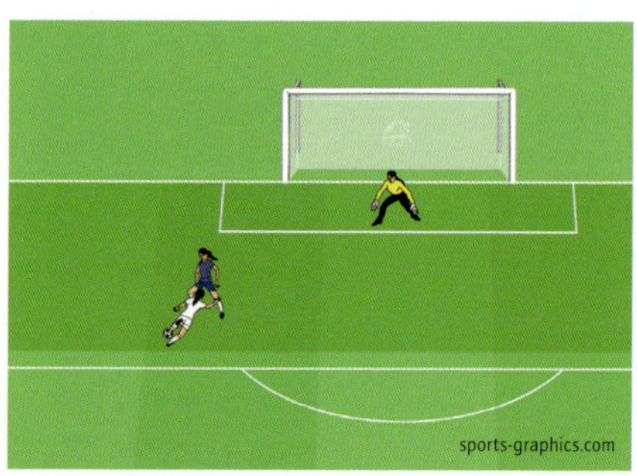

- *Der Verteidiger übt Druck auf den Stürmer aus, anstatt hinter dem Torhüter das Tor abzusichern.*

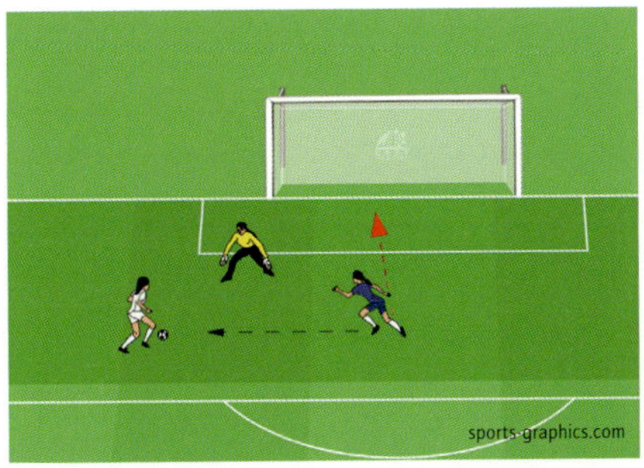

- *Im Strafraum sind alle Verteidiger eng am Gegenspieler.*

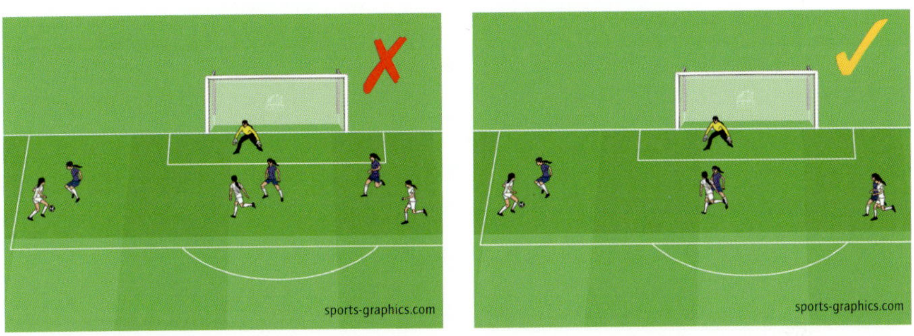

- ***Geduldig sein** – wer startet die erste Aktion? Der Stürmer ist in den meisten Fällen unter Druck. Oft reicht es, dem Stürmer den Weg zum Tor zu versperren, um ein Eingreifen der Verteidiger zu ermöglichen.*
  Viele Stürmer verlieren die Nerven und schließen unpräzise ab.

- ***Richtiger Abstand** zwischen Torhüter und Stürmer – dem Schützen entgegenkommen: Hier ist das richtige **Timing und Tempo** gefragt.*
  - *Zeitpunkt – wenn der Stürmer nicht die 100%ige Kontrolle über den Ball hat.*
  - ***Wichtig:** Rechtzeitig fertig sein – was Position und Balance betrifft.*
  - *Kann die Distanz zum Schützen nicht so weit verkürzt werden, dass ein Chip über den Torhüter ins Tor noch möglich ist, dann sollte das Raussprinten abgebrochen werden und in einer nachfolgenden Aktion, wenn der Stürmer näher ist, die 1-gegen-1-Situation erneut gesucht werden.*

- ***Das Tempo des Stürmers verringern:*** *In der 1-gegen-1-Situation ist eines der primären Ziele, das Tempo aus der Situation rauszunehmen. Damit sinkt der Vorteil des Stürmers.*

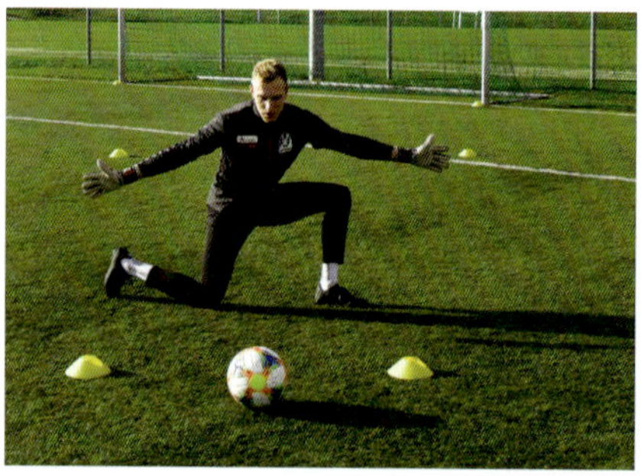

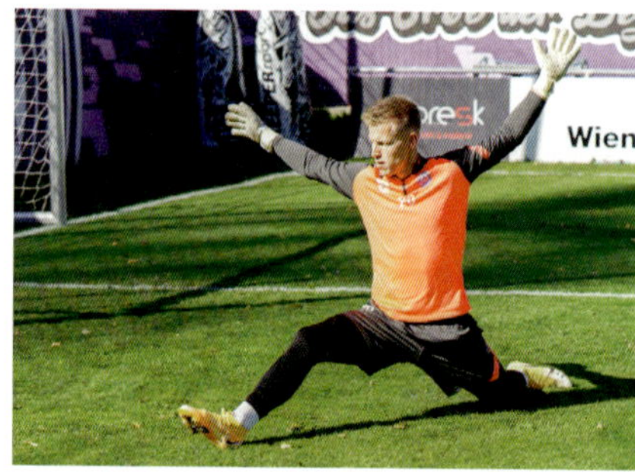

- ***Die Körperfläche vergrößern:*** *Meist ist der Ball in 1-gegen-1-Situationen am Boden, daher ist eine tiefere Position von Vorteil. Allein durch das Entgegenkommen zum Stürmer wird die Fläche des Körpers im Vergleich zum Tor größer (siehe Kap. 3.3.1.2). Verstärken kann man diesen Effekt noch, indem Oberkörper und Kopf in Ballrichtung bleiben, die Arme weiter abgespreizt werden und die Handflächen nach vorne gedreht werden. Eine zusätzliche Möglichkeit der Flächenvergrößerung ist ein tiefer Ausfallschritt unmittelbar vor dem Schuss. Diese Position deckt die unteren Randbereiche des Tors noch besser ab. Jedoch* ***immer so lange wie möglich auf den Beinen bleiben.***
- ***Blickkontakt:*** *Wo finde ich die richtigen Informationen? Der Blick ist immer auf den Ball gerichtet, allerdings müssen trotzdem die Bewegungen des Stürmers wahrgenommen werden. Insbesondere in 1-gegen-1-Situationen kann ein genaues Beobachten des Körpers des Stürmers den entscheidenden Vorteil bringen. Schussaktionen starten in der Hüfte, Richtungsänderungen ebenso, bei Körpertäuschungen bleibt diese meist stabil. Mit zunehmender Erfahrung lernt der Torhüter, die Unterschiede zu erkennen, wenn wir den Fokus des Spielers auch darauf lenken und für die nötigen Wiederholungszahlen im Training sorgen. Für spielnahes Training Feldspieler mit einbauen – Überzahl-Unterzahl-Spiele eignen sich sehr gut.*
- ***Fintieren:*** *Auch als Torhüter kann man Aktionen antäuschen und den Stürmer so zu einem vorschnellen Abschluss bringen. Ist der Ball aber frei und erreichbar, dann ohne Zögern und mit* ***letzter Konsequenz*** *den Ball attackieren!*

4.2.1.12 Fallen und *Ablenken*

FLACH, EINARMIG

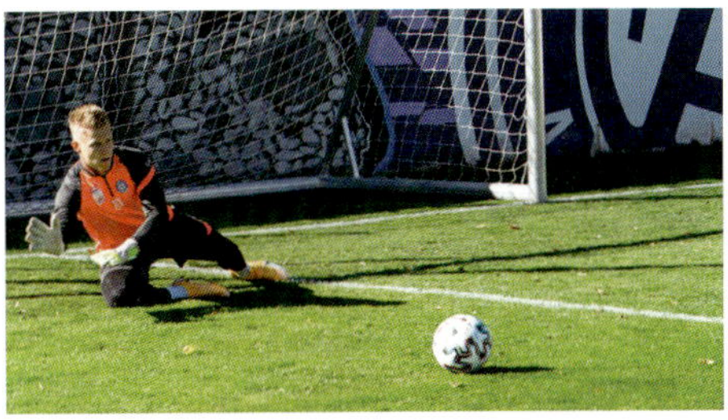

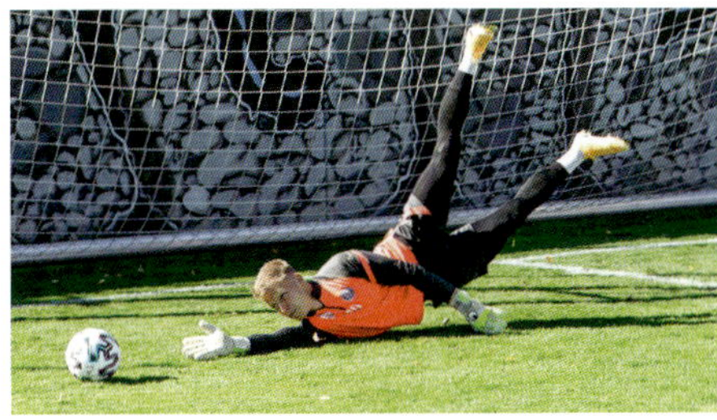

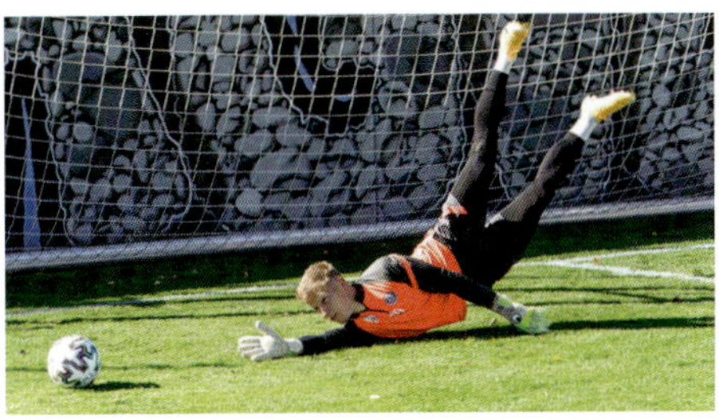

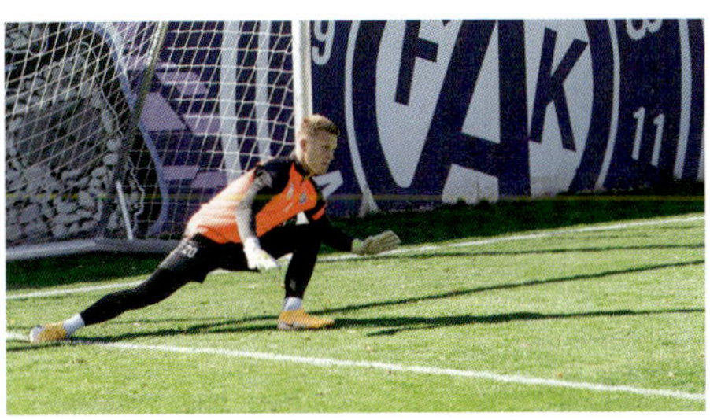

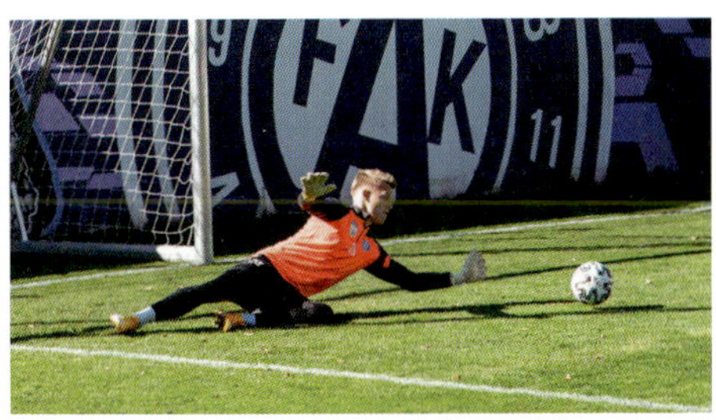

Coachingpunkte:

- *Aktive Streckung der ballnahen Hand.*
- Die ballferne Hand dient zur Sicherung der Balance vor dem Körper (sich teilweise abstützen).

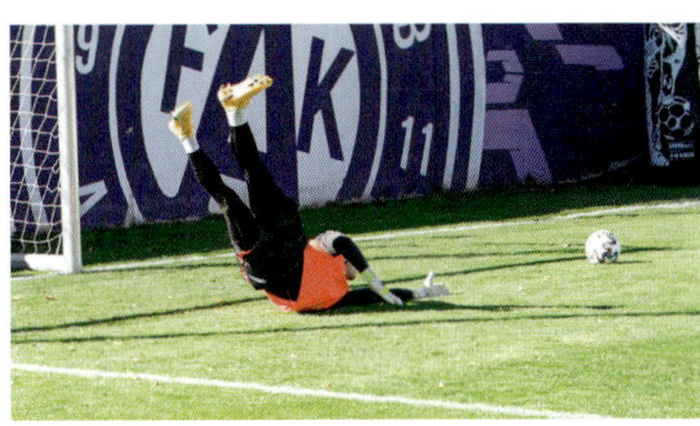

Einwurf

Die Variante Ablenken eines flachen Balls mit beiden Armen ist zwar prinzipiell möglich, ist aber aufgrund des weiten Weges der oberen Hand nicht praxistauglich und wurde daher bewusst von uns nicht als eigene Technik in dieses Buch mit aufgenommen.

Detail Ballzugriff

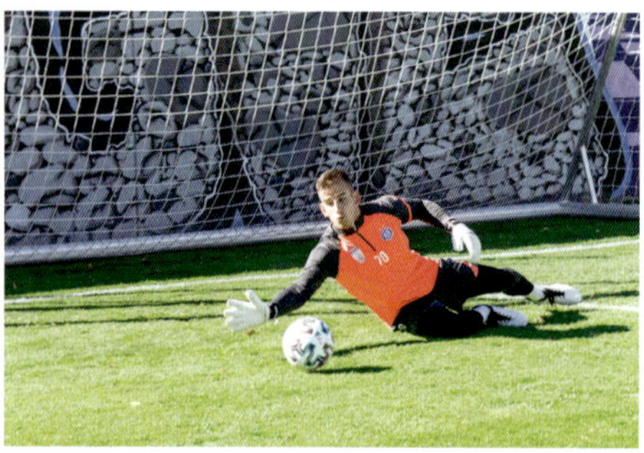

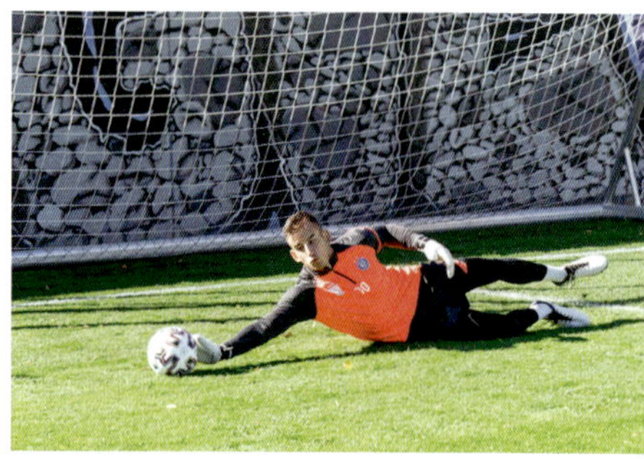

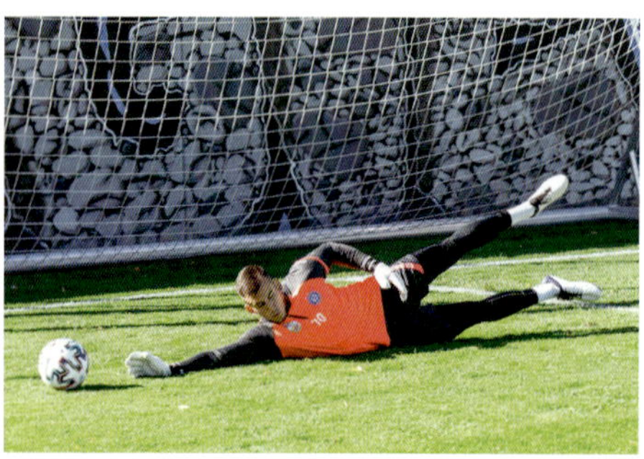

Achtung: Den Coachingpunkt „aktive Streckung der ballnahen Hand" beachten.

HALBHOCH, EINARMIG

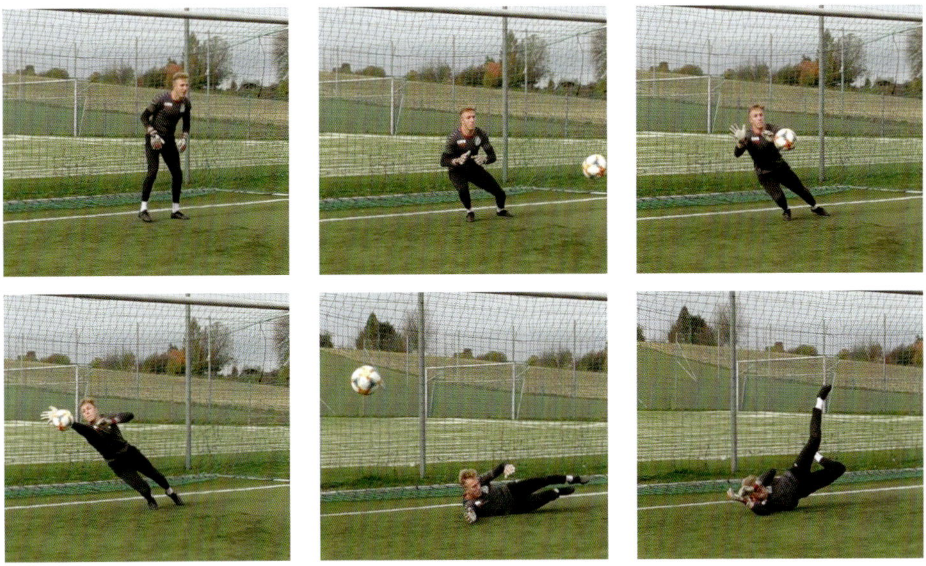

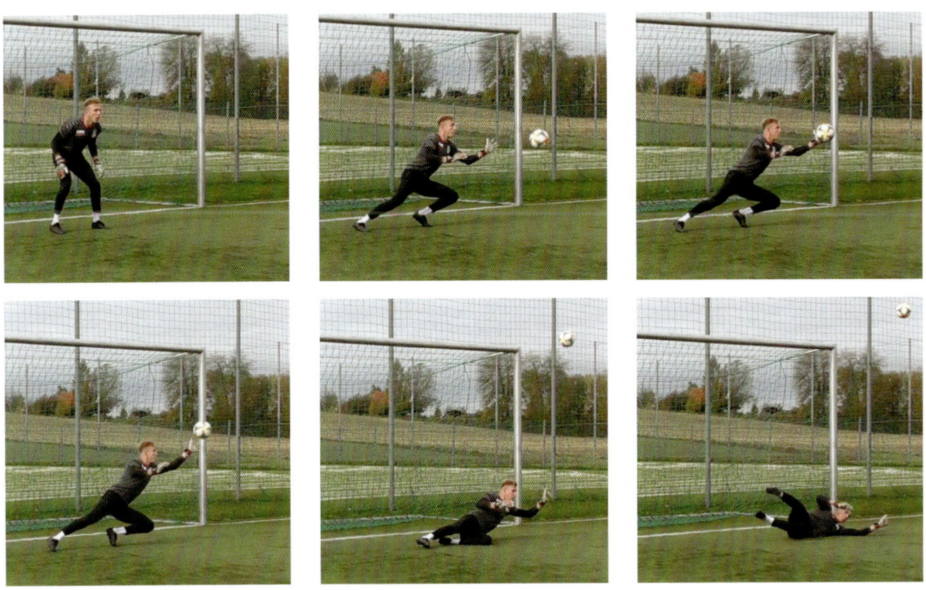

HALBHOCH, BEIDARMIG

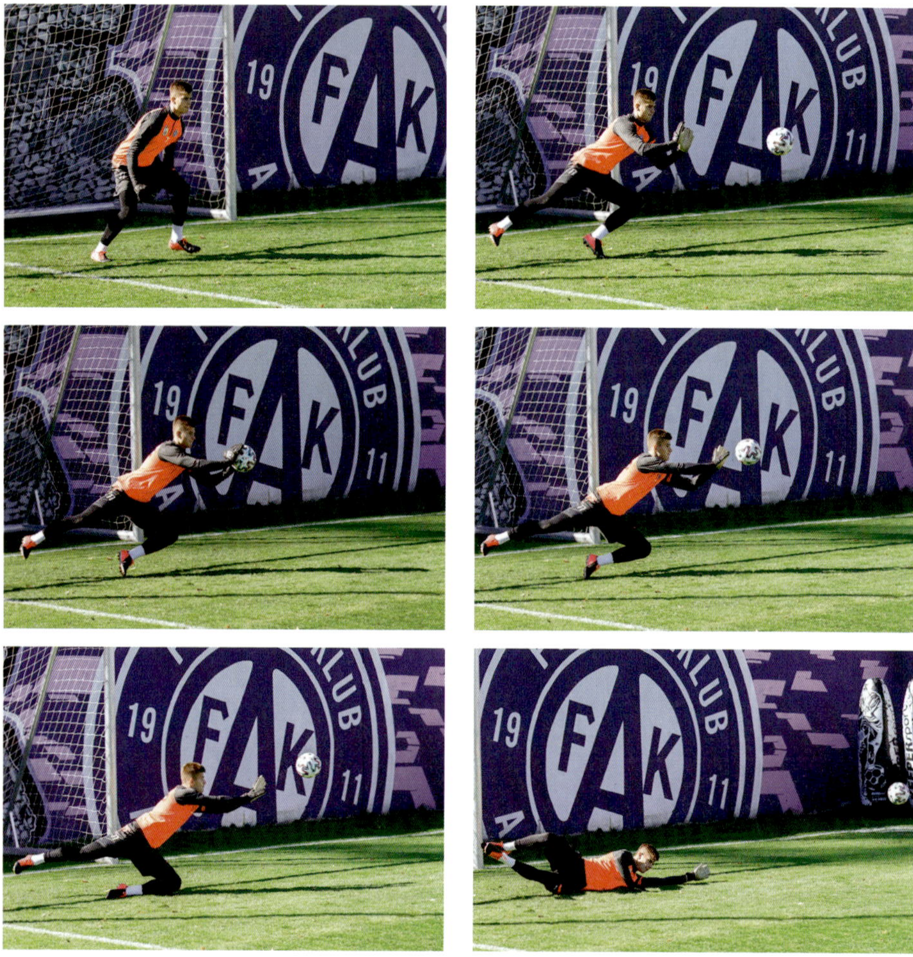

Entwicklung der Technik

MIT SPLIT-STEP FLACH ABWEHREN, EINARMIG

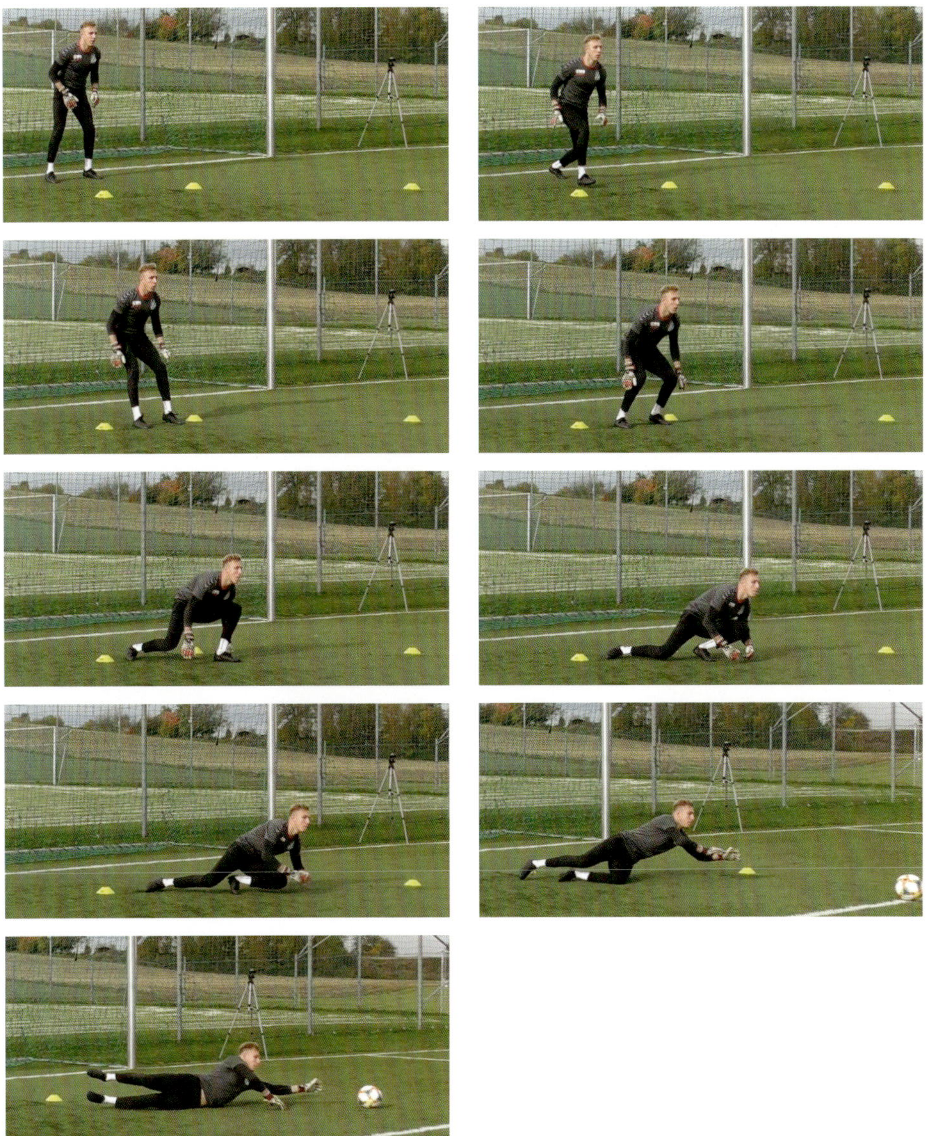

VERSCHIEDENE POSITIONEN UND BEWEGUNG DAVOR (ERSTER PFOSTEN)

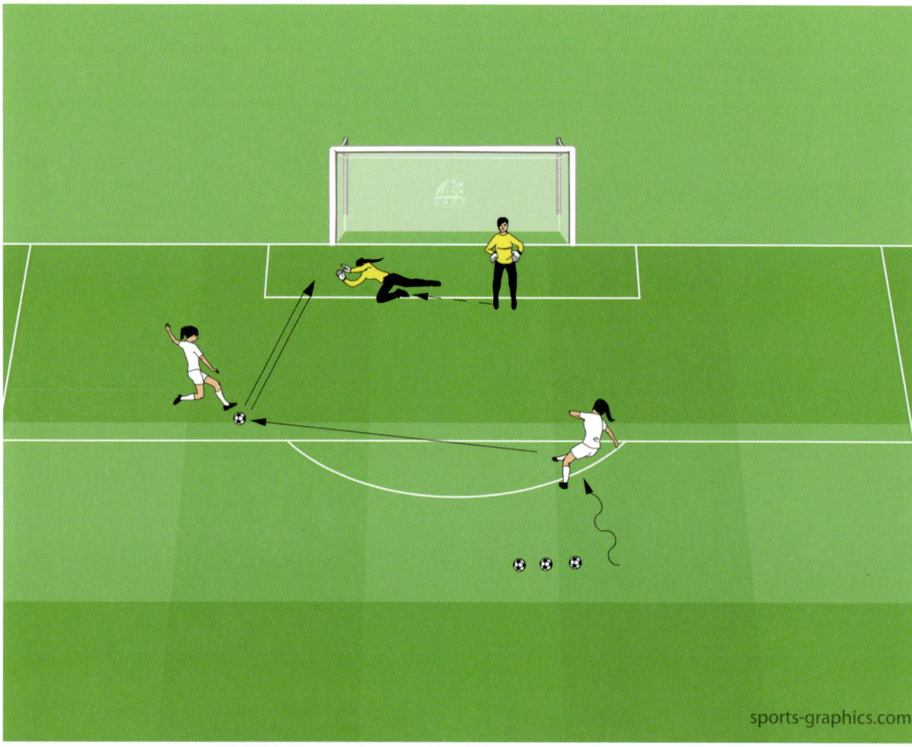

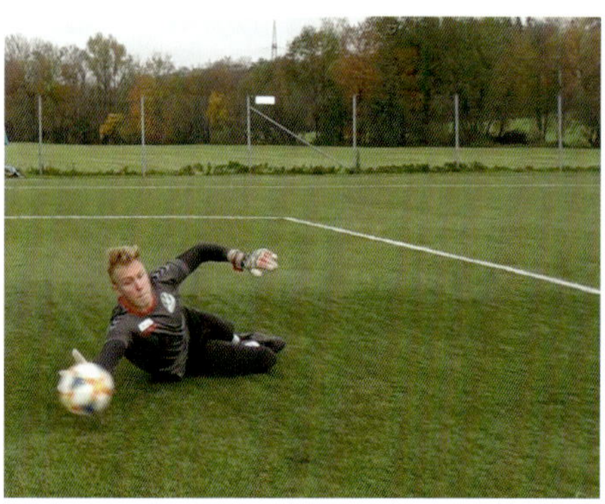

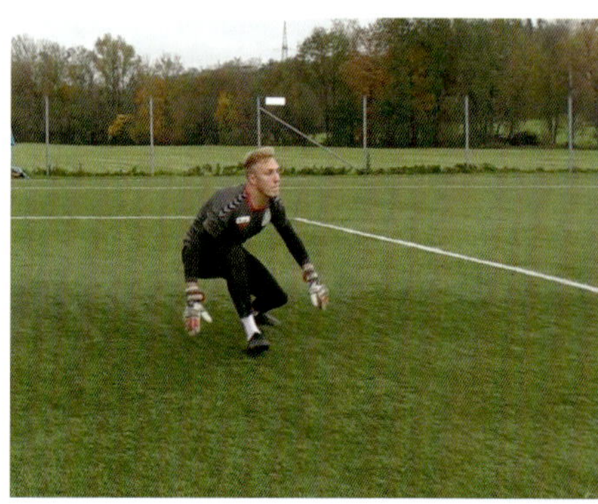

SITUATIV ABWEHREN, BEIDARMIG, FLACH

Wie im letzten Einwurf beschrieben, kommt es selten vor, aber wie jede unorthodoxe Abwehr ist es deswegen in keiner Weise fehlerhaft, sie einzusetzen. Das primäre Ziel ist immer, Gegentore zu verhindern. Eine saubere Technik hilft jedoch dabei.

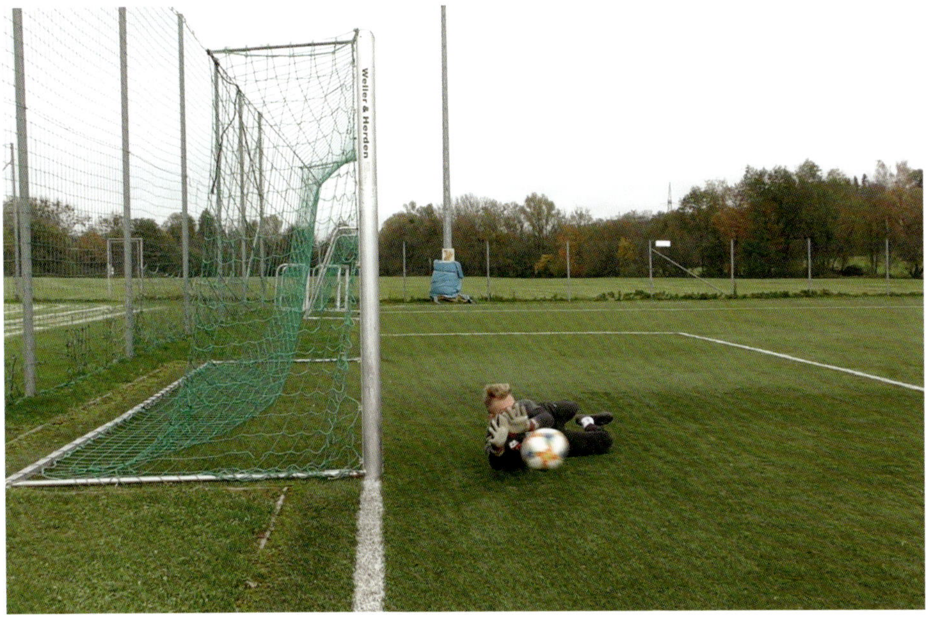

4.2.1.13 Hechten und *Ablenken*

FLACH, EINARMIG

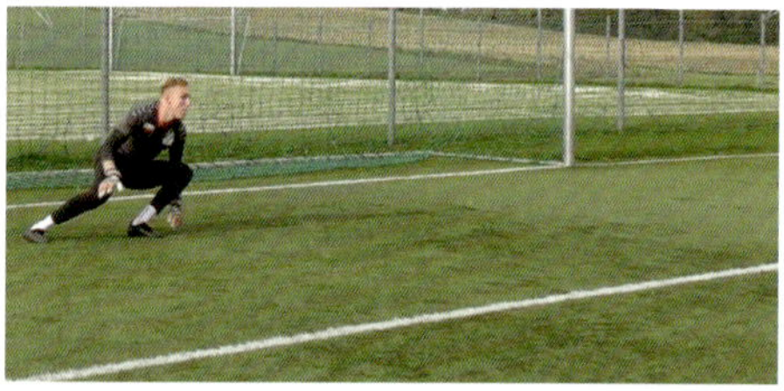
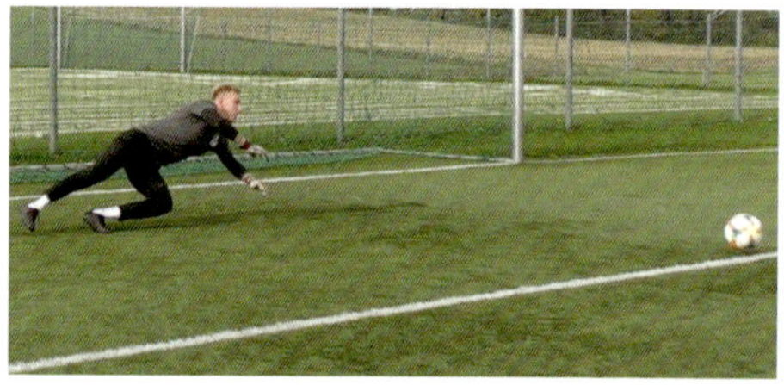
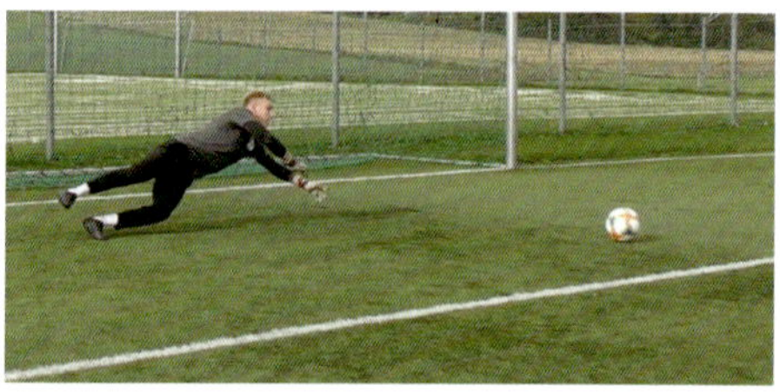
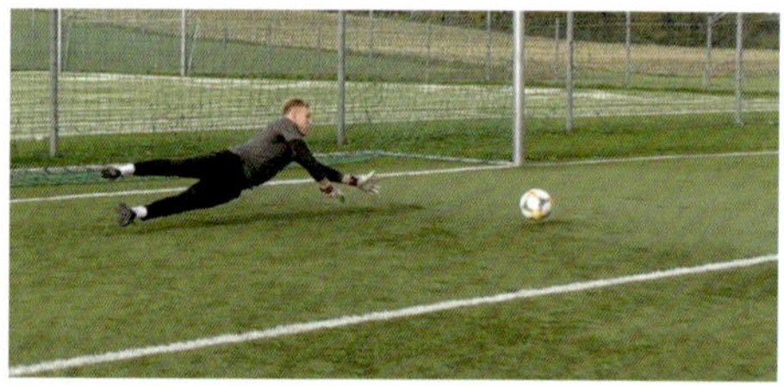
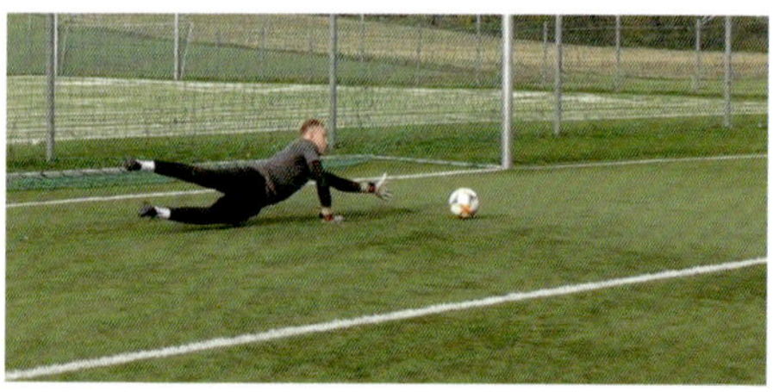
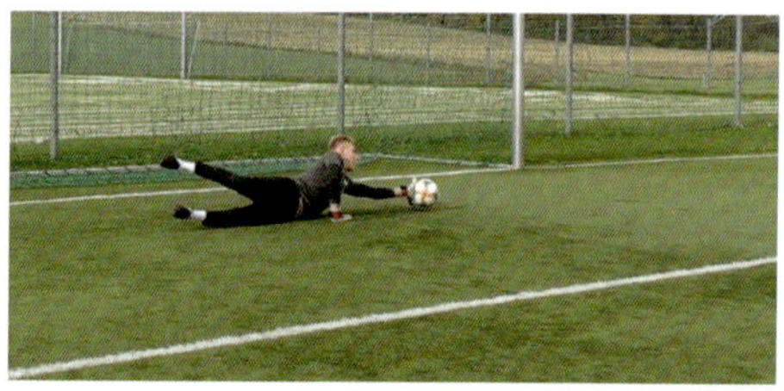
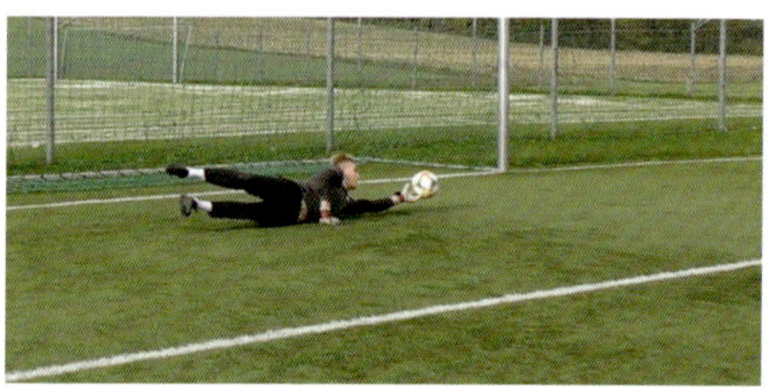
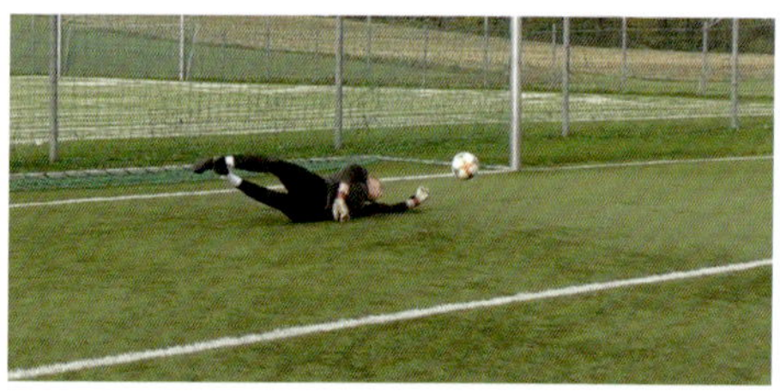

Coachingpunkte:

- Gleitphase über dem Boden (ohne Bodenkontakt) nach dem Abdruck mit dem ballnahen Bein.
- Maximale Streckung beim Ballzugriff.

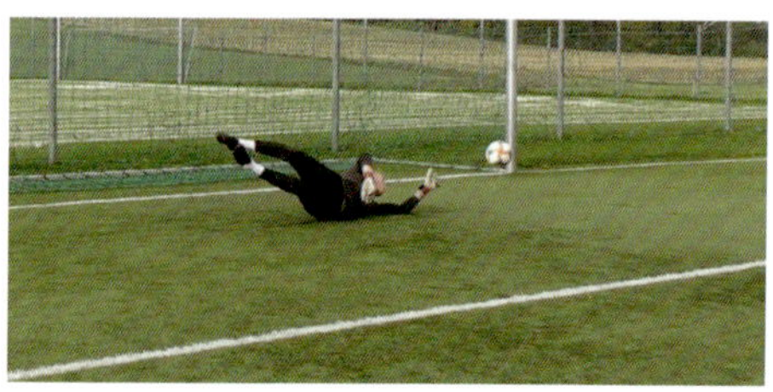

HALBHOCH UND HOCH, EINARMIG

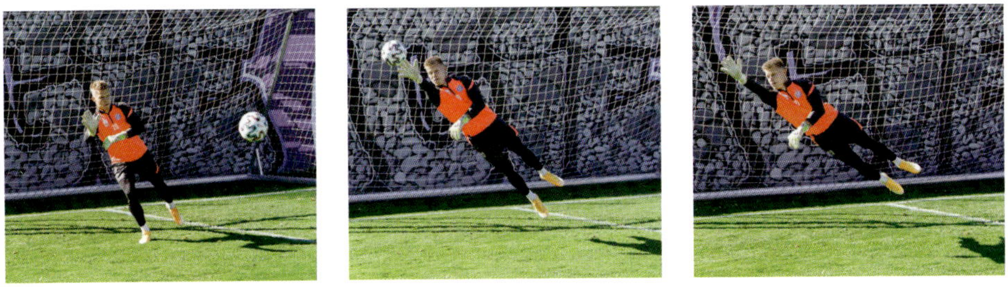

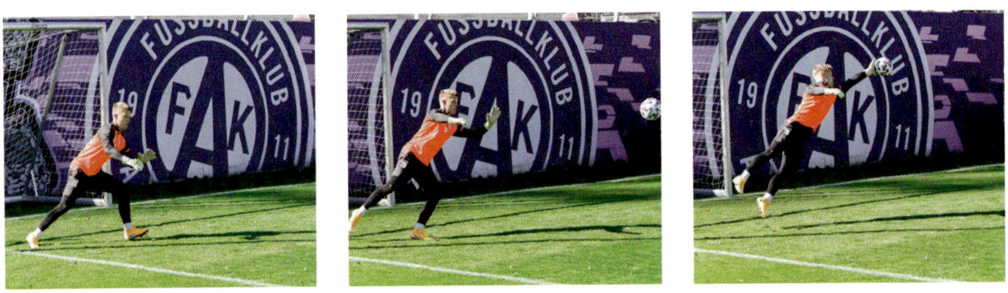

Detail Ballzugriff

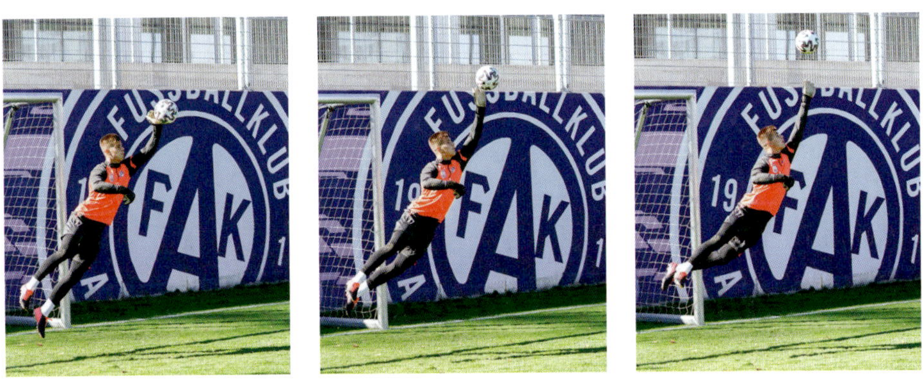

HALBHOCH UND HOCH, BEIDARMIG

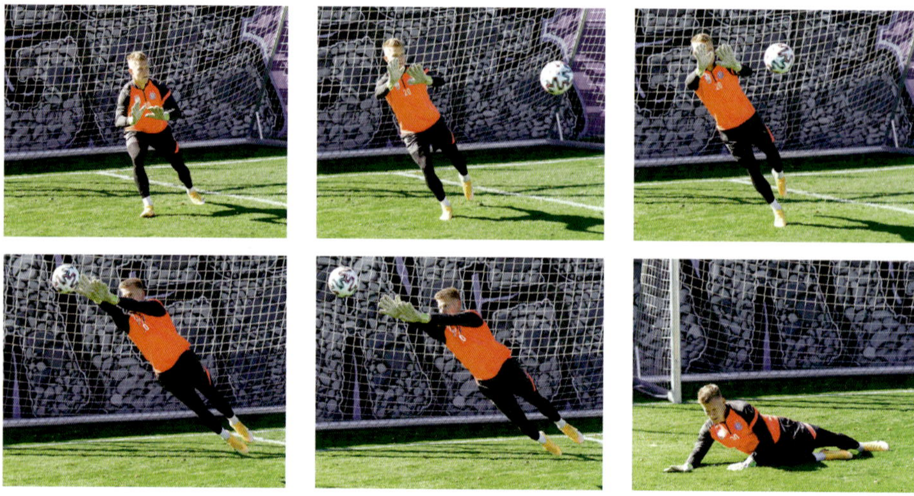

Einwurf

Wann verwende ich beide Arme, wann einen Arm? Die Auswahl der Technik hängt einerseits von der Distanz bzw. der Schärfe des Schusses ab. Komme ich überhaupt mit zwei Händen an den Ball? Die Reichweite ist mit einer Hand deutlich größer, da sich die Schulterachse mit verschieben kann.

Ist die Zeit ausreichend, beide Hände zu verwenden, ist das natürlich zu bevorzugen, da die Trefferfläche größer ist und bei einer ungewöhnlichen Flugbahn die Toleranz für kleine Fehler größer wird.

Detail Ballzugriff

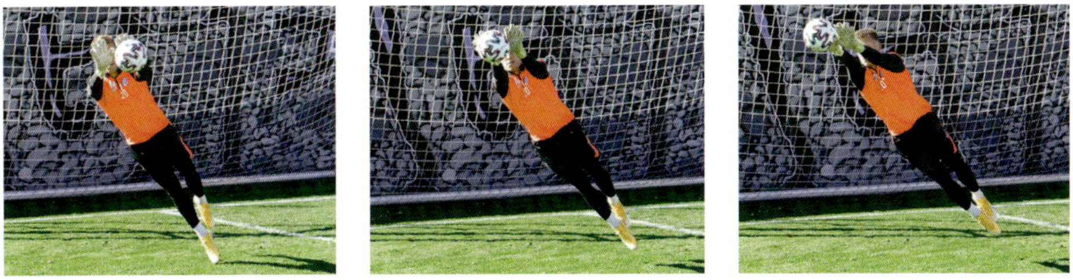

Coachingpunkte:

- *Den Ball bewusst in eine Richtung ablenken (meist ist zur Seite optimal – die Spielsituation beachten).*

Detail Ballangriff

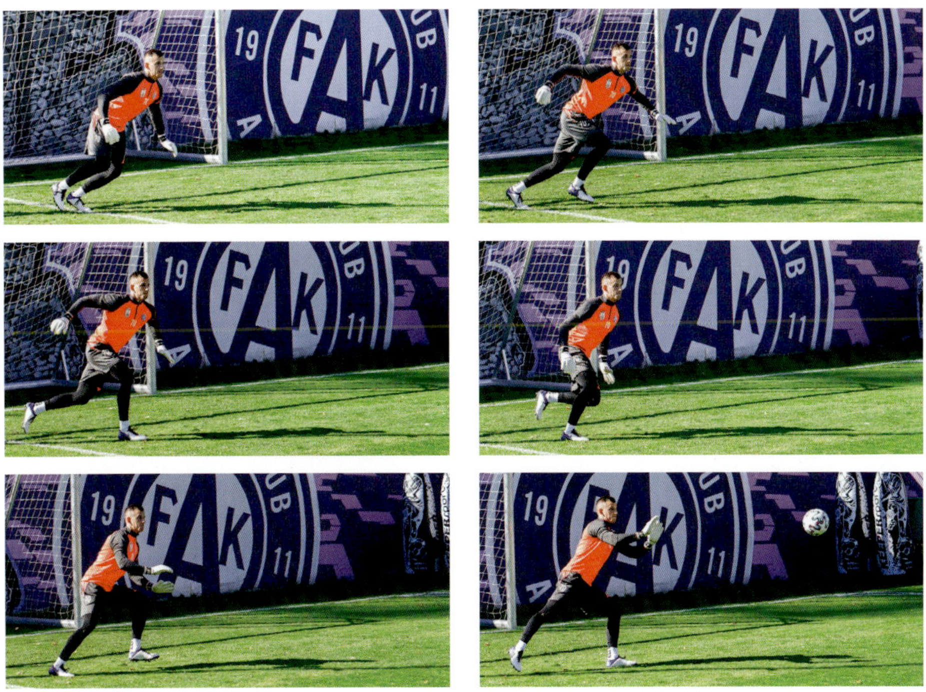

Coachingpunkte:

- Kreuzschritt.
- Schritt in den Ball.
- Der Fuß zeigt beim Abdruck in Bewegungsrichtung.

Entwicklung der Technik

DOPPELAKTION

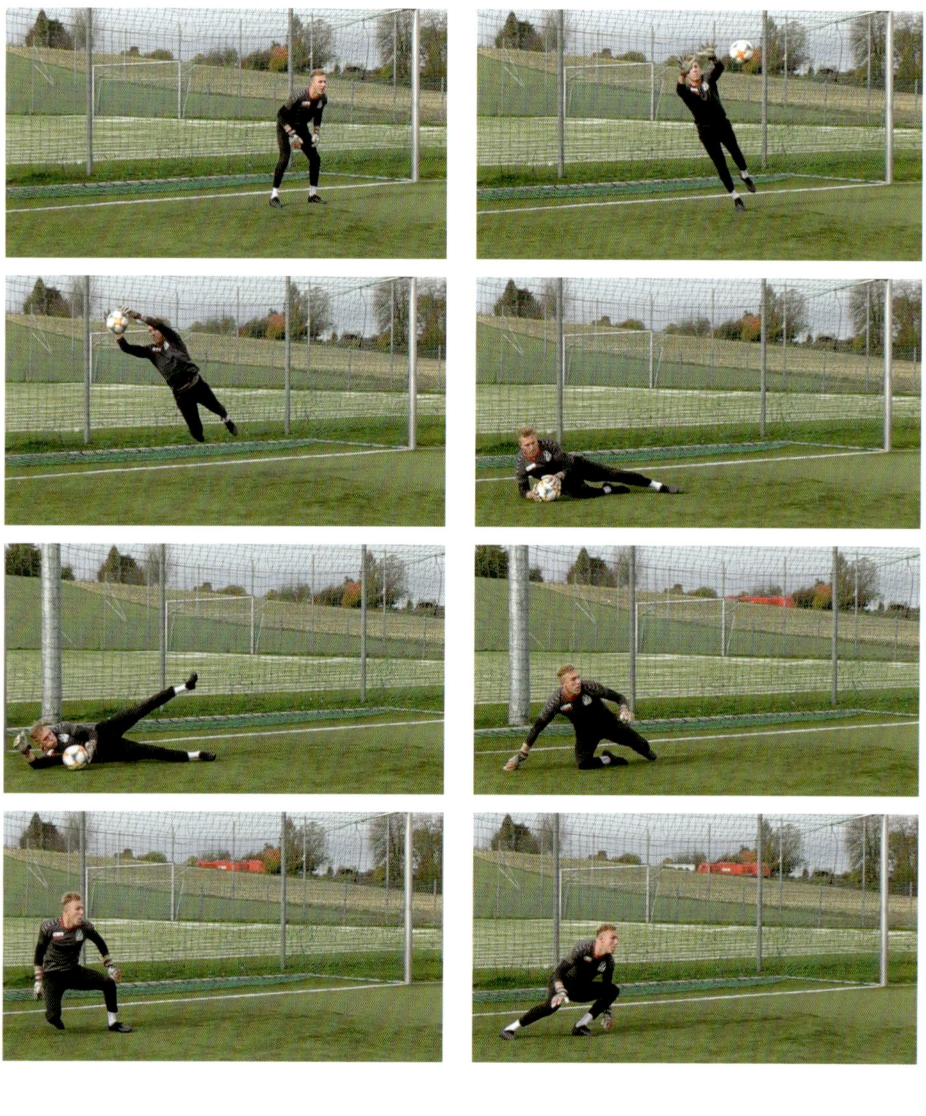

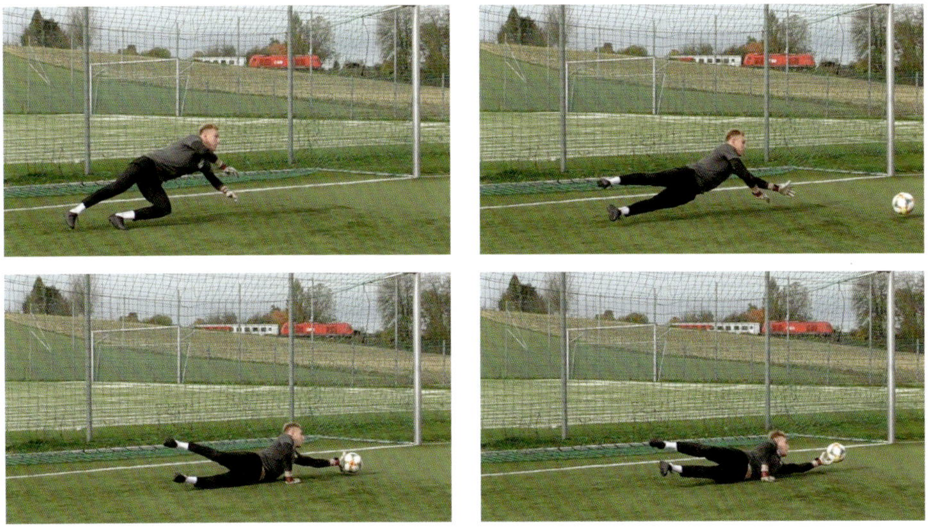

Manchmal sieht man Hürden oder eine Schnur, um das Hechten zu erzwingen – das kann in Einzelfällen vielleicht Sinn machen. Unsere Empfehlung ist es nicht, da dadurch eine unnatürliche Hoch-tief-Bewegung entsteht und der Ballangriff nicht mehr der kürzeste Weg zum Ball ist. Wenn Kinder nicht hechten wollen, spielt meist Angst eine Rolle. Was dann helfen kann:

- Hechten ins Wasser, am Beachvolleyballplatz, auf Matten in der Halle,
- Protektoren oder gepolsterte Hosen,
- ein langsamer methodischer Aufbau und schleichender Übergang vom Fallen zum Hechten.

Vielleicht ist das Kind aber einfach auch noch nicht bereit für diese Art von Bewegung. Dann gib ihm Zeit – manchmal kann man einen Entwicklungsprozess nicht durch Input von außen beschleunigen.

4.2.1.14 Hechten und *Übergreifen*

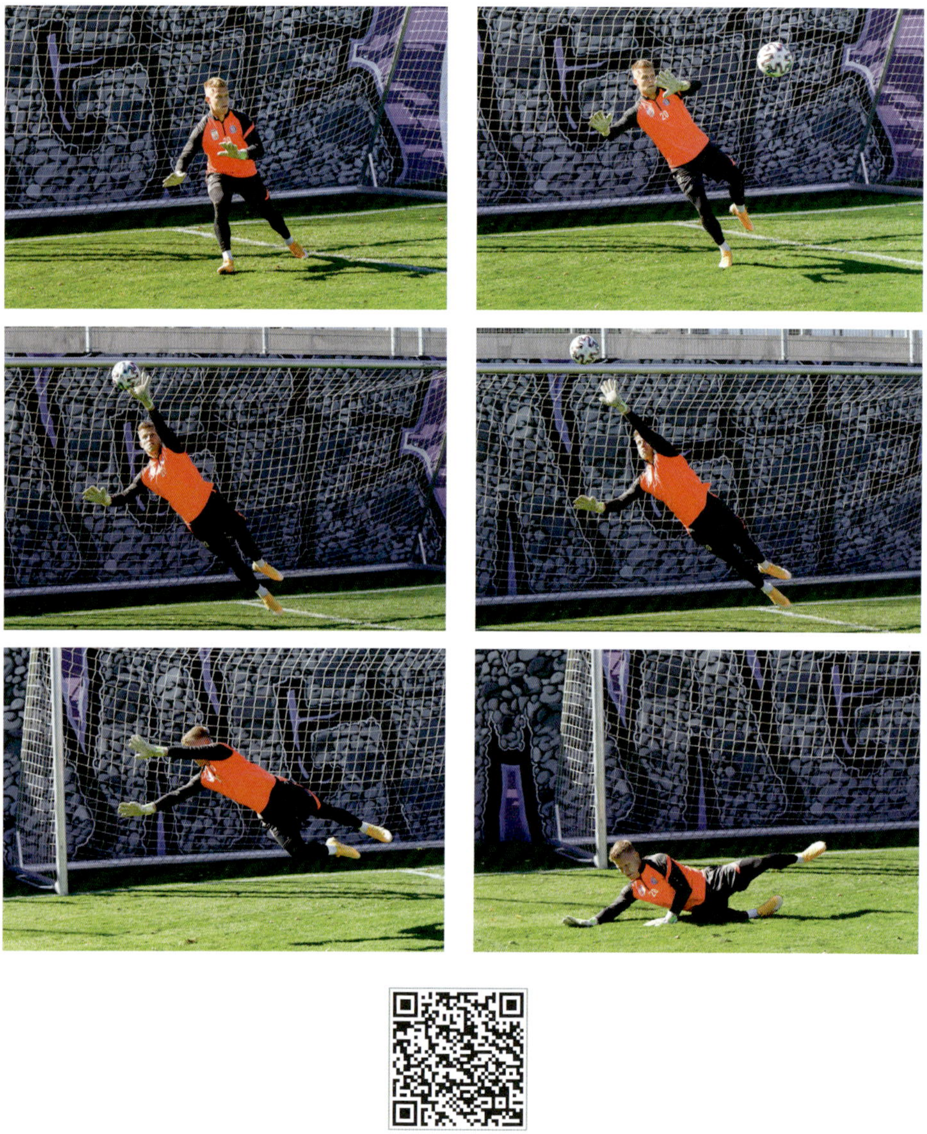

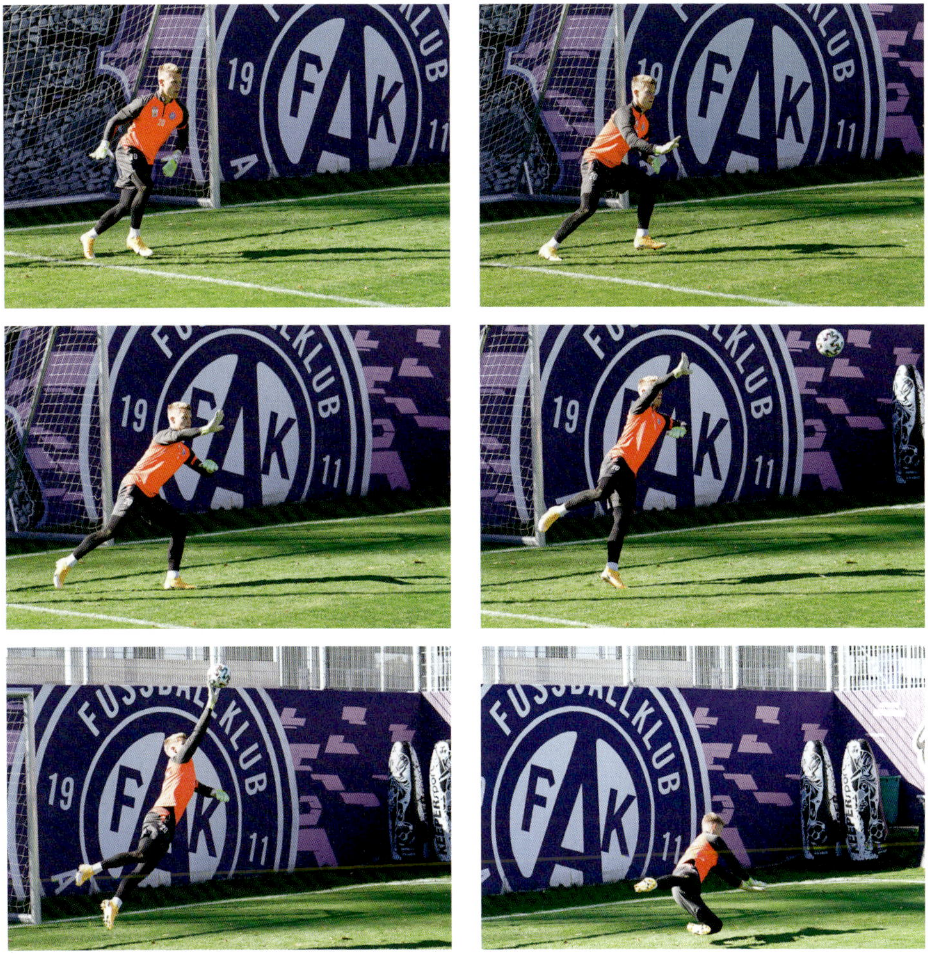

Coachingpunkte:

- *Den Ball ablenken – Spannung, ihm Richtung geben (vor allem die Finger sind hier entscheidend).*
- Die untere Hand dient zur Stabilisierung der Balance.
- Vorbereiten der Landung – die Landung soll mit Blick zum Spielfeld so weich wie möglich sein, um eine mögliche Anschlusshandlung einleiten zu können.

Einwurf

Wann ist welche Technik die Richtige? Wann soll man den Ball ablenken, wann übergreifen?

Eine sehr plakative Entscheidungshilfe ist eine gedachte Linie in der Mitte des Körpers zum Zeitpunkt des Ballangriffs, in diesem Fall Hechten. Befindet sich der Ball unterhalb dieser Linie, wehre ich ihn mit der unteren Hand ab. Befindet sich der Ball oberhalb, wehre ich ihn mittels Übergreifen auch mit der oberen Hand ab.

Klingt banal? Erinnere dich daran, wenn beim nächsten Mal versucht wird, einen Ball oberhalb der Linie durch starkes Krümmen des Oberkörpers mit der unteren Hand zu erreichen.

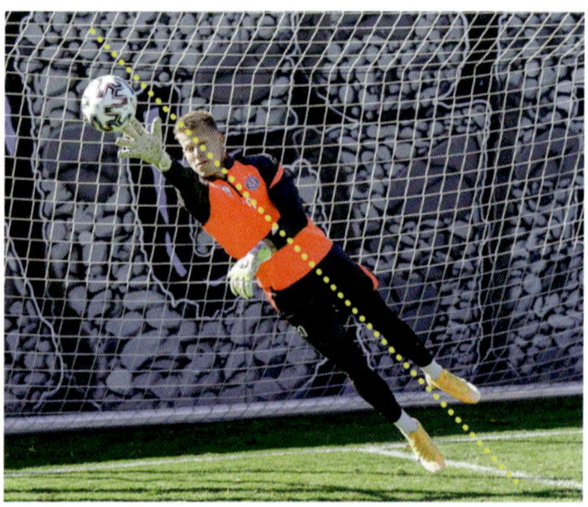

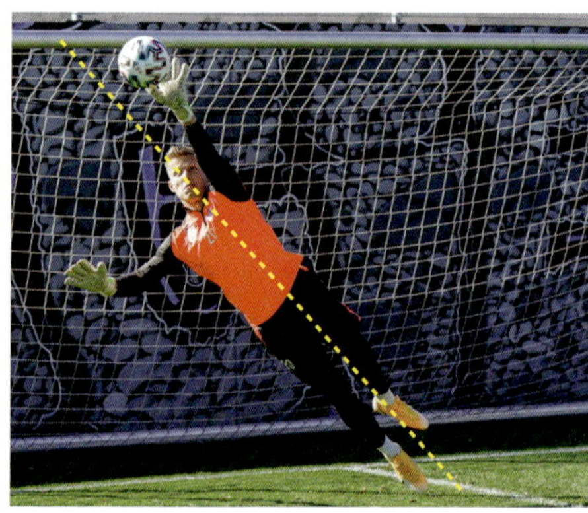

Einwurf Leonhard

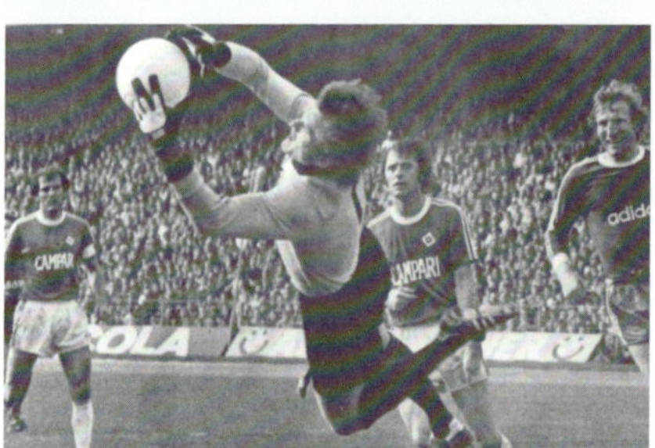

Meine absolute Lieblingsübung, als Torhüter und als Trainer – um Sepp Maier zu zitieren: „Nur Fliegen ist schöner!"

Detail Ballangriff

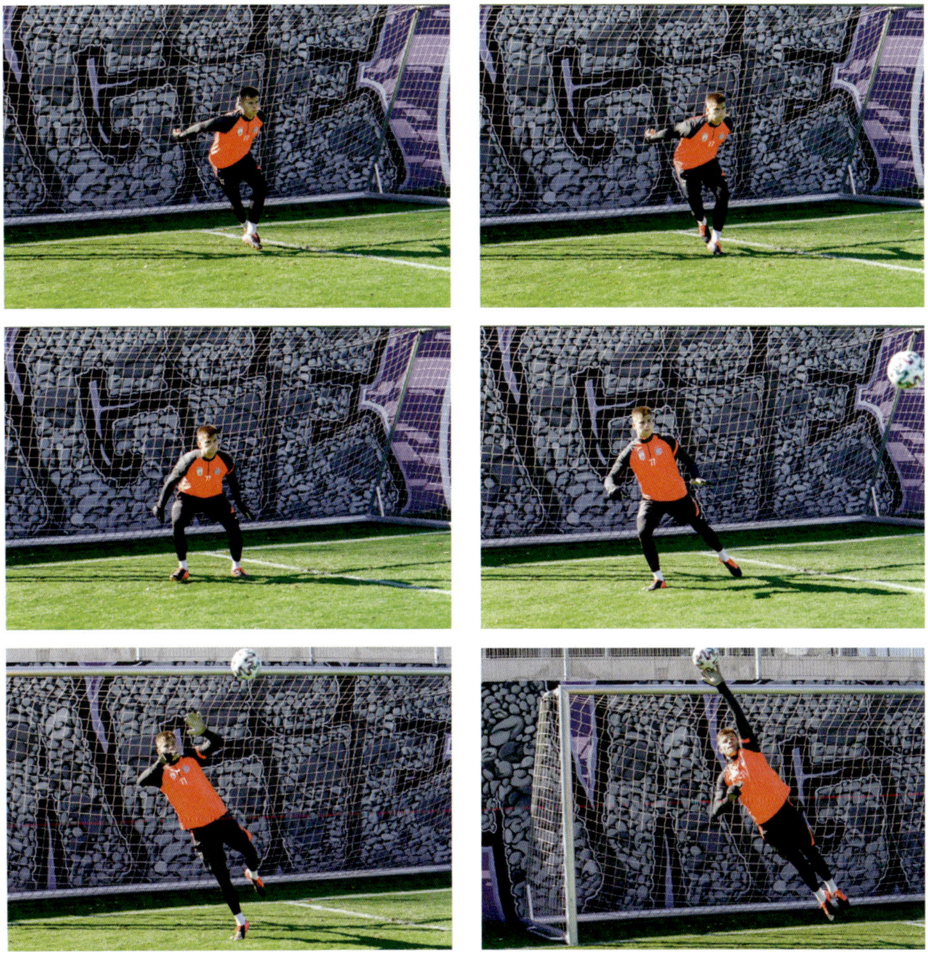

Für das Erreichen einer maximalen Höhe werden die Arme als Schwungelement in den Absprung integriert. Dies ist möglich, wenn ausreichend Zeit besteht und die Hände nicht direkt aus der Grundstellung in kürzester Linie zum Ball geführt werden müssen.

Je nach Schärfe des Schusses und der Entfernung des Balls zum Zeitpunkt des Ballzugriffs im Vergleich zur Ausgangsposition muss das optimale Ausmaß des Schwungholens der Arme gewählt werden. Die geschieht mit zunehmender Expertise völlig unbewusst und automatisch.

Achtung: Für eine maximale Reichweite auf die maximale Streckung des Körpers und des Arms achten.

4.2.1.15 Springen und *Fangen im Korbgriff*

ERSTER PFOSTEN

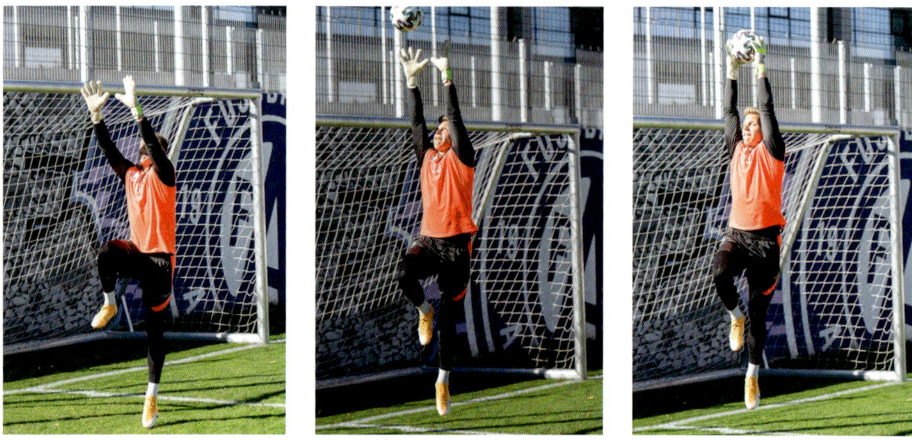

Coachingpunkte:

- Das Absprungbein ist außen, das Schwungbein ist innen, um eine Drehbewegung ins Tor zu vermeiden.
- Der Blick geht zum Ball.
- Maximale Streckung zum Ball.
- *Fangen im Korbgriff.*
- Die Landung erfolgt auf einem Bein, um schnellstmöglich Anschlussaktionen zu ermöglichen.
- Den Ball oben lassen (ihn nicht vor die Brust führen). Dies verhindert den Verlust des Balls bei Kollisionen mit Gegen-/Mitspielern.

VOR DEM TOR

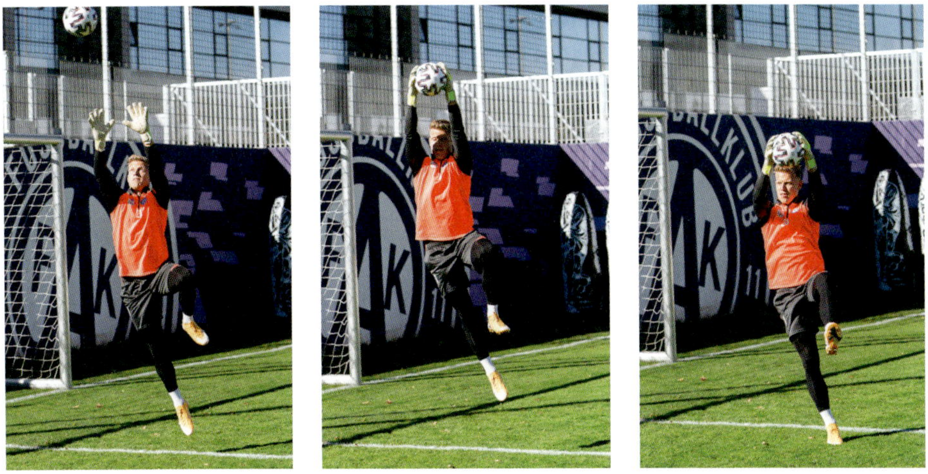

Coachingpunkte:

- Das Absprungbein ist innen, das Schwungbein ist außen als Schutz.
- Der Rest ist wie links.

ZWEITER PFOSTEN

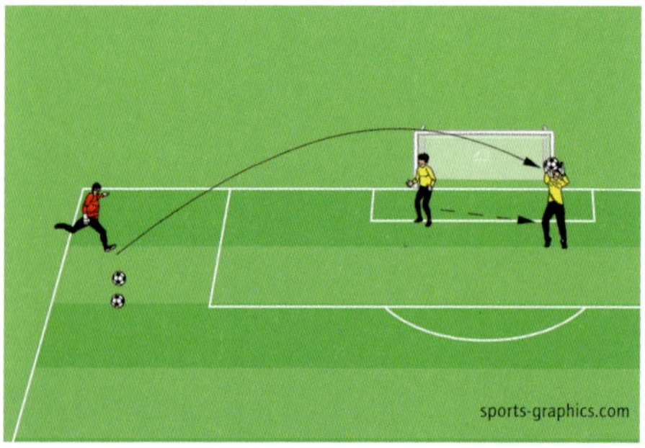

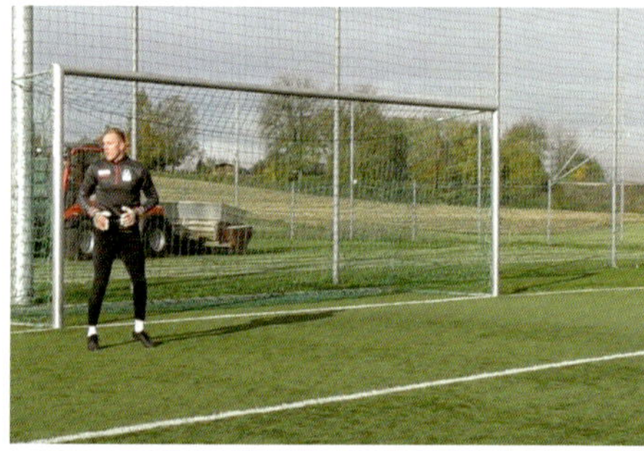

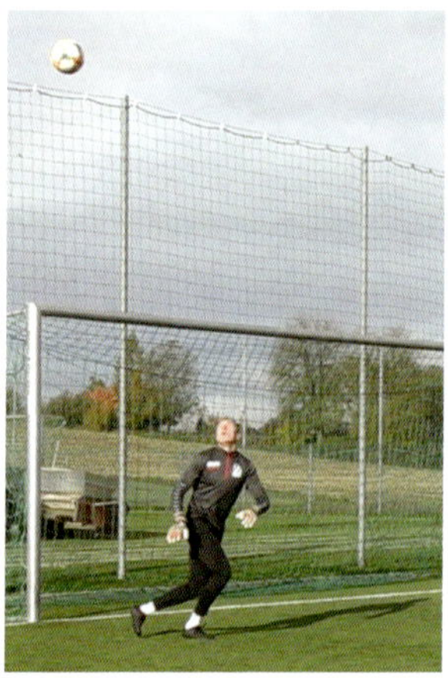

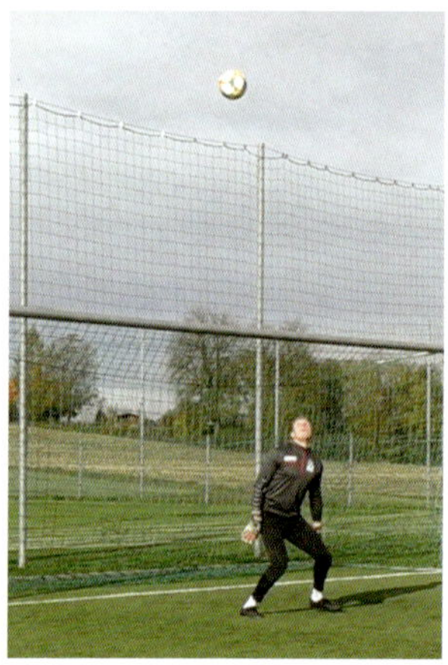

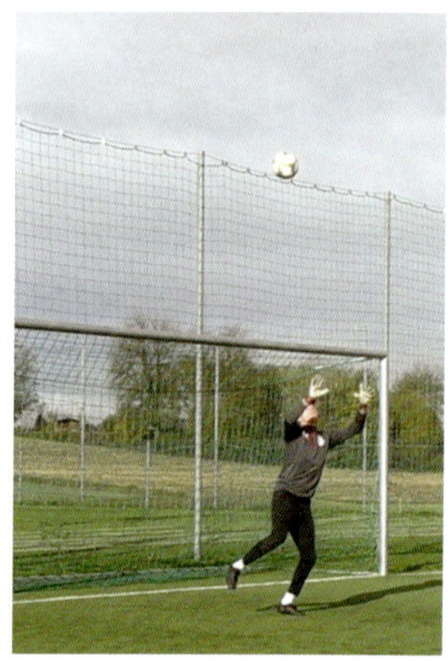

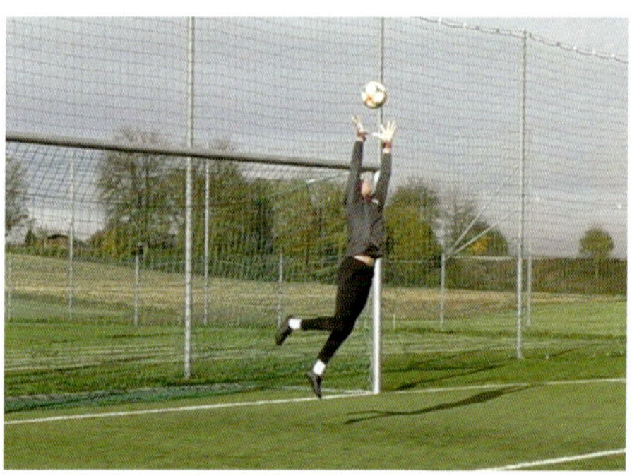

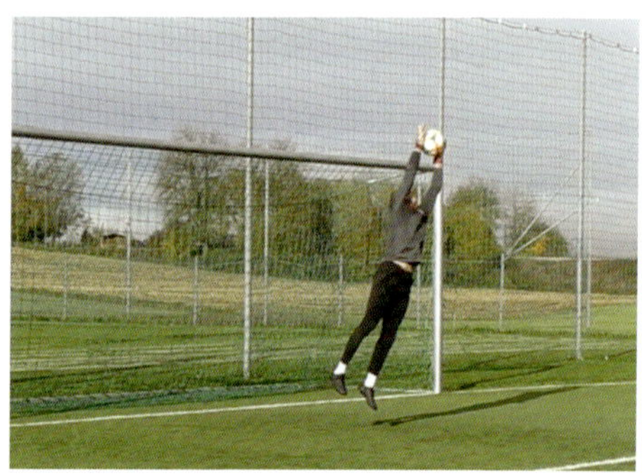

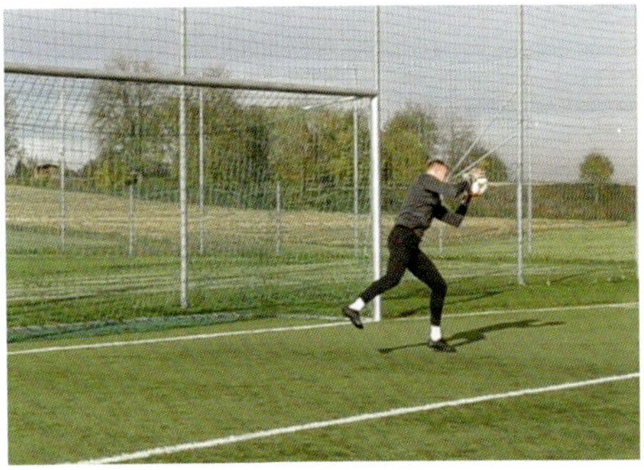
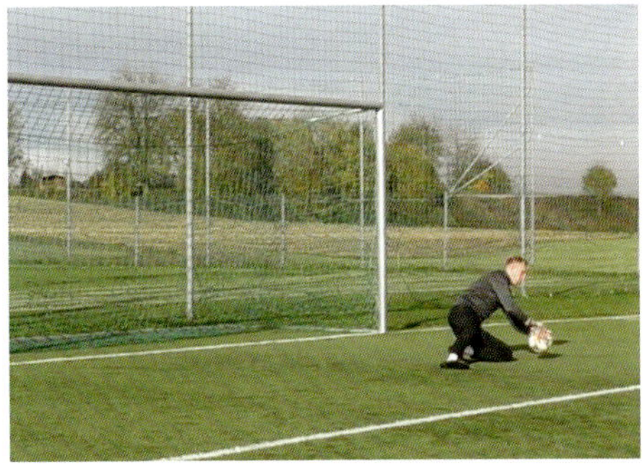

Coachingpunkte:

- Kreuzschritt – seitlich bleiben (kein Rückwärtslauf – Absprung und Orientierung sind sonst schwierig).
- Der Blick geht zum Ball.
- Das Absprungbein ist außen (vgl. Kap. 4.2.1.9).
- Aufgrund der vorher stattfindenden seitlichen Bewegung (Kreuzschritt) gibt es kein Schwungbein.
- Maximale Streckung zum Ball.
- *Fangen im Korbgriff.*
- Das ballferne Bein dient zur Balance.
- Bei Bedarf anschließend Ausgleiten (im besten Fall aufrecht landen, das ermöglicht schnelle Anschlussaktion).

Entwicklung der Technik

- Hohe Bälle in drei Positionen:
    - Fünf-Meter-Raum, erster Pfosten, zweite Stange
    - Eine Offensivaktion (z. B. Abwurf) kann angeschlossen werden.

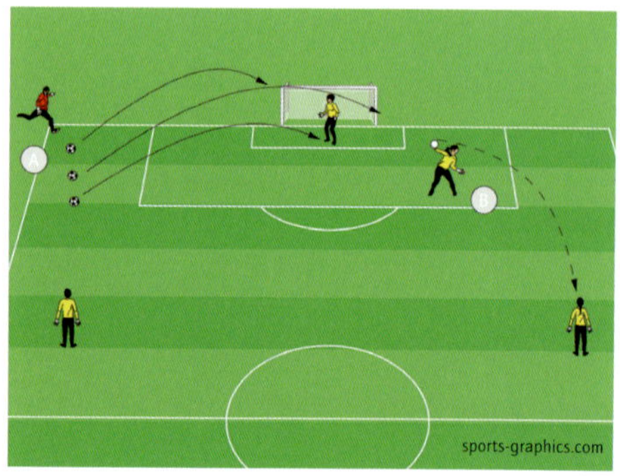

Einwurf

Bei Flanken unterscheiden wir zwei Varianten: geschossene Flanken und solche mit hoher Flugkurve, jeweils mit oder ohne Effet. Unbedingt beides trainieren!

Um diese Situationen spielgerecht zu trainieren, kann und soll dies mit Zuhilfenahme von Dummys und/oder Feldspielern passieren.

Beide Arten kommen mit oder ohne Effet vor, also mit mehr oder weniger Rotation (Magnus-Effekt) und können entweder zum Tor oder weg vom Tor geschossen werden. Dies hat große Auswirkungen auf das Stellungsspiel und für den Ballangriff.

Es dem Torhüter zu ermöglichen, viele Erfahrungen im Training zu sammeln, um schnellstmöglich Bälle einschätzen zu können ist essenziell. Daher müssen die Flanken im Training von beiden Seiten sowohl mit dem linken als auch mit dem rechten Fuß, mit und ohne Effet, getreten werden.

Nur so bekommt er ein besseres Gefühl für die Positionierung und die Entscheidungsfindung, ob die Flanke attackiert wird, oder man sich auf die Verteidigung der direkten Gefahr konzentriert. Denn ein missglückter Versuch, eine Flanke zu fangen oder wegzufausten, bedeutet, dass das Tor verwaist ist und dem Gegner möglicherweise ein sehr billiges Tor vergönnt ist.

- Variationen (Dummys, Spieler ohne Körperkontakt, Spieler mit Körperkontakt . . .)

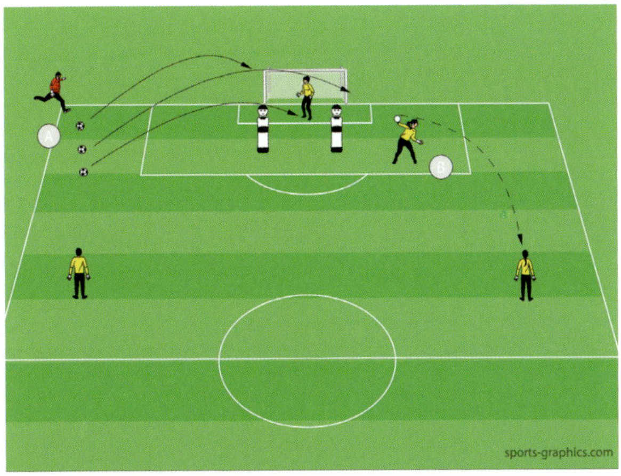

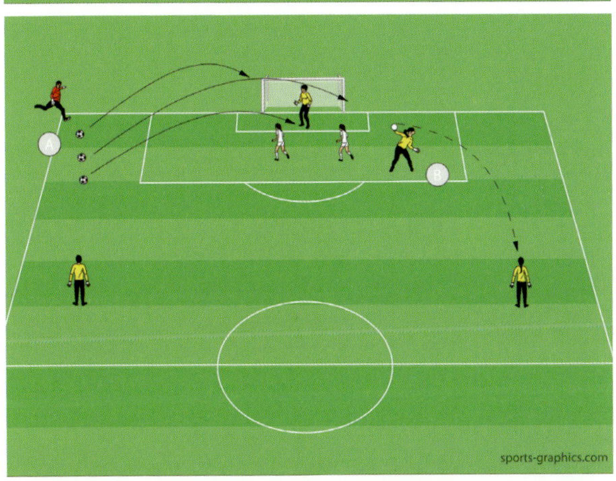

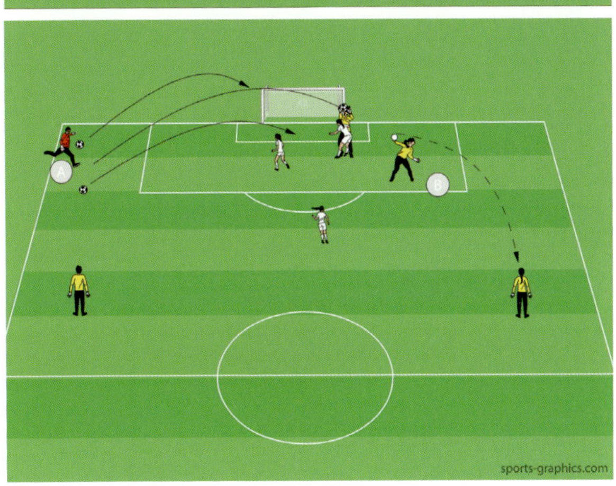

4.2.1.16 Springen und *Fausten*

MIT DER BALLNAHEN FAUST

Die Faustabwehr mit der ballnahen Hand ist vor allem in Situationen mit Gegnerkontakt eine sinnvolle Variante, wenn eine Unsicherheit besteht, ob der Ball sicher gefangen werden kann.

Auch hier gilt: Lieber den Ball mittels Fausten aus der Gefahrenzone befördern, als einen Fehler beim Fangen und damit eine einfache Torchance für den Gegner zu riskieren. Durch viele unterschiedliche Erfahrungen im Training schult der Torhüter seine Entscheidungsfindung.

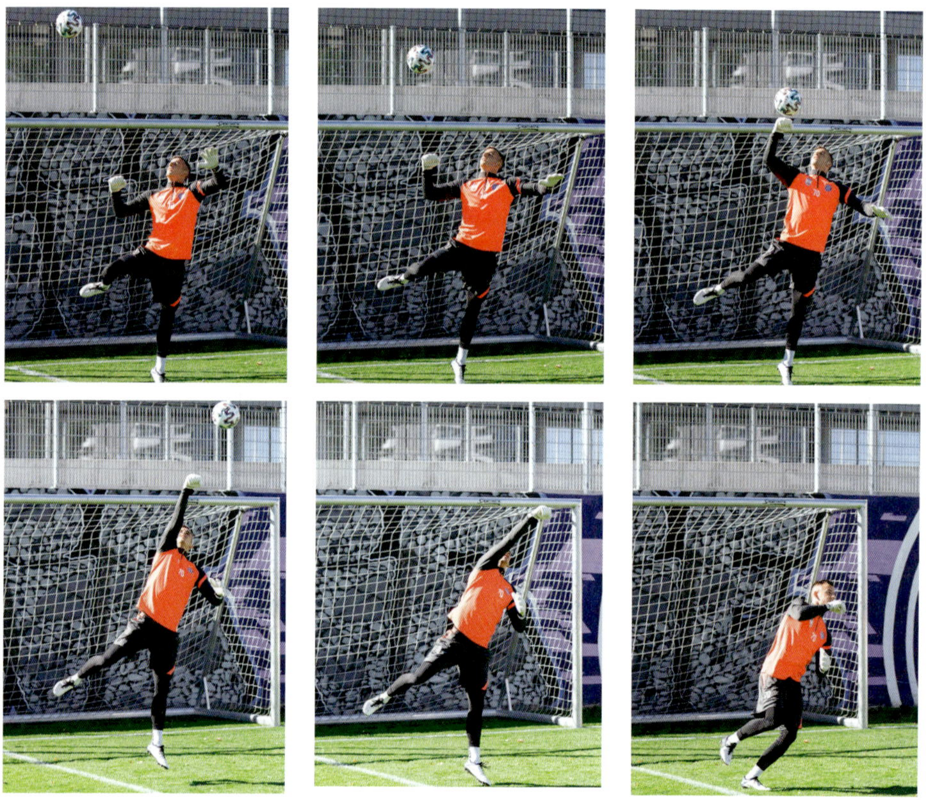

Coachingpunkte:

- Der Ballangriff erfolgt wie bei den Flanken auf den zweiten Pfosten (Kreuzschritt, Blick zum Ball, Absprungbein außen).
- Der Blick geht zum Ball (zwecks Einschätzung der Flugbahn).
- *Die Bewegungsamplitude des Faustabwehrarms niedrig halten, sonst ist ein Treffen des Balls schwierig.*
    - *Enorm komplexe Bewegung: Der Körper ist in Bewegung, der Ball ist ebenfalls in Bewegung. Eine große Ausholbewegung fügt nochmals Freiheitsgrade hinzu.*
- *Treffpunkt des Balls mit der vorderen Faustfläche (nicht Knöchel) – saubere Kraftübertragung auf den Ball.*
- Das Landen auf einem Bein ermöglicht eine schnelle Neuausrichtung des Stellungsspiels und gegebenenfalls Anschlussaktionen.

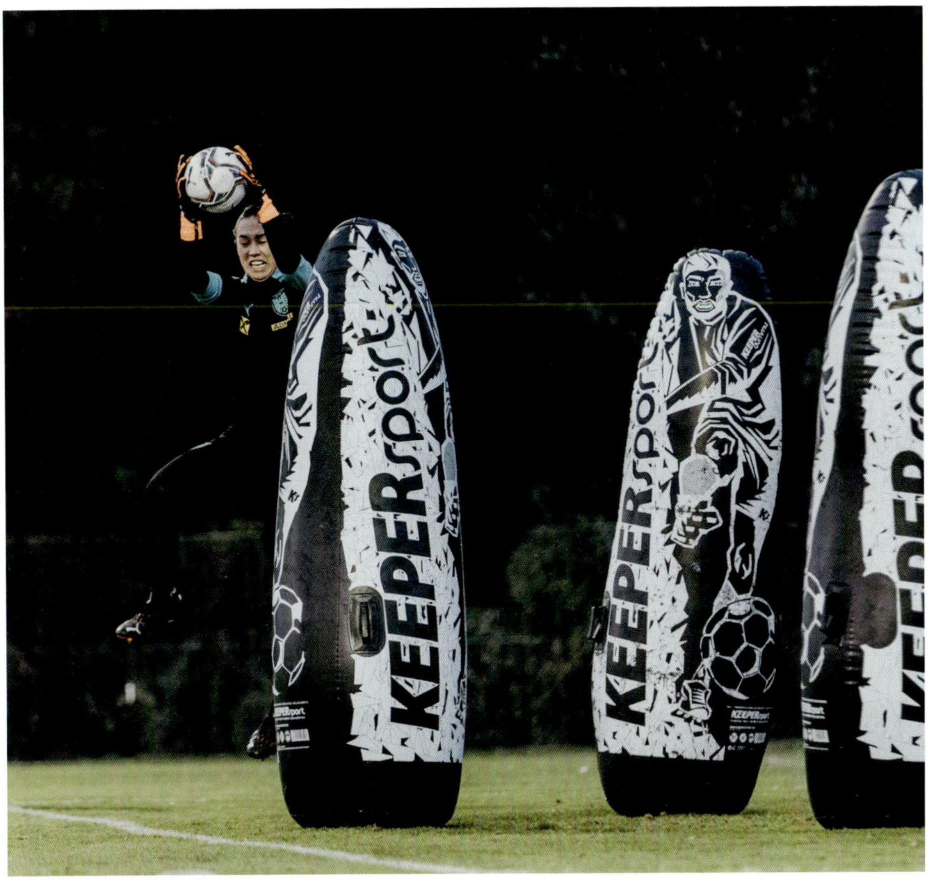

MIT DER BALLFERNEN FAUST

Ist ein Erreichen mit der ballnahen Hand nicht möglich, dann kann der Ball mit der ballfernen Hand gefaustet werden. Im Vergleich zur ballnahen Faust kann der Ball nicht so weit aus der Gefahrenzone geklärt werden, weshalb diese zu bevorzugen ist.

Im Bedarfsfall kann nach dem Absprung bei einem zu langen Ball oder einer Behinderung durch Mit- oder Gegenspieler die ballferne Faust immer noch als Alternative verwendet werden, daher soll auch diese Variante unbedingt im Repertoire sein.

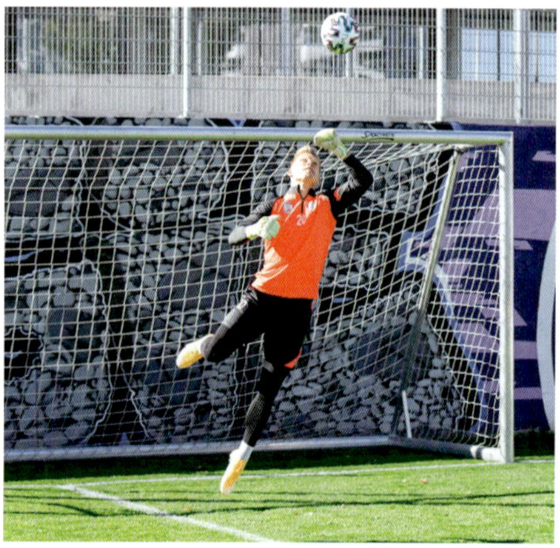

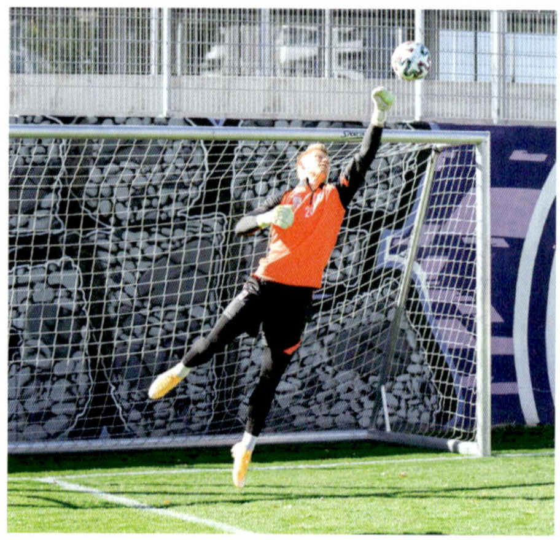

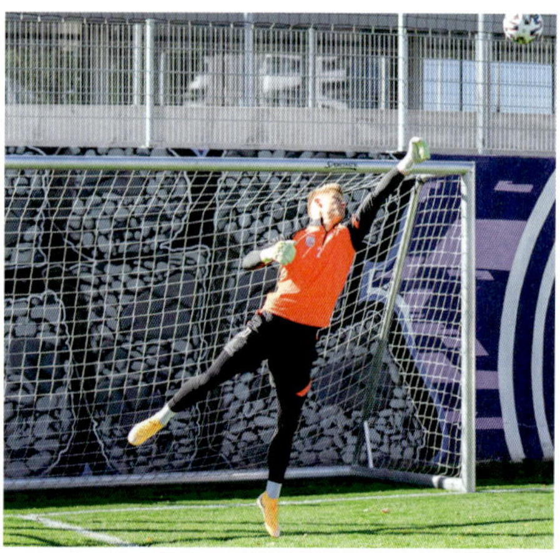

DOPPELFAUST

Diese Variante dient dazu, frontale Bälle aus der Gefahrenzone zu befördern oder bei einer Ansammlung an Spielern rund um den Torhüter durch die größere Trefferfläche mehr Spielraum für Abweichungen zu haben.

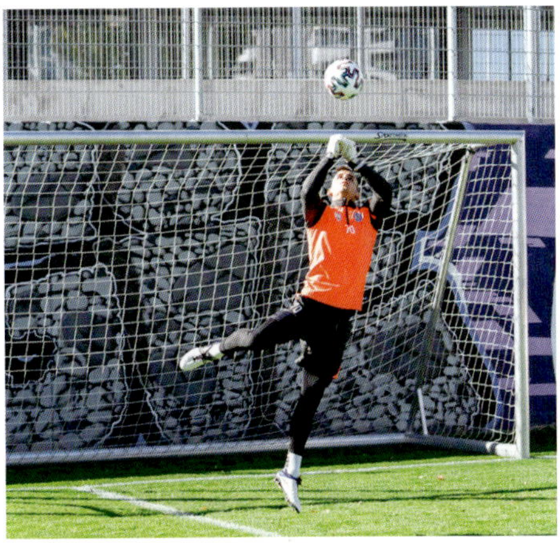

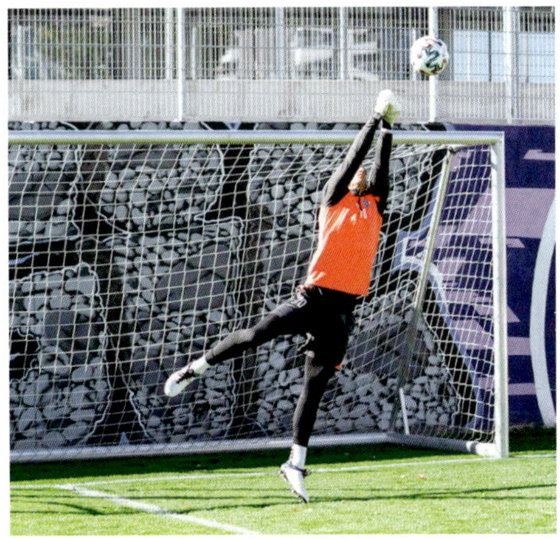

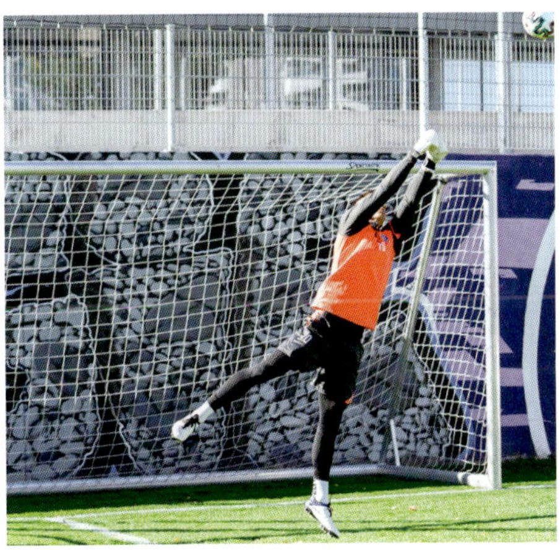

4.2.1.17 Springen und *Ablenken*

Kommt eine Flanke sehr nah zur Querlatte des Tors (z. B. verirrte Flanken), ist es am sichersten, den Ball über das Tor ins Aus zu befördern.

Je nach Situation werden die drei nachfolgenden Techniken angewendet, wobei die Varianten 1 und 2 situativ variabel eingesetzt werden können. Es gibt hier keine klaren Indikatoren für eine Auswahl einer der beiden Techniken, beide sollten beherrscht werden.

ERSTER PFOSTEN – TORFERNE HAND

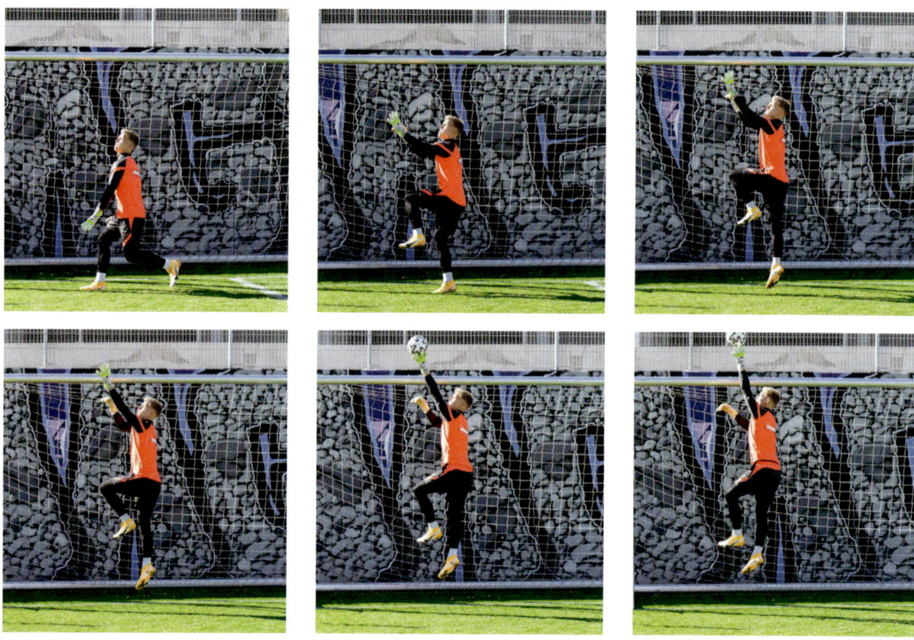

Coachingpunkte:

- Absprungbein situativ.
- Blick zum Ball.
- Maximale Streckung.
- *Den Ball mit den Fingern über die Latte lenken.*

ERSTER PFOSTEN – TORNAHE HAND

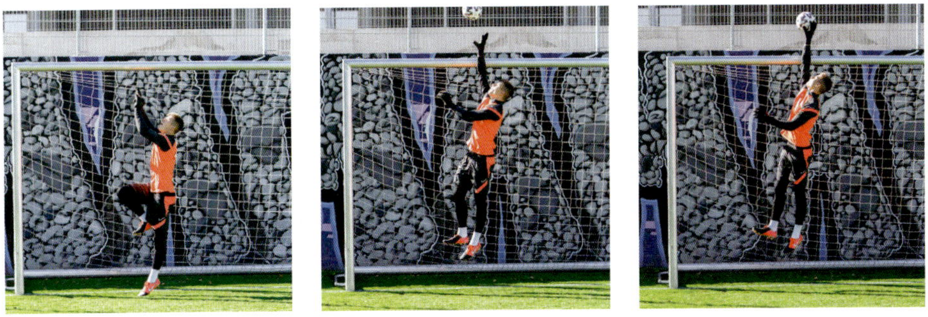

ZWEITER PFOSTEN – ÜBERGREIFEN

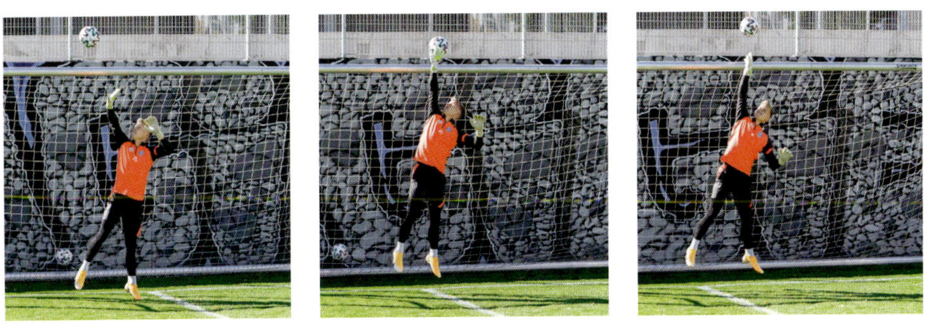

4.2.2 Offensivspiel und Offensivtechniken

Um das komplexe Torhüterspiel so einfach wie möglich darzustellen, haben wir immer nach eindeutigen Begrifflichkeiten gestrebt. Besonders schwierig war das beim aktuellen Kapitel. Klar ist: Offensiv handelt der Torhüter, wenn er selbst oder die eigene Mannschaft in Ballbesitz ist.

Aber wie benennen wir Aktionen, in denen der Torhüter einen Pass in die Tiefe abläuft, den Ball außerhalb des Strafraums direkt oder mit mehreren Kontakten dann an seinen Mitspieler weiterspielt? Müsste das nicht korrekterweise auch eine Defensivtechnik sein?

Bei nahezu 100 % aller defensiven Aktionen außerhalb des eigenen Strafraums werden die gleichen Techniken eingesetzt, wie bei eigenem Ballbesitz. Daher haben wir uns, wie bereits in Kap. 3.2.2 definiert, darauf festgelegt, dass diese Techniken eindeutig den Offensivtechniken zuzuordnen sind, da damit anschließend häufig eine Offensivaktion eingeleitet wird, andererseits aber auch, weil diese Techniken umso häufiger benötigt werden, je offensiver das Torhüterspiel interpretiert wird.

4.2.2.1 Grundstellung offensiv (situativ)

Eine offensive Grundstellung ist im Vergleich zur defensiven Grundstellung viel allgemeiner zu fassen. Im Wesentlich muss sich der Torhüter in allen Spielsituationen so positionieren, dass er sich immer am Spiel beteiligen kann. Da die Reaktionszeit bei Offensivaktionen normalerweise um ein Vielfaches länger ist als bei den Defensivtechniken, ist hier das Aufbauen einer Vorspannung und ein Zentrieren der Hände nicht nötig.

4.2.2.2 Allgemeine Fußtechnik

Alle nachfolgend beschriebenen Techniken dienen zur Spieleröffnung als auch zur Fortsetzung des Spiels nach Rückpassaktionen.

Ballmitnahme (Fuß, Oberschenkel, Brust und Stituativ)

Alle Aktionen, die dazu dienen, einen Ball für die Weiterverarbeitung vorzubereiten, bezeichnen wir als Ballmitnahme.

Früher war der Begriff Ballannahme sehr gebräuchlich. Mit der Weiterentwicklung im Fußball mit immer höherem Zeit- und Raumdruck wurde es auch im Torhüterspiel immer wichtiger, bereits mit dem zweiten Kontakt den Ball weiterzubefördern. Daher geht es beim ersten Ballkontakt immer darum, den Ball in eine Richtung mitzunehmen, sodass die zweite Aktion (z. B. Pass) flüssig ohne zusätzlichen Zwischenschritt oder zusätzlichen Ballkontakt folgen kann.

Des Weiteren muss der erste Ballkontakt oftmals dazu genutzt werden, den Ball in einen freien Raum oder zumindest weg von einem attackierenden Gegenspieler mitzunehmen, um Ballverluste zu vermeiden bzw. überhaupt eine Anschlussaktion zu einem Mitspieler möglich zu machen. Wir trainieren daher alle Varianten des Passspiels immer sowohl mit einem Kontakt als auch mit vorgeschalteter Ballmitnahme in den unterschiedlichsten Ausprägungen.

PASSSPIEL, FLACH, MIT DER INNENSEITE

Nach der Ballmitnahme

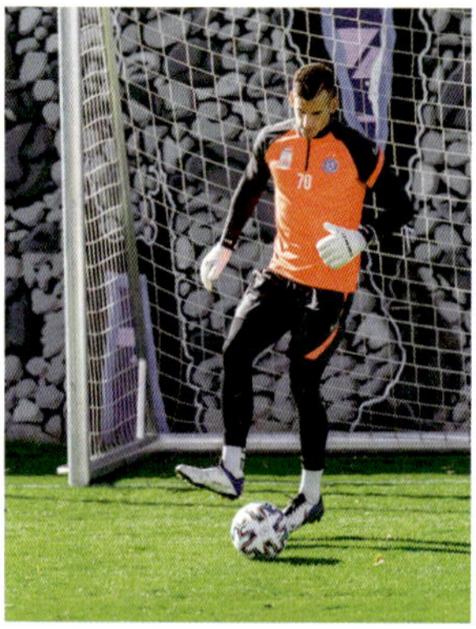
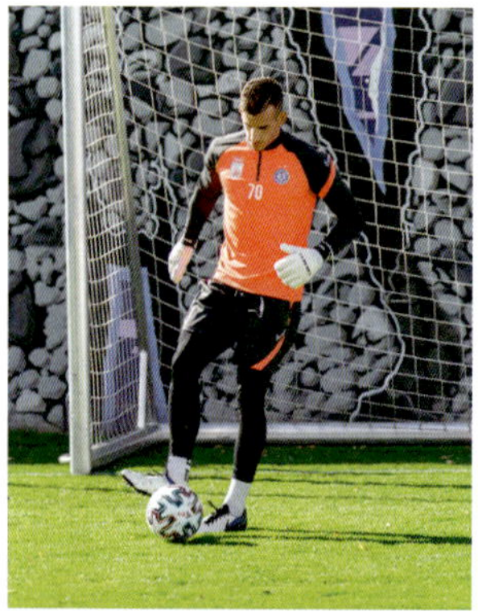
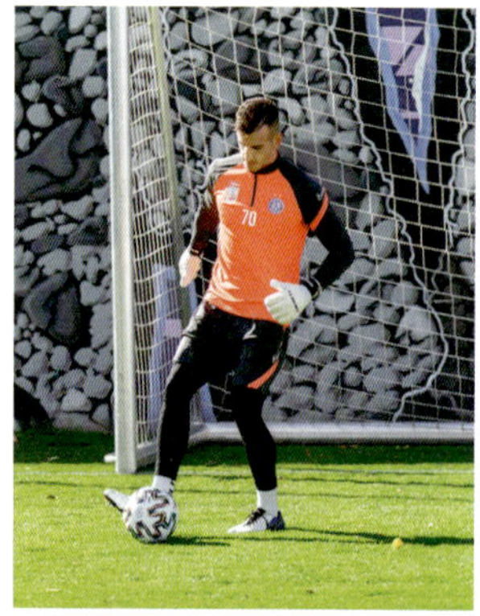
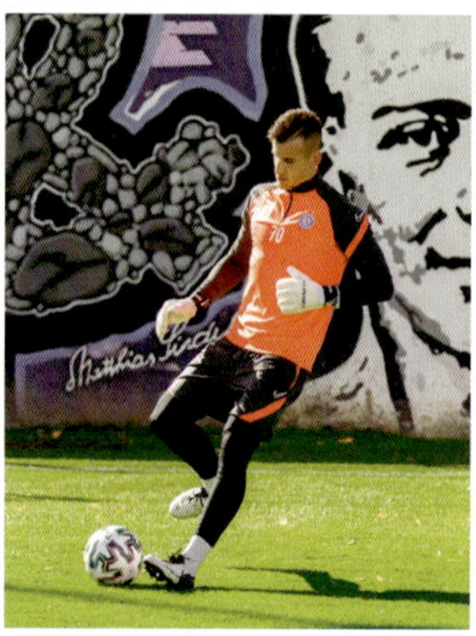
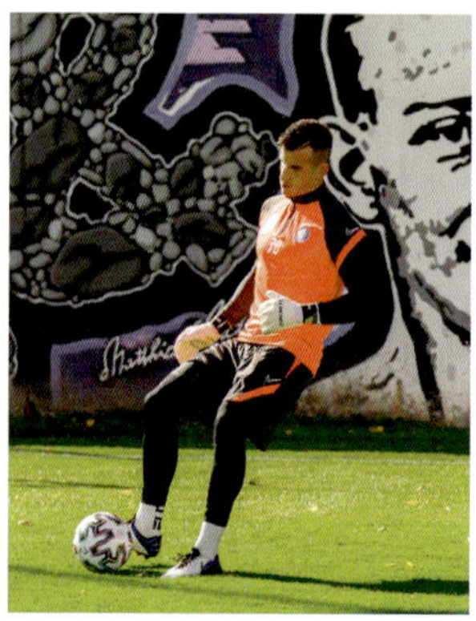
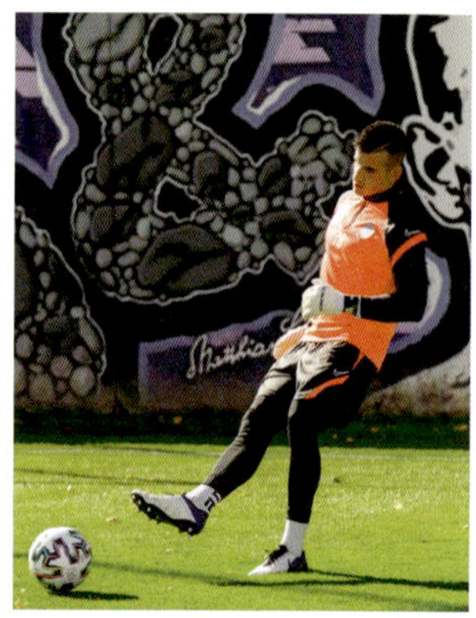

Direkt

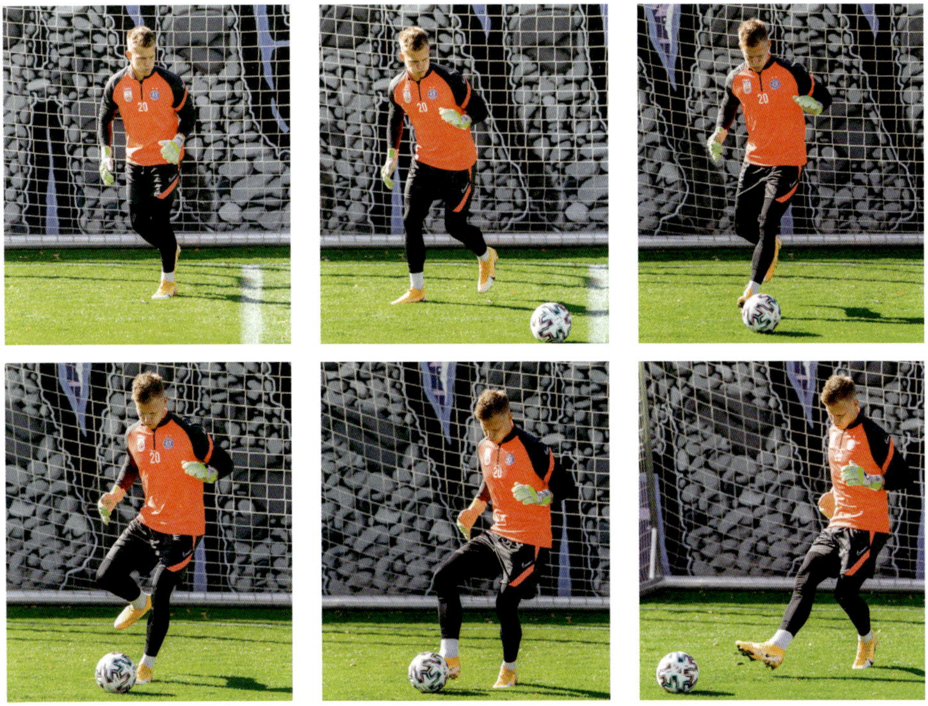

Coachingpunkte:

- Vororientierung (Wo sind meine Mitspieler?).
- Timing des Anlaufs.
- Position zum Ball – optimalerweise ist das Standbein neben dem Ball.
- Der Oberkörper ist aufrecht bzw. leicht vorgeneigt.
- Die Arme dienen zur Balance.
- Den Unterschenkel explosiv beschleunigen.
- *Fixieren des Sprunggelenks (der Vorfuß zeigt nach oben).*
- *Der Treffpunkt des Balls ist zentral.*
- Das Bein durchschwingen nach dem Treffen des Balls – für maximale Schärfe ist das Knie am Ende gestreckt.
- Für eine Anschlussaktion vorbereitet sein.

PASSSPIEL, FLACH, MIT DEM RIST

Wenn der Torhüter weiter von den Mitspielern entfernt steht, ist für flache, scharfe Zuspiele (um z. B. Linien des Gegners zu überspielen) der Ristpass die adäquate Technik.

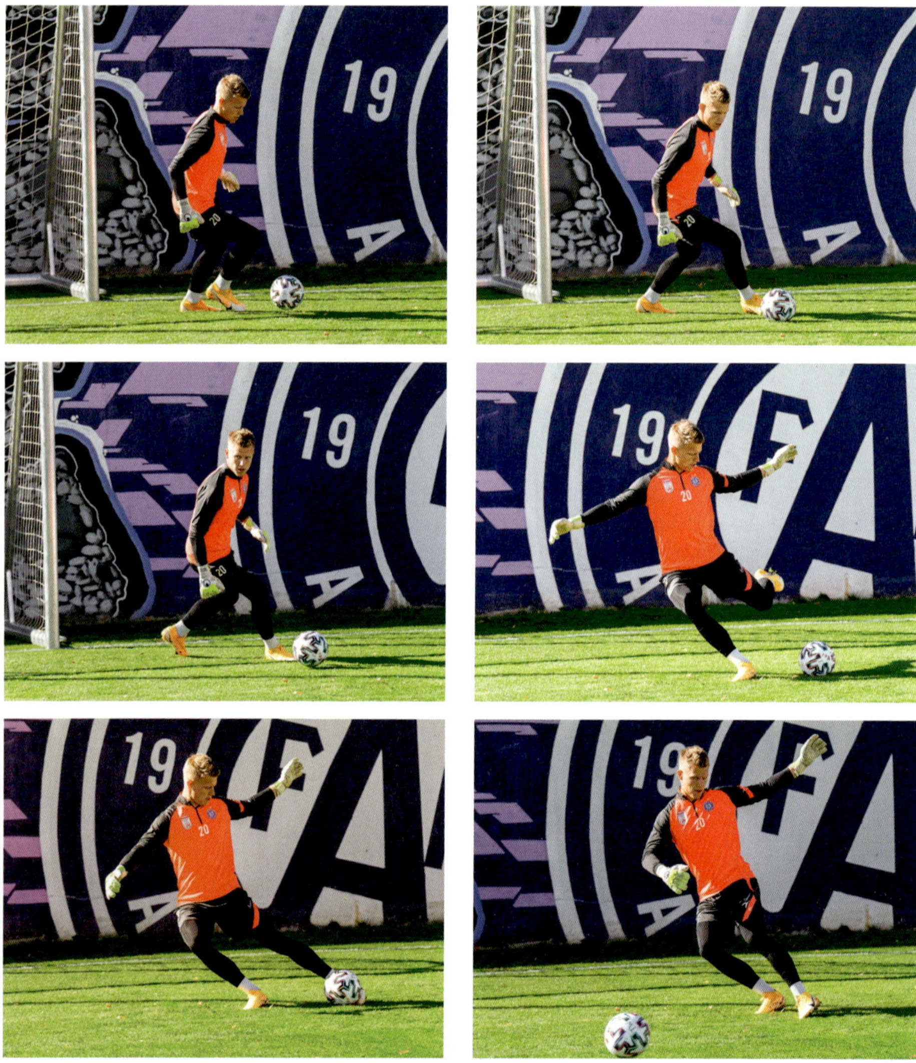

Coachingpunkte:

- Vororientierung (Wo sind meine Mitspieler?).
- Timing des Anlaufs.
- Position zum Ball – optimalerweise ist das Standbein neben dem Ball.
- Der Oberkörper ist aufrecht bzw. leicht vorgeneigt.
- Die Arme dienen zur Balance.
- Das Bein explosiv beschleunigen.
- *Das Sprunggelenk ist maximal durchgestreckt.*
- *Der Treffpunkt des Balls ist zentral.*
- Das Bein durchschwingen nach dem Treffen des Balls – für maximale Schärfe ist das Knie am Ende gestreckt.
- Für eine Anschlussaktion vorbereitet sein.

Achtung: In Drucksituationen oder bei schwierigen Bodenverhältnissen ist die Innenseite die sicherere Variante.

PASSSPIEL, GEHOBEN, FÜR DIE KURZE DISTANZ (CHIPBALL)

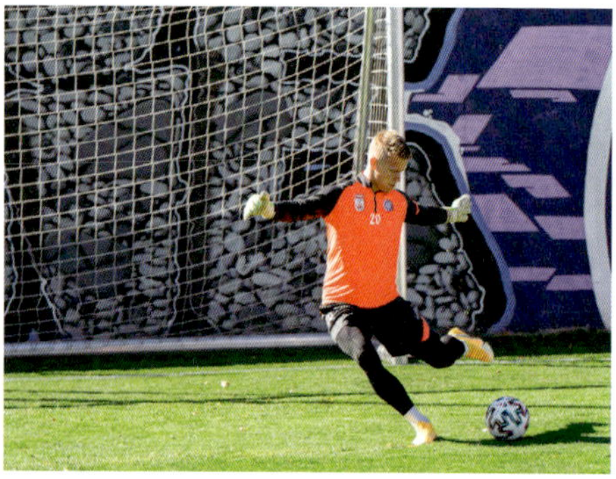

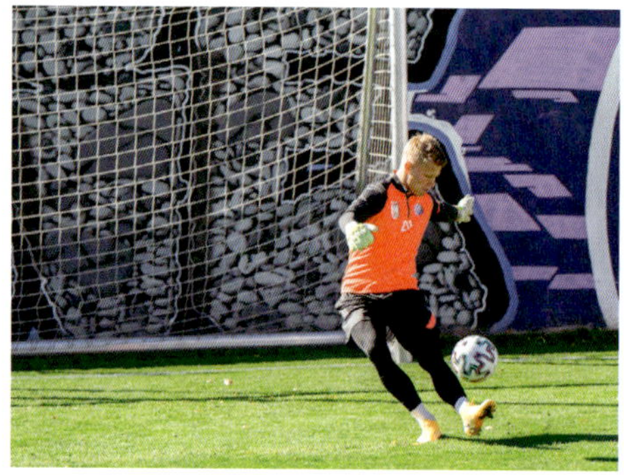

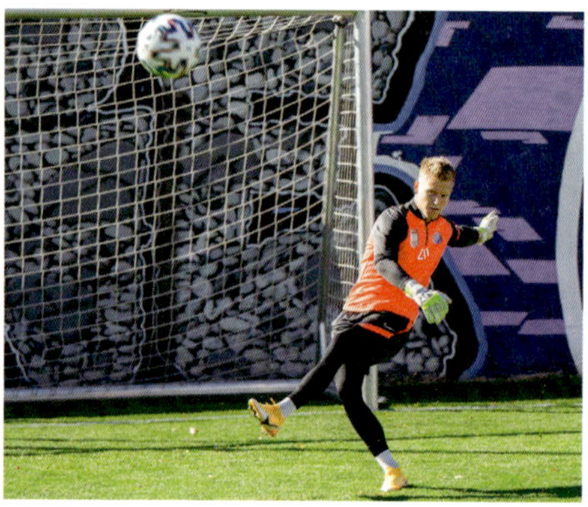

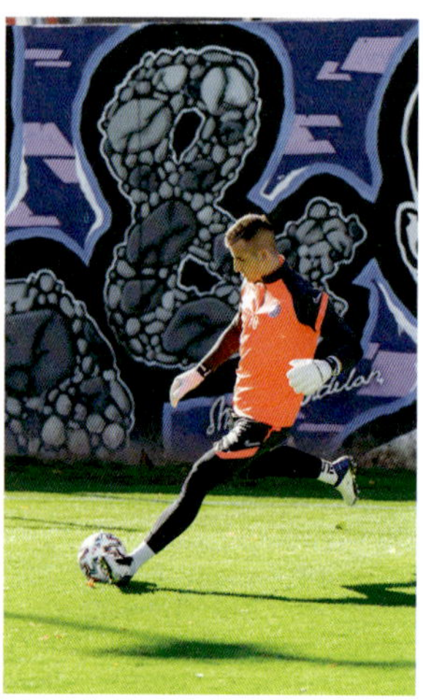

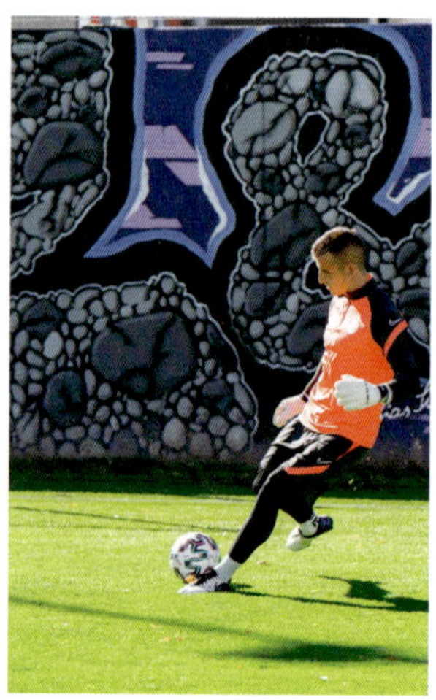

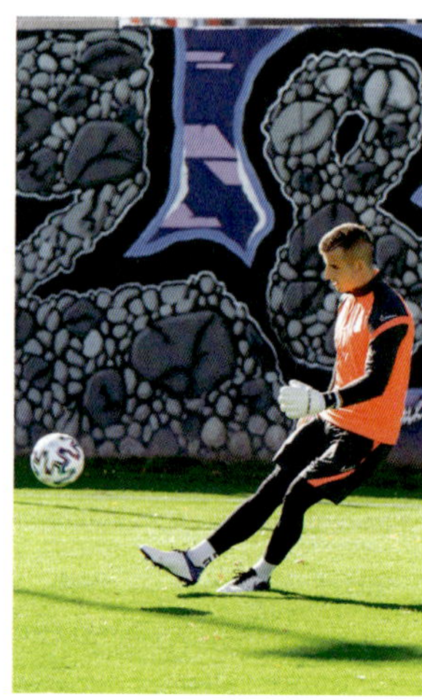

Coachingpunkte:

- Vororientierung (Wo sind meine Mitspieler?).
- Timing des Anlaufs.
- Position zum Ball – optimalerweise ist das Standbein neben dem Ball.
- Der Oberkörper ist aufrecht bzw. leicht zurückgeneigt.
- Die Arme dienen zur Balance.
- Den Unterschenkel explosiv beschleunigen.
- *Fixieren des Sprunggelenks.*
- *Der Treffpunkt des Balls ist unter der Mitte.*
- Unmittelbar nach dem Treffen des Balls die Bewegung abbremsen.
- Für eine Anschlussaktion vorbereitet sein.

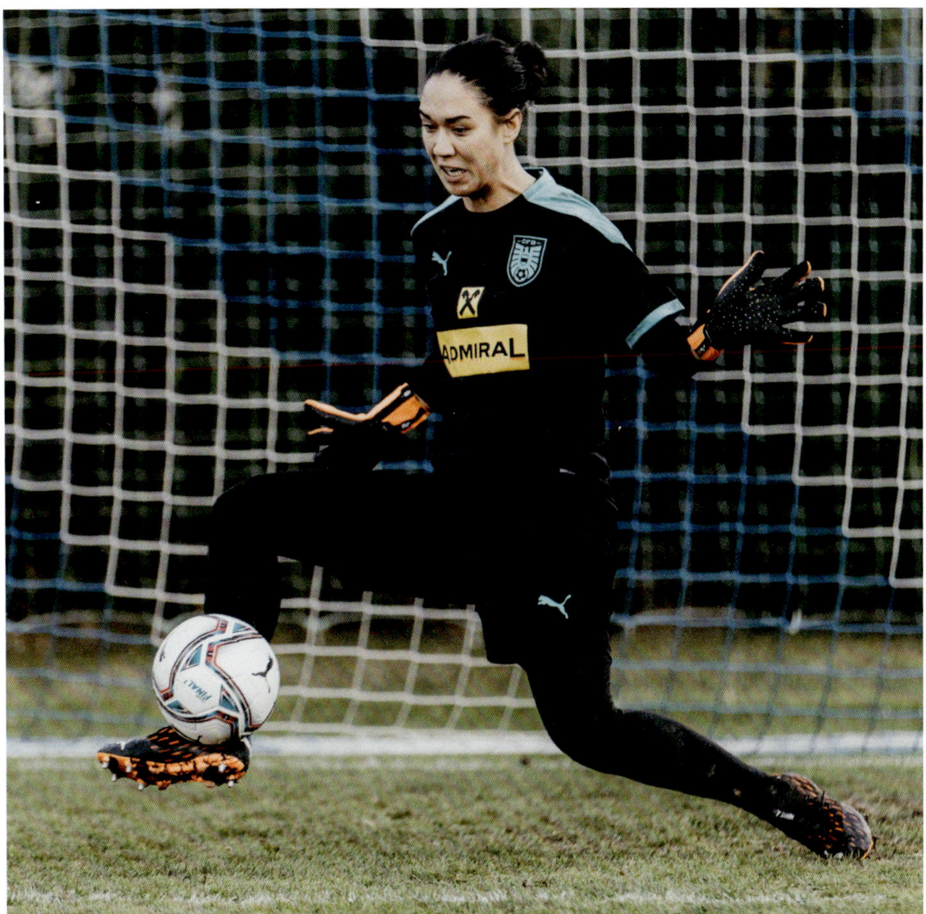

PASSSPIEL, GEHOBEN, FÜR DIE LANGE DISTANZ (ABSTOSS UND ABSCHLAG)

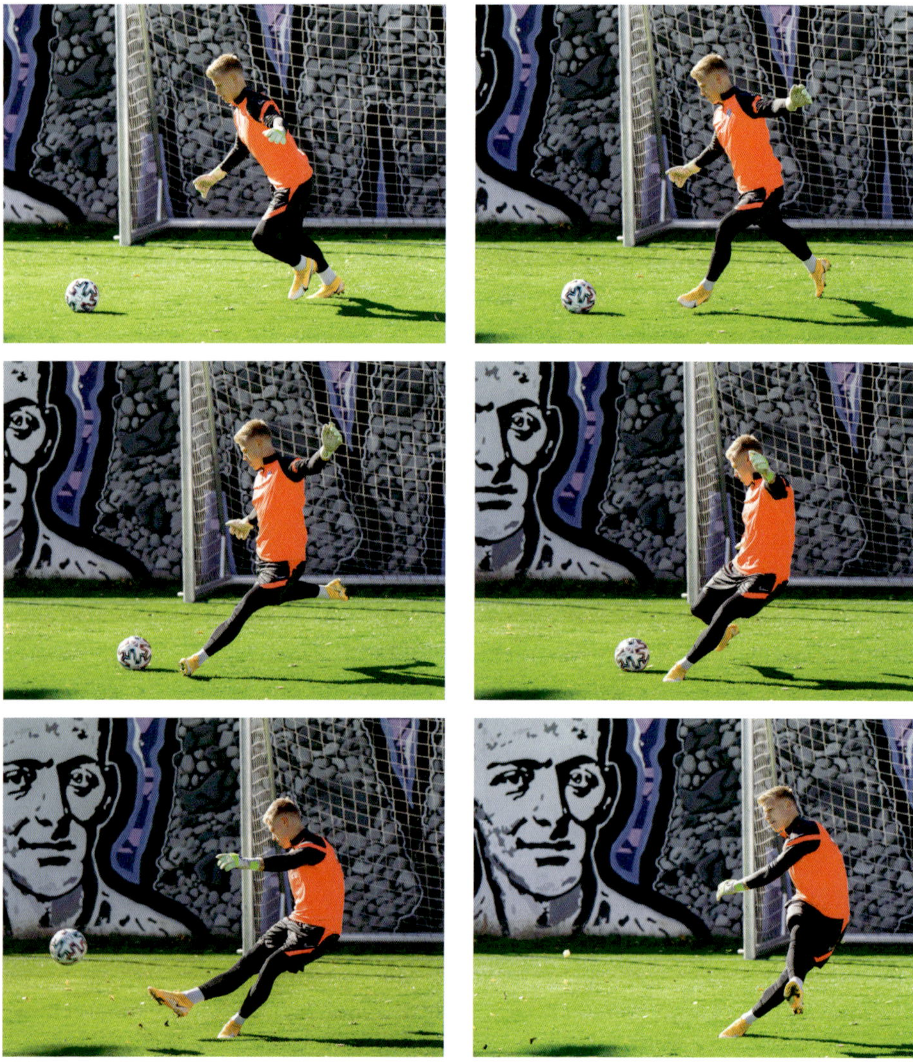

Coachingpunkte:

- Vororientierung (Wo sind meine Mitspieler?).
- Timing des Anlaufs.
- Position zum Ball – optimalerweise ist das Standbein neben dem Ball.
- Der Oberkörper ist aufrecht bzw. leicht zurückgeneigt.
- Die Arme dienen zur Balance.
- Das Bein explosiv beschleunigen.
- *Das Sprunggelenk ist maximal durchgestreckt.*
- *Der Treffpunkt des Balls ist unter der Mitte.*
- Das Bein durchschwingen nach dem Treffen des Balls – für maximale Schärfe ist das Knie am Ende gestreckt.
- Für eine Anschlussaktion vorbereitet sein.

Entwicklung der Technik

PASSFORM, ISOLIERT (FLACH, GEHOBEN)

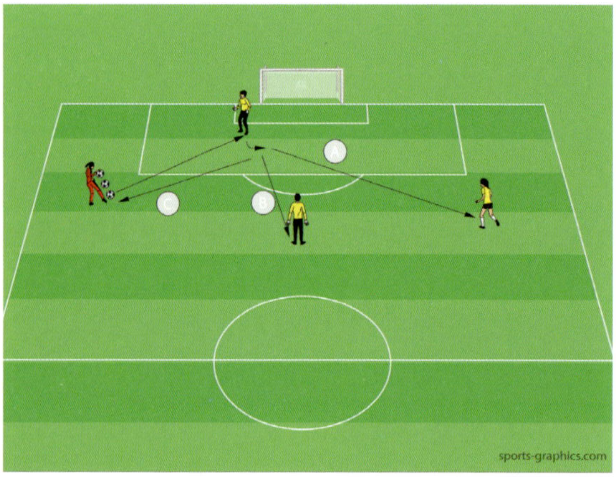

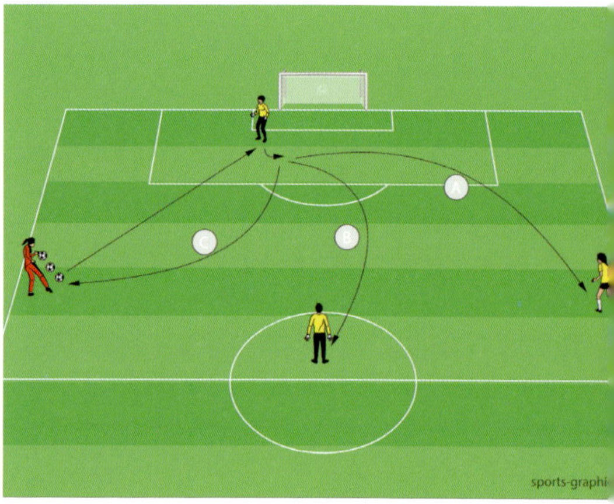

PASSFORM MIT DUMMYS

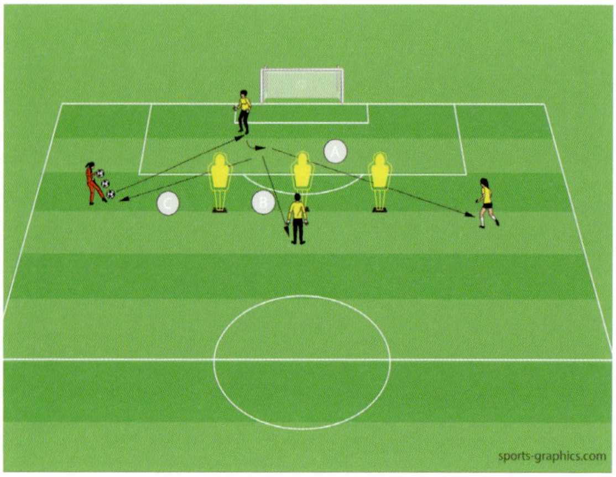

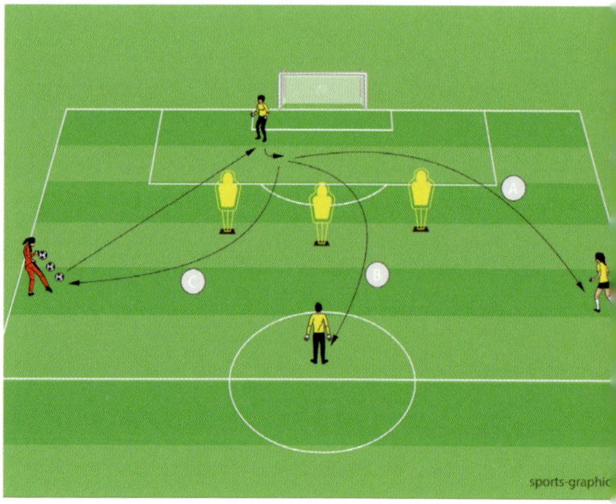

PASSFORM MIT GEGENSPIELER

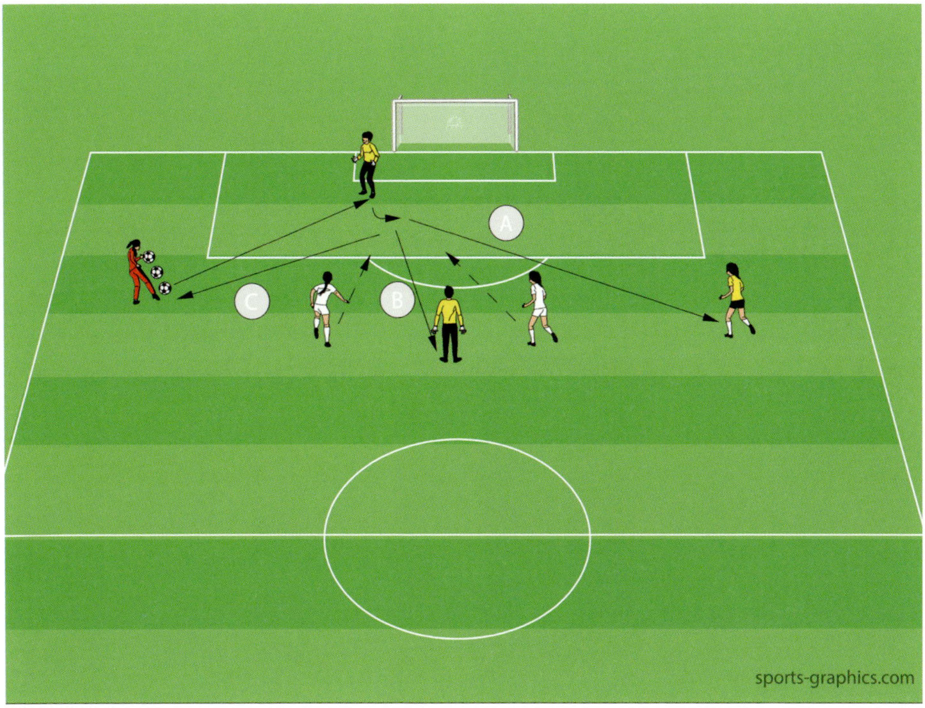

SPIELFORM

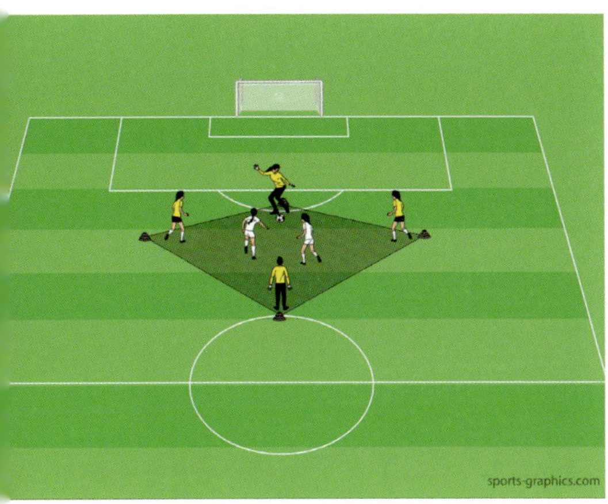

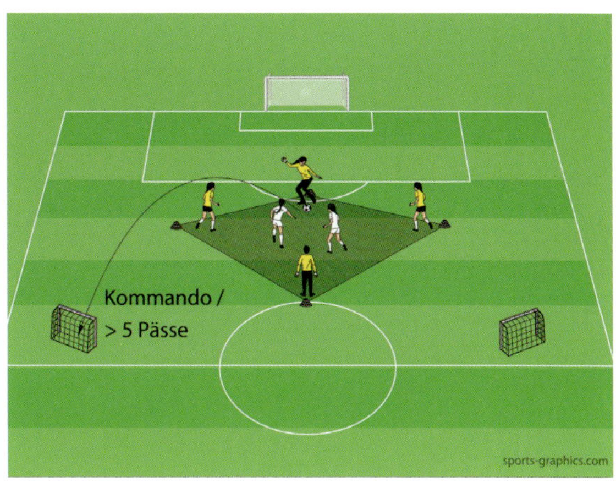

4.2.2.3 Ausrollen

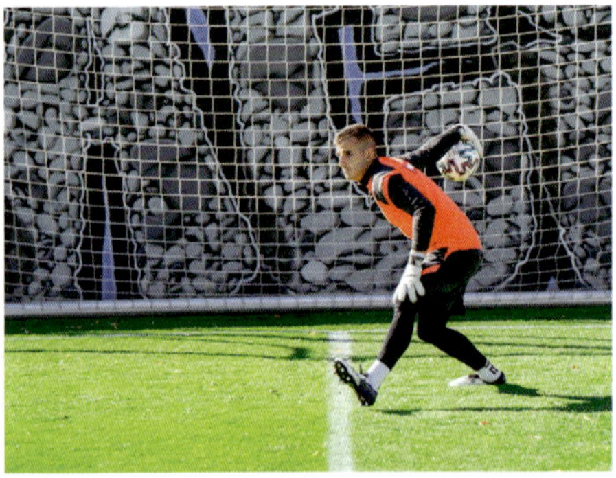

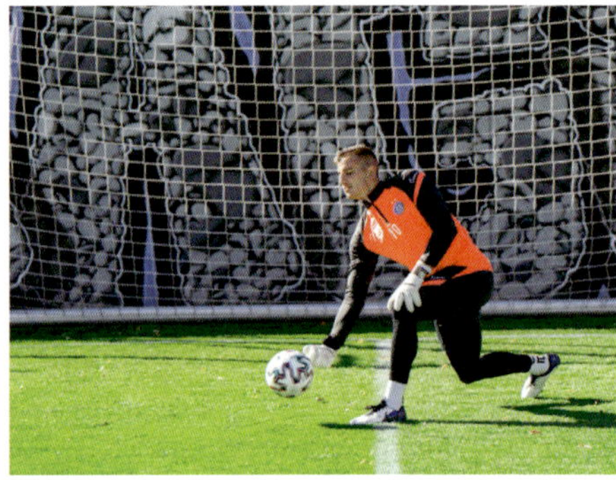

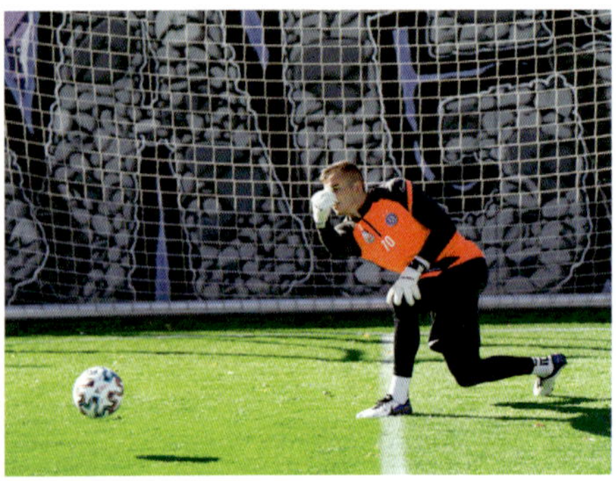

Coachingpunkte:

- Vororientierung (Wo sind meine Mitspieler?).
- Den Blick zum Ziel richten.
- Schwungvolle Ausholbewegung, gleichzeitig erfolgt ein Ausfallfallschritt in Zielrichtung.
- Durchschwingen mit gestrecktem Ellbogen.
- Den Ball bodennah aufsetzen.
- Durch einen letzten Impuls mit Handfläche und Fingern den Ball beschleunigen.
- Den Arm durchschwingen nach Rollen des Balls für maximale Schärfe.
- Für eine Anschlussaktion vorbereitet sein.

4.2.2.4 Handballwurf (Schlagwurf)

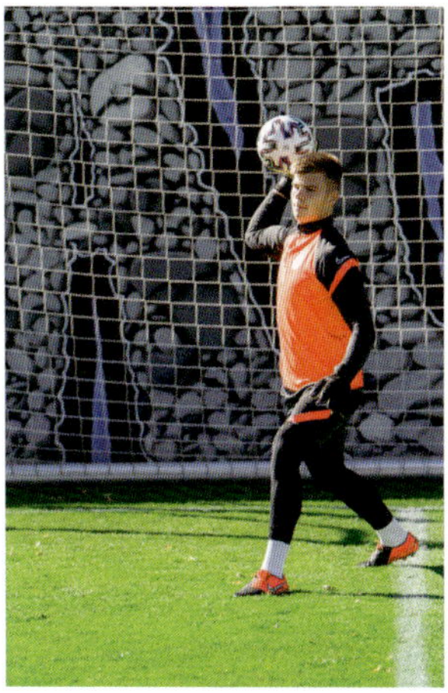

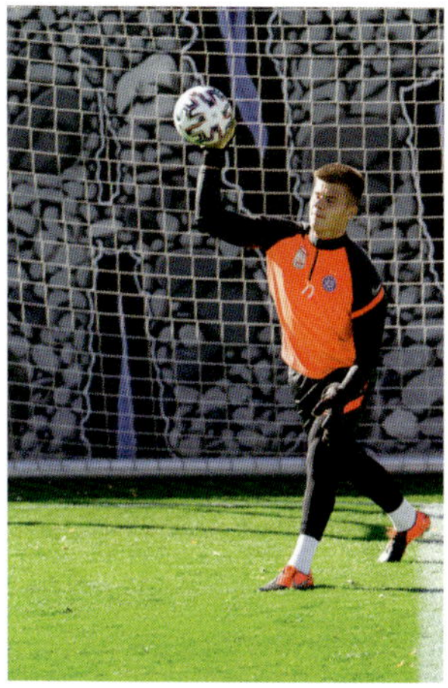

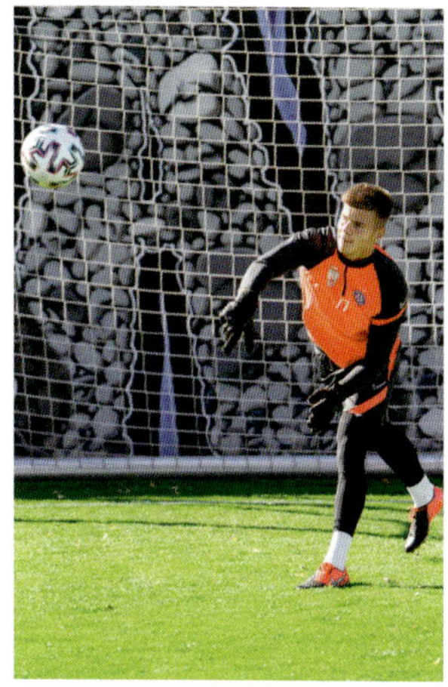

Coachingpunkte:

- Vororientierung (Wo sind meine Mitspieler?).
- Den Blick zum Ziel richten.
- Ausholbewegung mit dem Unterarm, der Oberarm ist waagerecht.
- Die Wurfbewegung wird mit Hüfte, Schulter und Ellbogen eingeleitet.
- Die aktive Hüftbewegung erhöht die mögliche Geschwindigkeit.
- Der zweite Arm dient zur Schwungunterstützung und Balance.
- Durch einen letzten Impuls mit Handfläche und Fingern den Ball beschleunigen (Peitschenbewegung).
- Den Arm durchschwingen nach dem Wurf des Balls für maximale Schärfe.
- Für eine Anschlussaktion vorbereitet sein.

4.2.2.5 Abwurf über Kopf (Schleuderwurf)

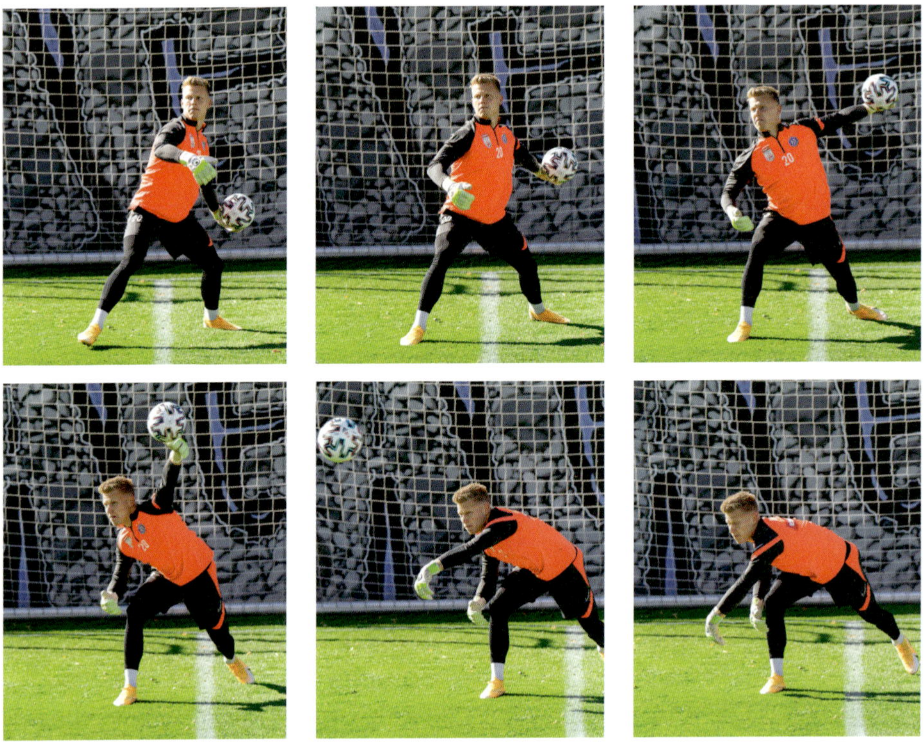

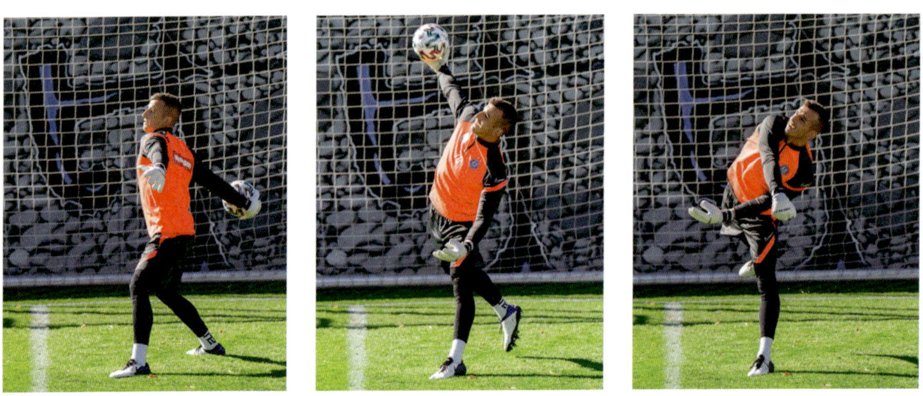

Coachingpunkte:

- Vororientierung (Wo sind meine Mitspieler?).
- Der Blick ist zum Ziel gerichtet.
- Ausholbewegung mit durchgestrecktem Arm.
- Die Wurfbewegung wird mit Hüfte und Schulter eingeleitet.
- Die aktive Hüftbewegung erhöht die mögliche Geschwindigkeit.
- Der zweite Arm dient zur Schwungunterstützung und Balance.
- Für einen optimalen Wurf wird der Arm mit gestrecktem Ellbogen bogenförmig seitlich über Kopf in Richtung Ziel vorbeigeführt (Coachinghinweis: Der Oberarm wird eng am Kopf vorbeigeführt).
- Durch einen letzten Impuls mit Handfläche und Fingern den Ball beschleunigen (Peitschenbewegung).
- Den Arm durchschwingen nach Wurf des Balls für maximale Schärfe.
- Für eine Anschlussaktion vorbereitet sein.

Einwurf

Eine Bewegung zur Strafraumgrenze maximiert den erreichbaren Zielpunkt auf dem Spielfeld bei allen Wurf- und Schusstechniken, um mehrere Linien überspielen zu können bzw. um im Optimalfall für schnelle Konter sogar hinter die gegnerische Abwehr zu kommen. Situativ kann auch eine schnelle Abwurf- oder Schussaktion von der aktuellen Position besser sein.

4.2.2.6 Abschlag aus der Hand, seitvolley

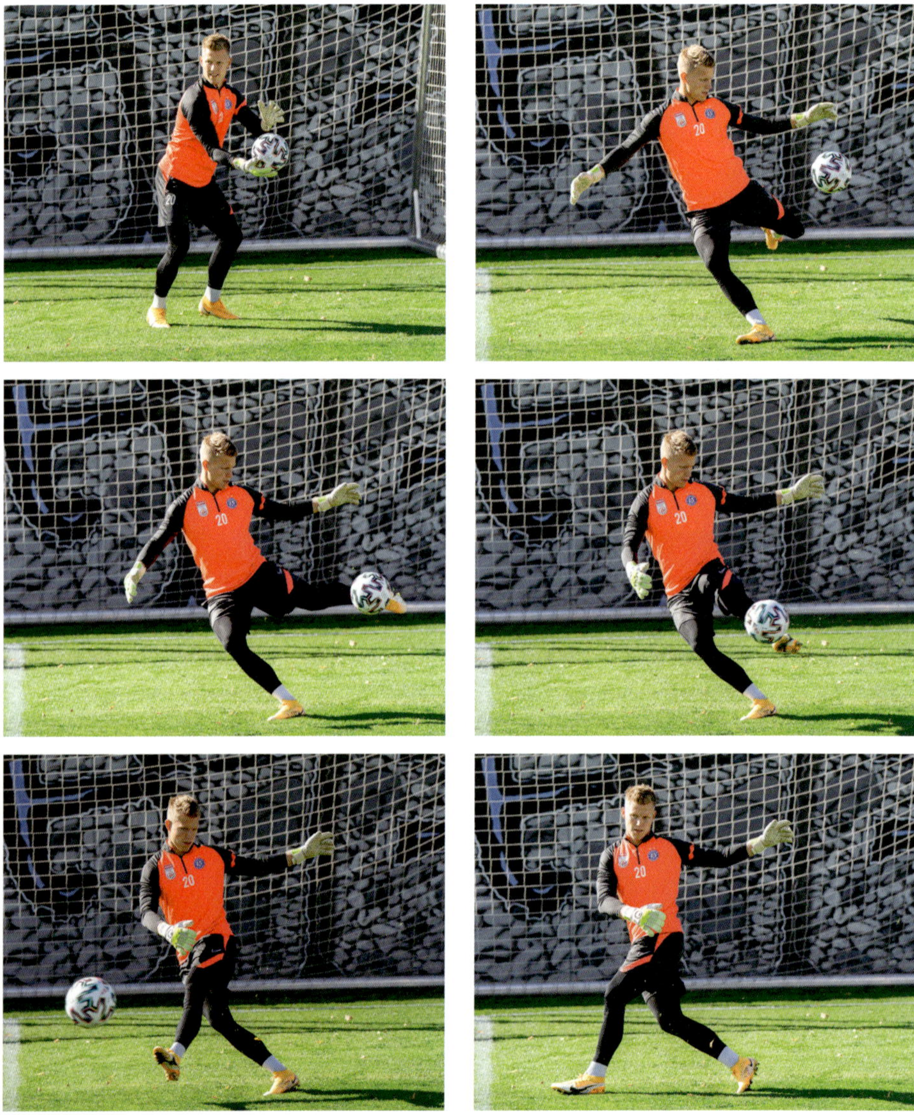

Coachingpunkte:

- Vororientierung (Wo sind meine Mitspieler?).
- Leichte Aufwurfbewegung mit der gegenüberliegenden Hand des Schussbeins.
- Gleichzeitig erfolgt ein etwas größerer Schritt auf den Standfuß – das leitet die Ausholbewegung des Schwungbeins ein.
- Der Oberkörper lenkt die Ziel- und Schussrichtung (die Brust zeigt zum Ziel).
- Das Bein explosiv beschleunigen.
- *Das Sprunggelenk ist maximal durchgestreckt.*
- *Der Treffpunkt des Balls ist knapp unter der Mitte.*
- Das Bein durchschwingen nach dem Treffen des Balls – für maximale Schärfe ist das Knie am Ende gestreckt.
- Für eine Anschlussaktion vorbereitet sein.

BEIDSEITIG TRAINIEREN

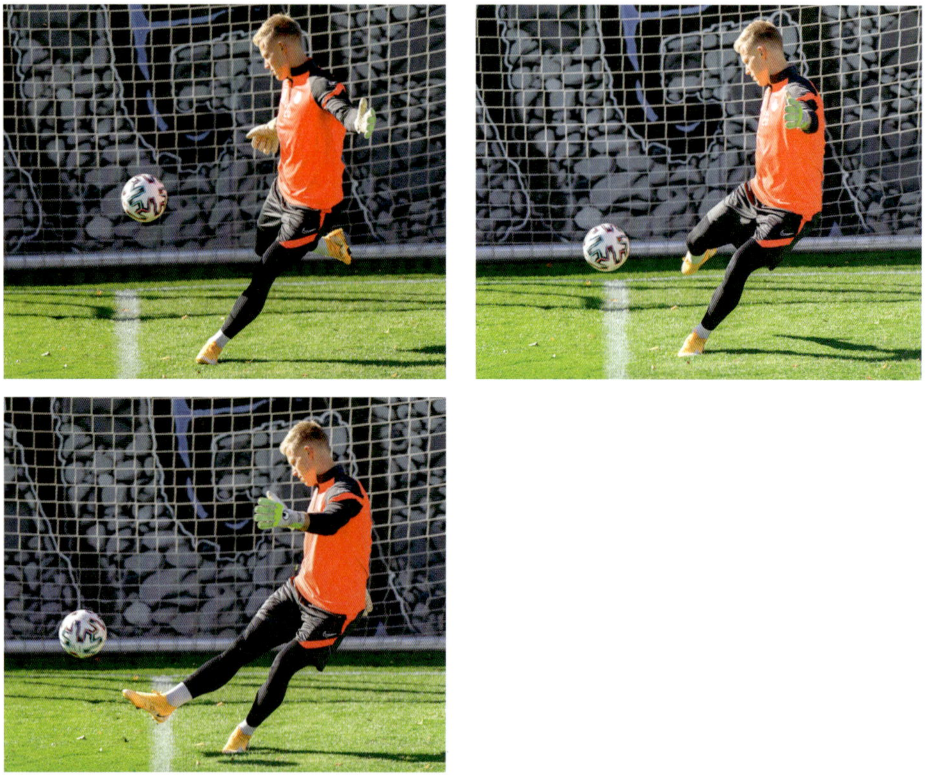

Für alle Offensivtechniken gilt es, beide Seiten zu trainieren. Sowohl beim Passspiel, beim Ausrollen und Auswerfen und auch bei Abschlägen aus der Hand. Vor allem Letzteres wird die Torhüter fordern. Im Spiel wird man nur in Ausnahmesituationen darauf zurückgreifen, aber allein aus koordinativen Aspekten integrieren wir immer auch die zweite Seite in das Training.

SEITLAGE – EINFLUSS AUF DIE FLUGBAHN

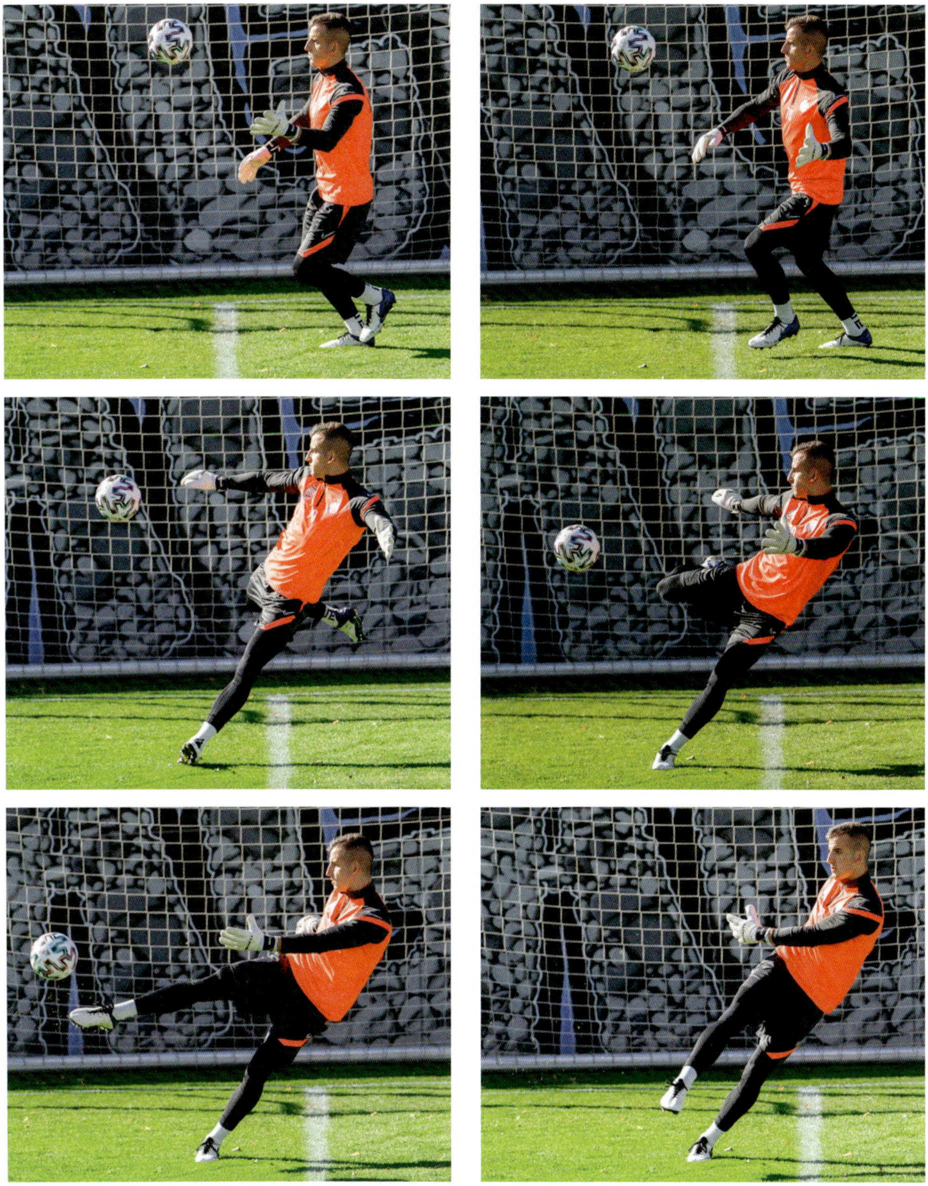

Je höher der Treffpunkt des Balls ist, desto flacher wird die Flugkurve. Ein höherer Treffpunkt wird mit einer stärkeren Seitlage erreicht. Besonders bei der Seitvolley-Variante ist aufgrund unterschiedlicher Körperkonstitutionen eine individuell optimale Technik zu entwickeln und kein „Idealbild" anzustreben.

4.2.2.7 Abschlag aus der Hand, Dropkick

Ähnlich wie beim Seitvolley ist auch beim Dropkick-Abschlag aus der Hand die Flugkurve flacher als bei der früher üblichen Volley-Variante. Im Vergleich zum Seitvolley ist der Dropkick deutlich einfacher in der Bewegungsausführung, allerdings ist der Untergrund ein kleiner Risikofaktor. Bei Unebenheiten kann der Ball etwas verspringen und so durch den versetzten Treffpunkt die Flugkurve abweichen.

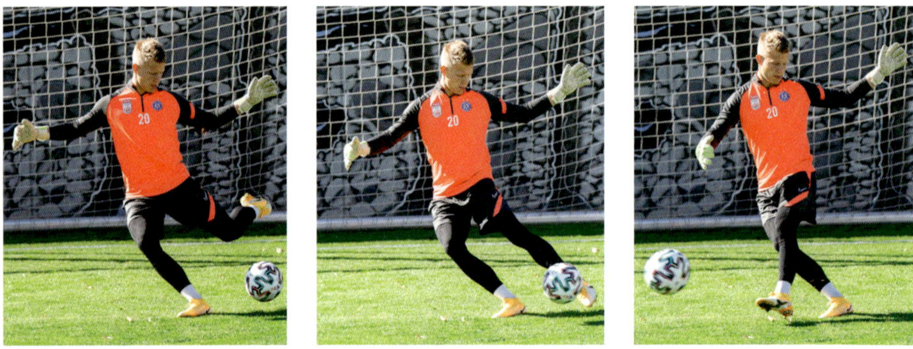

Detail Dropkick

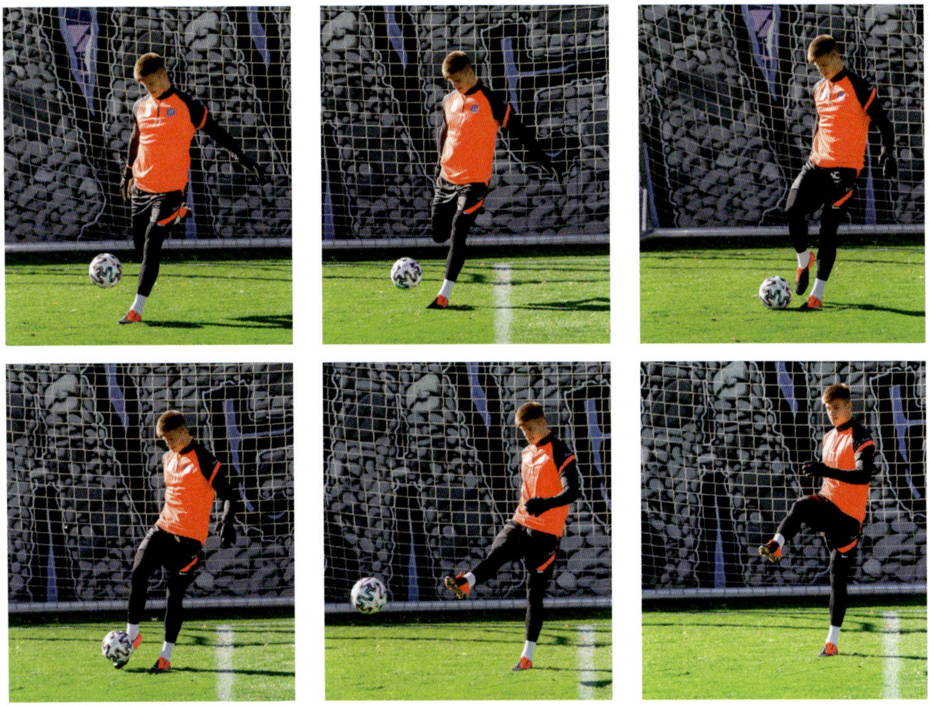

Coachingpunkte:

- Vororientierung (Wo sind meine Mitspieler?).
- Leichte Aufwurfbewegung mit der gegenüberliegenden Hand des Schussbeins oder den Ball mit beiden Händen vor dem Körper fallen lassen (etwas sicherer gegen Verspringen, dafür ist weniger Schwung möglich).
- Gleichzeitig erfolgt ein Schritt auf den Standfuß – das leitet die Ausholbewegung des Schwungbeins ein.
- Der Oberkörper lenkt die Ziel- und Schussrichtung (die Brust zeigt zum Ziel), die Neigung steuert die Höhe der Flugbahn.
- Das Bein explosiv beschleunigen.
- *Das Sprunggelenk ist maximal durchgestreckt.*
- *Der Treffpunkt des Balls ist zentral oder knapp unter der Mitte (beeinflusst die Flugbahn).*
- Das Bein durchschwingen nach dem Treffen des Balls – für maximale Schärfe ist das Knie am Ende gestreckt.
- Für eine Anschlussaktion vorbereitet sein.

4.2.2.8 Kopfball

Um hohe Bälle außerhalb des Strafraums zum Mitspieler zu befördern oder zu klären (tiefe Pässe hinter die Abwehr), ist auch die Kopfballtechnik für das Torhüterspiel mehr und mehr relevant geworden. Je höher die Abwehr und der Torhüter stehen, desto häufiger ist ein Zurückweichen in den Strafraum, um den Ball zu fangen, nicht mehr möglich und ein Kopfball nötig.

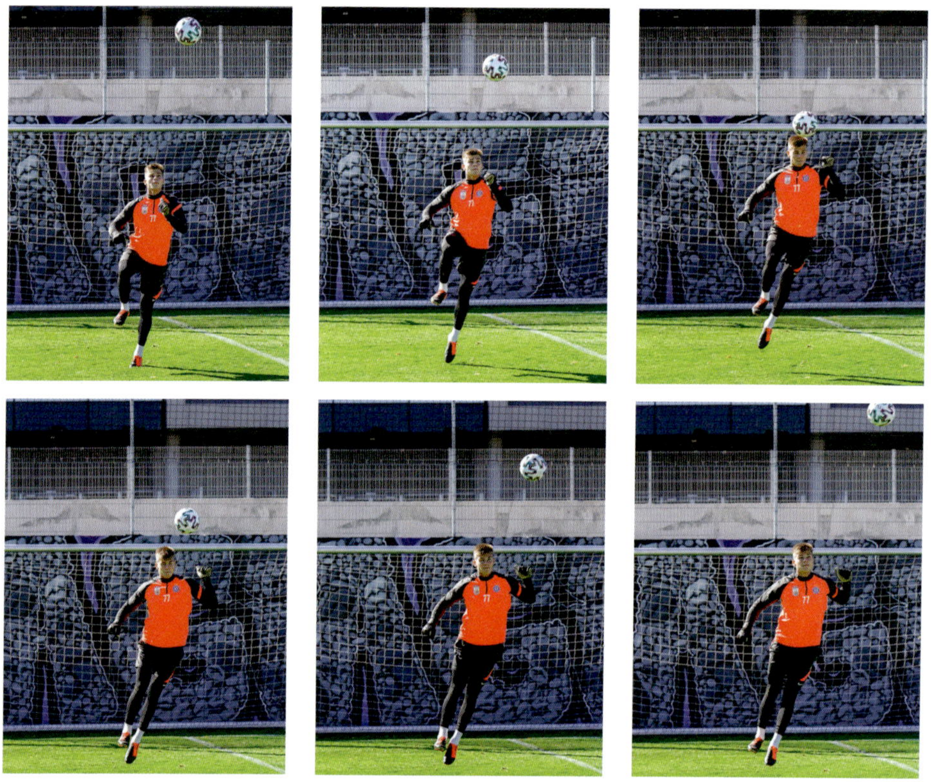

Coachingpunkte:

- Vororientierung (Wo sind meine Mitspieler?).
- Die Kopfballtechnik ist gleich wie bei Verteidigern.
- Flugkurve nach oben: Die Bälle weit aus der Gefahrenzone klären bzw. zum Mitspieler bringen, um Reboundbälle zu vermeiden.

4.3 Psychisches Training

Für jede der im Anforderungsprofil dargestellten trainierbaren psychischen Kompetenzen der beiden Kategoriegruppen **geistiges Training** sowie **Balance** beschreiben wir nachfolgend Möglichkeiten, diese isoliert oder im Torhütertraining am Platz zu trainieren. Ähnlich wie beim koordinativen Training ist es enorm wichtig, auf jeden Torhüter individuell einzugehen. Für die eigene Übungsentwicklung ist wiederum Kreativität gefragt.

Selbstvertrauen

Sich selbst vertrauen – so selbstverständlich das klingt, ist es doch nicht immer so einfach. Daher ist es wichtig, im Training immer für ausreichend Erfolgserlebnisse zu sorgen, um Vertrauen in die eigenen Fähigkeiten zu erlangen.

Um Entwicklung zu ermöglichen, müssen allerdings auch ausreichend Aktionen an bzw. über der Grenze des aktuellen Leistungsniveaus stattfinden. Auf das Verhältnis kommt es an. Ich persönlich habe mit einer Überforderung bei ca. einem Fünftel der Aktionen eine gute Erfahrung gemacht.

Pauschal kann diese Frage jedoch nicht beantwortet werden. Es gibt auch Torhüter, die fühlen sich damit zu wenig gefordert und andere verlieren an Selbstvertrauen. Eine offene und **wertschätzende Kommunikation** zwischen Torhüter und Trainer ermöglicht eine Annäherung ans individuelle Optimum.

Antizipation und Wahrnehmung

Fußball, und insbesondere das Torhüterspiel, ist sehr stark von Wahrnehmung abhängig, vor allem visuelle Reize definieren die Aktionen des Torhüters. Vor allem bei indirekter Gefahr spielt auch das periphere Sehen, also alles Sichtbare außerhalb des direkten Fokusbereichs, eine große Rolle. Sichtfeld und peripheres Sehen kann genauso trainiert werden wie Technik und Motorik, auf dem Spielfeld und abseits davon. Hier einige Beispiele:

- Spielsituationen im Training anhalten, die Augen schließen lassen und einzelne Spieler – in unserem Fall vor allem den Torhüter – die Situation beschreiben lassen.
    - Wo ist der Ball?
    - Wo sind meine Mitspieler?
    - Wo sind die Gegenspieler?
    - Welche Optionen hat der ballführende Spieler?
    - Welchen meiner Mitspieler kann ich mit Coaching in seinem Stellungsspiel helfen?
- Spielsituationen per Video abspielen, den Bildschirm ausschalten und das letzte sichtbare Bild beschreiben.

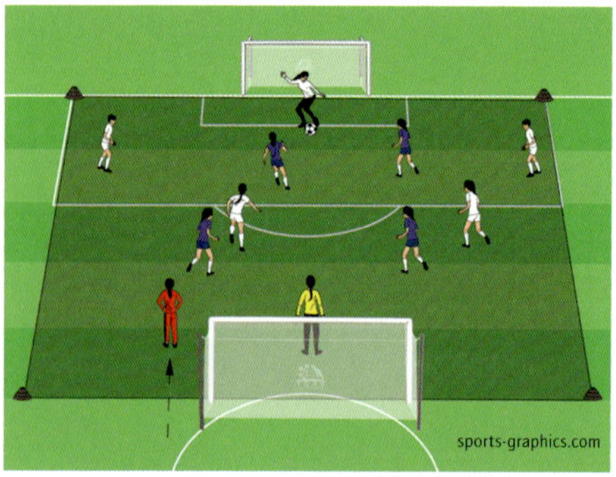

- In einer Spielform, während er auf das Spielgeschehen konzentriert ist und auch gefordert werden kann, aus einer Position hinter dem Torhüter seitlich in sein Blickfeld gehen, bis er mit einem vorher vereinbarten Kommando bestätigt, dass er die Person aus den Augenwinkeln wahrgenommen hat.
- Nutzen von speziellen Trainingsgeräten und virtuellen Möglichkeiten, z. B. in Laboren und Instituten bzw. bei Sportpsychologen.

Auch hier sind der Kreativität kaum Grenzen gesetzt. Achtung – dieses Training ist für unser Gehirn sehr intensiv, also dosiert einsetzen.

Die Informationsaufnahme ist aber nicht nur nach außen gerichtet. Auch die Wahrnehmung von Muskulatur, Körperposition, Gelenkwinkel, psychische Anspannung oder Nervosität, Anzeichen von Überlastung, Krankheit und vieles mehr kann die Leistungsfähigkeit beeinflussen. Übungen mit geschlossenen Augen können helfen, physische Parameter besser spüren zu lernen. Um sich selbst auch hinsichtlich psychischer Faktoren und dem Wohlbefinden besser wahrnehmen zu lernen, können meditative Techniken helfen.

Die erfolgreiche Basketballmannschaft der Chicago Bulls um Michael Jordan hat unter Trainer Phil Jackson in den Jahren der sechs NBA-Meistertitel Meditationssequenzen direkt in den Trainingsprozess integriert. Auch bei den fünf weiteren Titelgewinnen mit den Los Angeles Lakers griff der erfolgreichste Coach der NBA-Geschichte wieder auf diese Vorgehensweise zurück (Jackson, 2015).

Eine gute Antizipation, also ein Vorausahnen der nächsten Aktion, kann einen großen Vorteil für das Stellungsspiel und Abwehraktionen ermöglichen. Manche Spieler verwechseln Antizipation aber mit Pokern – dies kann zwar in einzelnen Aktionen erfolgreich sein, nachhaltig konstantes Torhüterspiel wird damit nicht erreicht. Auch hier geben wir wieder ein paar Beispiele für mögliche Trainingsmöglichkeiten:

- Die Spielsituationen per Video abspielen, anhalten und mögliche Fortsetzungen diskutieren.
- Die Spielsituationen im Training anhalten und mögliche Fortsetzungen diskutieren – dies kann auch im Anschluss an die oben beschriebene Trainingsform der Wahrnehmung mit geschlossenen Augen passieren.

- Aktives Coaching der Mitspieler hinsichtlich Spielfortsetzung (sowohl offensiv als auch defensiv) einfordern. **Achtung:** Dosiert einsetzen, um den Mitspielern nicht auf die Nerven zu gehen.

Zielsetzungstraining

Ziele haben nachweislich einen positiven Effekt auf das Durchhaltevermögen und die Trainingsmotivation von Spitzensportlern. Mittlerweile sehr bekannt ist das SMART-Modell, nach dem Ziele

- spezifisch,
- messbar,
- attraktiv,
- realistisch und
- terminlich definiert

formuliert werden sollen. Ziele in diesem Format auszuarbeiten, ist am Anfang gar nicht so leicht und braucht Übung als auch manchmal etwas externe Unterstützung.

Soziale Kompetenz und Führungskompetenz

Durch ihre Sonderstellung auf dem Feld haben die Torhüter oftmals auch im Mannschaftsgefüge eine besondere Position inne. Vor allem aber im Spiel soll der Torhüter eine Führungsrolle übernehmen. Da er der einzige Spieler ist, der das gesamte Spiel in seinem Blickfeld hat, kann er korrigieren und helfend eingreifen.

Dafür ist es nicht relevant, ob der Torhüter von seiner Persönlichkeitsstruktur eher introvertiert oder extrovertiert ist. Relevant ist lediglich, ob er die ihm zugedachte Rolle erfüllen bzw. erlernen kann. Hierfür ist eine klare Kommunikation und Unterstützung (auch vom Chef- oder Co-Trainer) hilfreich, damit er die Erwartungen auch kennt und in einer zu seiner eigenen Persönlichkeit passenden Form umsetzen kann.

Einwurf

Interessant ist in diesem Zusammenhang aus unserer Sicht, dass Eishockeytorhüter in der Wahrnehmung ihrer Mitspieler einen höheren Stellenwert zu genießen scheinen, als das im Fußball der Fall ist. Achte beim nächsten Eishockeyspiel darauf, wie die Spieler mit ihrem Schlussmann umgehen, ob auch in deiner Wahrnehmung ein Unterschied sichtbar ist.

Stressresistenz

Leistungssport, einerlei, auf welchem Niveau, bietet immer wieder Stresssituationen. Um die Torhüter auf das Stressniveau vorzubereiten, führen wir in ausgewählten Trainingseinheiten massive Überforderungen herbei.

Der entscheidende Lerneffekt tritt hier in einer gemeinsamen Analyse und Diskussion der Wahrnehmung der Stresssituation und in der Erarbeitung von Techniken, damit umzugehen, auf. Hier können die im übernächsten Punkt beschriebenen Aktivierungs- und Entspannungstechniken einen Lösungsansatz bieten.

Umfeldmanagement

Der Umgang mit Medien, polarisierender Kritik, Beleidigungen und ähnlichen äußeren Einflüssen kann am Platz kaum entwickelt oder verbessert werden. Jedoch wirkt er sich auf die Arbeit auf dem Platz aus. Daher sollte man hier bei Bedarf mit Profis zusammenarbeiten, um sich davon nicht am Erbringen von Höchstleistung im Training und Spiel abhalten zu lassen.

Optimaler Leistungszustand

Jeder Mensch hat einen Zustand, in dem er seine individuelle absolute Höchstleistung erbringen kann. In diesem optimalen Leistungszustand ist die Anspannung genauso hoch, dass die Sinne geschärft sind, aber niedrig genug, dass die Leistungsfähigkeit nicht gehemmt wird. Ein gewisses Maß an Nervosität hilft also dabei, an sein Leistungslimit zu kommen.

Die Anspannung neigt dazu, entweder nach oben oder nach unten aus diesem Top-Leistungs-Korridor abzuweichen. Mit verschiedenen Aktivierungs- oder Entspannungstechniken kann man das Aktivierungsniveau im optimalen Bereich halten. Möglichkeiten dazu sind:

- Atemtechniken,
- Elemente der progressiven Muskelentspannung nach Jacobsen,
- autogenes Training,
- Zielbilder,
- Selbstgespräche,
- Trigger, Anker und Rituale.
- . . .

Manche davon sind (zumindest teilweise oder in vereinfachter Form) auch direkt in einem Spiel umsetzbar. Besonders vor dem Spiel ist es wichtig, in diesen Zustand der optimalen Anspannung zu kommen. Auch hier ist die Herangehensweise sehr individuell zu wählen.

Bei manchen muss die Vorbereitung dazu bereits am Morgen nach dem Aufstehen passieren, bei anderen reicht der Zeitpunkt beim Umziehen in der Kabine oder vielleicht sogar erst mit dem Betreten des Platzes.

Wiederkehrende Rituale sind für viele Spieler dabei eine große Hilfe, diese sollten aber immer so gewählt werden, dass sie von äußeren Einflüssen unabhängig durchgeführt werden können.

All diese Techniken helfen auch bei den Themen **Konzentrationsregulation** und **Ereignisverarbeitung**.

Sowohl positive als auch negative Ereignisse während eines Spiels oder aber auch außerhalb können einen aus der Bahn werfen. Sehr oft spielen dabei Emotionen eine Rolle.

- Wie schafft es der Torhüter, trotz eines Fehlers, in der nächsten Aktion wieder ohne Ablenkung auf seine Aktion konzentriert zu sein?
- Wie kann er seine Gedanken beeinflussen?

Gedankensteuerung

Alle psychischen Kompetenzen unterliegen einer starken Interaktion und gegenseitigen Beeinflussung. Der Gedankensteuerung wird in diesem Zusammenhang allerdings eine führende Rolle zugeschrieben.

Die eigenen Gedanken lassen sich durch folgende Techniken beeinflussen – alle diese sind erlernbar. Jedoch funktionieren nicht alle bei jeder Person gleich gut, daher sollten Torhüter mehrere psychische Werkzeuge kennenlernen, um dann das oder die für sie passende(n) auszuwählen und weiterzuentwickeln.

- Selbstgespräche,
- Reframing (Umdeutung des Erlebten),
- Visualisierung,
- Zielbilder und Mantras,
- Aktivierungs- und Entspannungstechniken,
- paradoxe Intervention.

Zusätzliche Themen außerhalb der beiden Kategoriegruppen, die wir für diese Kapitel noch ergänzen wollen.

Unerwartete Situationen erzeugen

Wir wollen unsere Torhüter durch überraschende Aktionen auf die Möglichkeit von unvorhersehbaren Ereignissen im Spiel vorbereiten. Im nächsten Kapitel sind Varianten beschrieben, wie wir das in unser Training einbauen.

Freude am Fußball

Möglicherweise ist dieser unscheinbare Unterpunkt gegen Ende dieses Buchs der allerwichtigste Inhalt: Die Freude am Fußballspielen bringt Kinder dazu, sich einem organisierten Training in einem Verein anzuschließen, um sich weiterzuentwickeln. Und bei allem Ehrgeiz von Sportler und Trainer sollten wir diesen Aspekt immer mit einfließen lassen. Denn er wird dazu führen, dass der Torhüter im wahrsten Sinne des Wortes am Ball bleibt.

4.4 Anwendungsbeispiele für das Torhütertraining

In diesem Kapitel zeigen wir zum Abschluss noch einige Variationen und Beispiele aus unseren Trainingseinheiten. Diese sollen als Anregungen dienen. Wir wissen, wie viele Gedanken sich die meisten Torhütertrainer machen und wie detailliert sie sich für das Training vorbereiten.

Uns geht es in diesem Buch nicht darum, möglichst viele unterschiedliche Trainingsübungen zu zeigen (hier existiert bereits ausreichend Material), sondern welche **Trainingsinhalte warum wichtig sind und wie man diese adaptieren kann**.

ZONEN

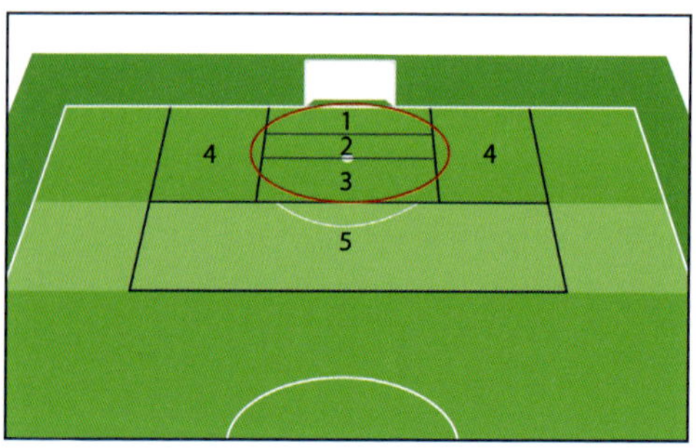

Abb. 40: Spielfeldeinteilung für die Zuordnung der Entstehung von Toren (siehe Abb. 13)

Im Training einer situativen Anwendung sollen Torschüsse in erster Linie aus den Zonen 1 bis 3 erfolgen. Das Ziel der Schüsse sollte sich außerdem an der Häufigkeit der Tore in den jeweiligen Bereichen orientieren, was bedeutet, dass die meisten Bälle in der Zone C3 geschossen werden sollen.

	C	B	A	B	C	
2	5 %	3 %	0 %	1 %	6 %	15 %
1	8 %	8 %	4 %	5 %	5 %	29 %
3	18 %	7 %	8 %	9 %	14 %	56 %

Abb. 41: Zielzonen der erzielten Treffer

UNERWARTETES 1 GEGEN 1

Wir empfehlen, 1-gegen-1-Situationen im Training immer wieder – auch überraschend – zu provozieren. Zum Beispiel bei einer Schussübung oder zwischen zwei Übungen plötzlich ein Dribbling starten. Durch solche Überraschungsmomente wird gleichzeitig auch die Aufmerksamkeit und eine schnelle Aktivierung geschult (siehe Kap. 4.3).

UNERWARTETE AKTIONEN

Ins Training immer Überraschungen einbauen, um die Aufmerksamkeit für Unerwartetes hochzuhalten. Zum Beispiel bewusst woandershin schießen, als zuvor angesagt, einen leichten Ball in die Tiefe spielen zum Entgegensprinten oder nach dem Ende der Übung oder in einer Pause überraschend einen Ball auf den Torhüter schießen (unmittelbar davor kurz rufen).

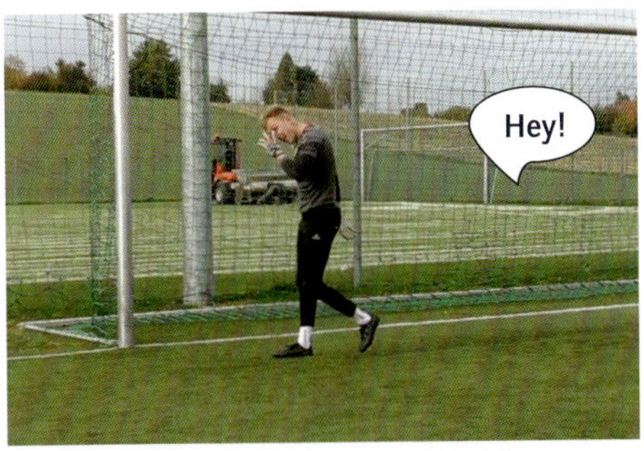

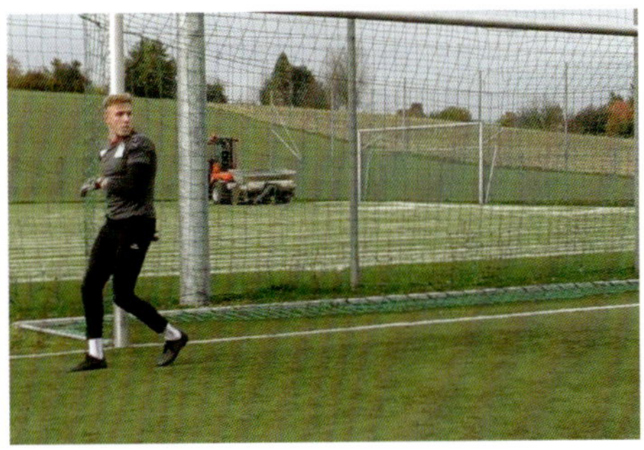

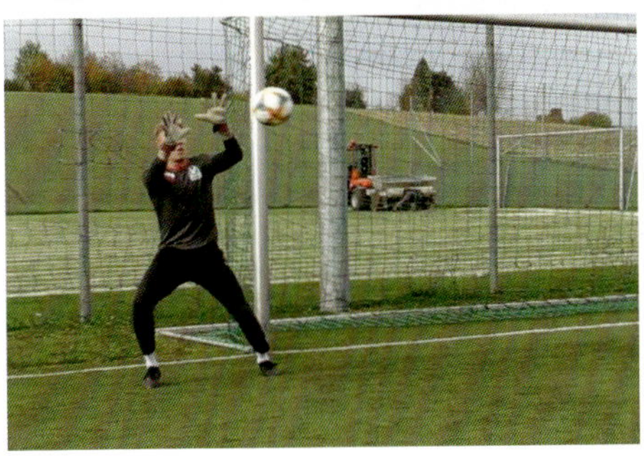

VERSCHIEDENE SCHUSSARTEN – DIE GLEICHE TECHNIK

Bälle, die mit unterschiedlichen Schussarten (ruhender Ball, Volley, Aufsitzer) auf die gleiche Position des Tors geschossen werden, können zwar grundsätzlich mit der gleichen Technik hinsichtlich Ballangriff und -zugriff verarbeitet werden, dennoch sind feine Anpassungen in der Bewegungsausführung nötig. Mit diesen feinen Variationen ist differenzielles Lernen auch auf höchstem Niveau noch möglich.

Ruhender Ball

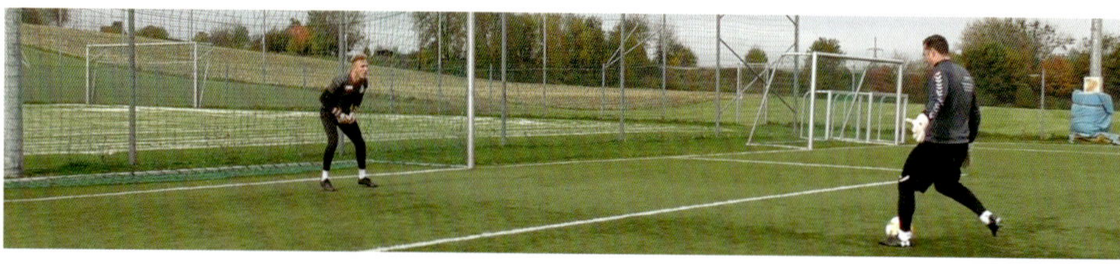

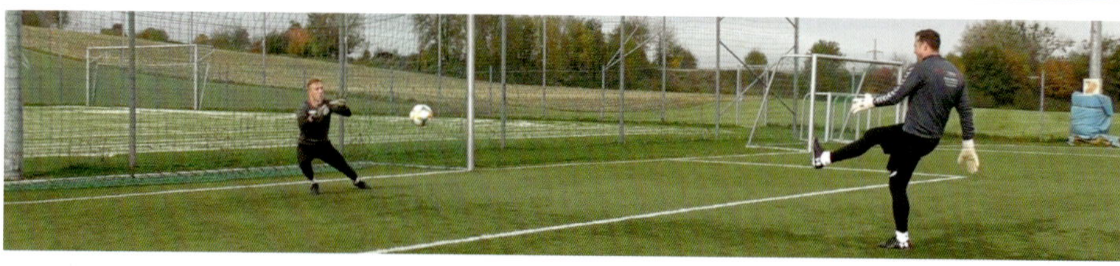

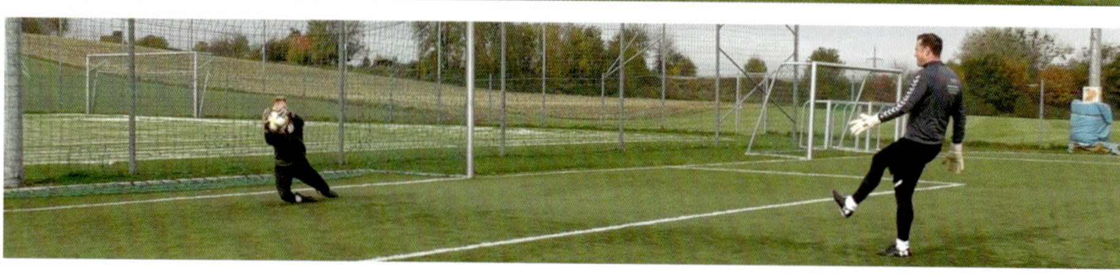

Volley

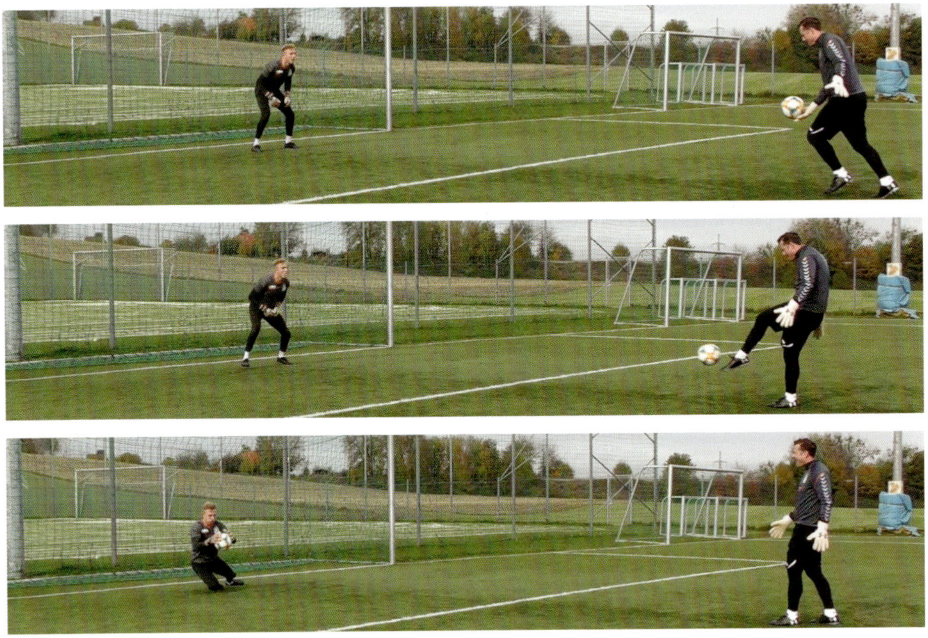

Aufsitzer

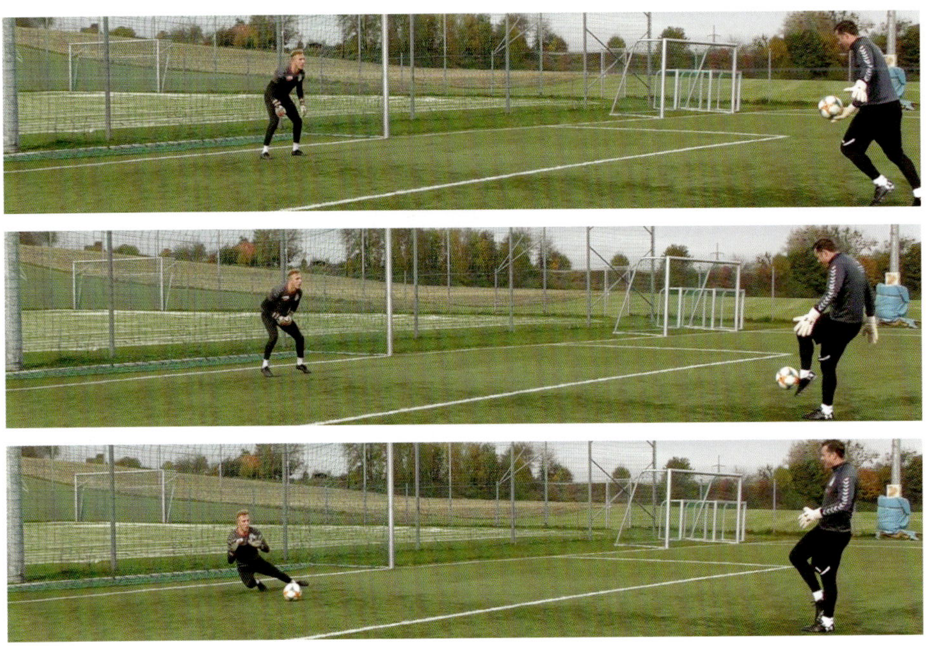

DAS NACHGEHEN IMMER EINFORDERN

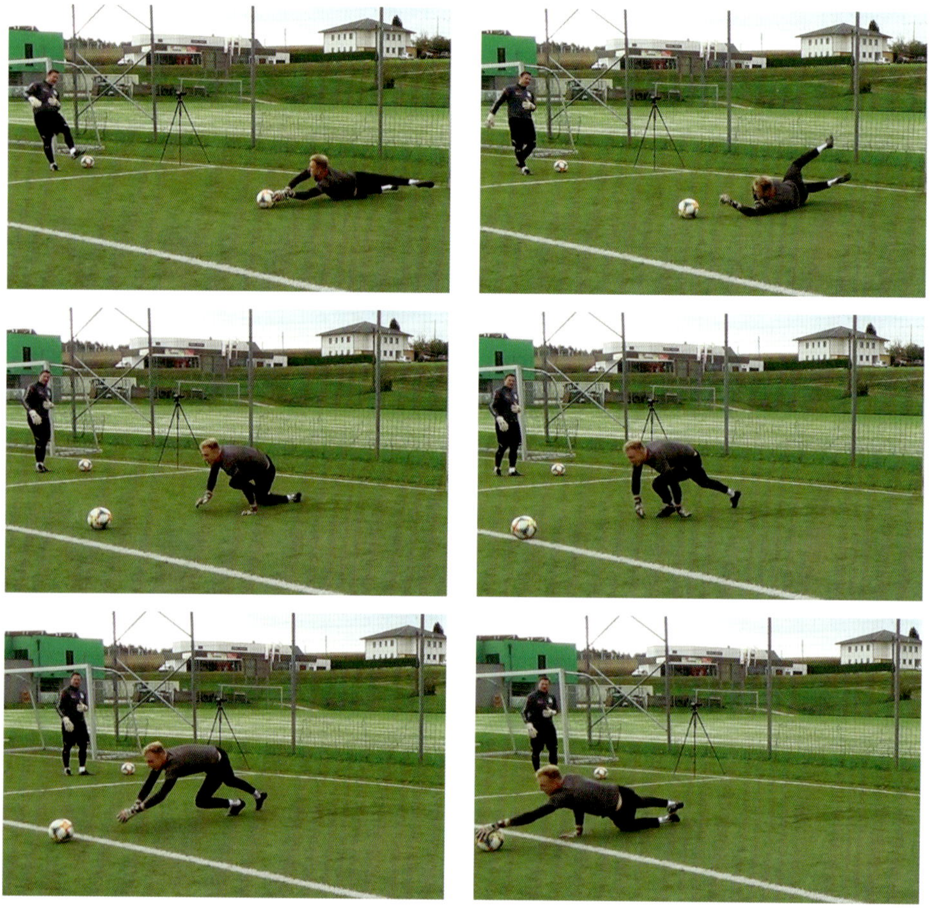

Wie im Spiel: Bei einem wegspringenden Ball immer verlangen, dass der Ball schnellstmöglich wieder unter Kontrolle gebracht wird.

BEISPIEL FÜR EINEN WOCHENPLAN

FK AUSTRIA WIEN - TORHÜTERTRAININGSPLAN 20/21 — KW 43

TEAM	MONTAG	DIENSTAG	MITTWOCH	DONNERSTAG	FREITAG	SAMSTAG	SONNTAG
Schwerpunkte KM	KOO + THTE, Fuß TE	Sportmotorisch isoliert/K,SK,:	Reaktion, 1 gegen 1, Kognitio	Indir. Gefahren + Offensivakt	Abschlusstraining	THTE	
TE/TA-Schwerpunkt		Spielform klein	Spielform TA Def.	Spielform TA Off.	Standard Off./Def.	MS Spieltag KM	
KM		10:00 - 11:00	10:00 - 11:00			10:15 - 11:00	
	15:00 - 11:00	15:00 - 16:00		15:00 - 16:00	15:00 - 16:00	RBS (H) 17:00	
Schwerpunkte YV	KOO + THTE	Sportmot., Reaktion, Kognitio	Indir. Gefahren + Offensivakt	Abschlusstraining	THTE, Standard Off./Def.	THTE	THTE/Regeneration
TE/TA-Schwerpunkt		TA Off./Def.	Abschlüsse a. d.Formation	Spielform TA Off.	MS Spieltag YV	Spielersatz TR	
YV	09:00 - 10:00 KK	09:00 - 10:00 TEAM		09:00 - 10:00	10:00 - 11:00 TEAM	09:30 - 11:00	09:30 - 11:00
	17:30 - 18:30		17:30 - 18:30		Lustenau (H) 18:30		
Schwerpunkte YV	KOO + THTE	KOO + THTE	Indir. Gefahren + Offensivakt	Indir. Gefahren + Offensivakt	THTE, Standard Off./Def.	THTE	THTE/Regeneration
TE/TA-Schwerpunkt		TA Off./Def.	Abschlüsse aus der Formation		Spielform TA Off.	Spielersatz TR	MS Spieltag ♀
KM ♀							MS Spiel 11:00
		17:45 - 18:45	19:00 - 20:00		17:45 - 19:15		
AKA ♀	09:00 - 10:00			09:00 - 10:00			
							MS Spiel 15:00
Schwerpunkte AKA	KOO + THTE	Sportmot., Reaktion, Kognitio	Reaktion, 1 gegen 1	Indir. Gefahren + Offensivakt	Abschlusstraining, THTE		
TE/TA-Schwerpunkt			Spielform TA U16/18		Standard Off./Def.	MS Spieltag AKA	Regeneration
AKA U18		09:00 - 10:00		08:30 - 09:30			
	17:15 - 18:15 KK		17:30 - 18:30		17:30 - 18:30	AKA Sturm Graz (A) 16:00	
AKA U16		09:00 - 10:00		09:15 - 10:15			
	17:30 - 18:30 TEAM		17:30 - 18:30		17:30 - 18:30	AKA Sturm Graz (A) 14:00	
AKA U15		09:00 - 10:00 KK		09:00 - 10:00			
	17:30 - 18:30 TEAM		17:30 - 18:30		17:30 - 18:30	AKA Sturm Graz (A) 14:00	
Schwerpunkte U13/14		KOO + THTE (Spieltag NW)	Fuß TE, 1 gegen 1	Indir. Gefahren + Offensivakt		Spieltag NW	
U14		SK Rapid (H) 17:30		16:30 - 17:30			
U13		16:30 -17:30	16:30 - 18:00	16:30 - 17:30		SK Rapid (H) 14:30	
U12			16:30 - 18:00 Haidestraße			SK Rapid (H) 13:00	
U11			16:30 - 18:00 Haidestraße			SK Rapid (H) 13:00	
U10			16:30 - 18:00 Haidestraße	TORHÜTERSCHULE		SK Rapid (H) 11:30	
U9			16:30 - 18:00 Haidestraße	17:30 - 19:00		SK Rapid (H) 11:30	

Auswahl TE/TA für Wochen-/Monatsschwerpunkt

THTE Fang- und Ablenktechnik
Grundstellung/Bewegung zum Ball
1:1 Situationen
Flanken/Fang-/Fausttechnik

Indirekte Gefahren Steilpass/1:1 Dribbling
Stanglpass
Flanken

Fuß TE Passformen
flach und hoch
Ausschuß TE

TAKTIK
Team
OFF./DEF.
TH individuell

Kognition Wahrnehmung/Antizipation
Inhibition
Kognitive Flexibilität
Stress-/Fehlerresistenz

Athletik Grundlagenausdauer
Koordination
Beweglichkeit
Kraft
Schnelligkeit
Schnellkraft

TRAININGSPLAN BEISPIEL

Training
FK Austria Wien

Zeit: 10:30:00 - 12:20:00	Dauer: 85 min	Sonntag, Mai 31, 2020
Trainingsziel: TW TE ABC Indirekte Gefahren, Faustabwehrtechniken	Intensität: Mittel	Ort:

Trainer: Franz Gruber

NOTIZ ZUM TRAINING

ZEITPLAN

3 KOO mit Hurdles	15 Min
3 TW-TE ABC Flanken meth. Aufbau	15 Min
3 TW-TE ABC Faustabwehrtechniken	15 Min
3 TW-TE ABC Indirekte Gefahren mit Offensivaktion	20 Min
3 Ablenken von Überkopfbälle in der Rückwärtsbewegung (seitlich)	20 Min

Zeit: 10:30:00 - 12:20:00
Trainingsziel: TW TE ABC Indirekte Gefahren, Faustabwehrtechniken

Dauer: 85 min
Intensität: Mittel

Sonntag, Mai 31, 2020
Ort:

Anhänge

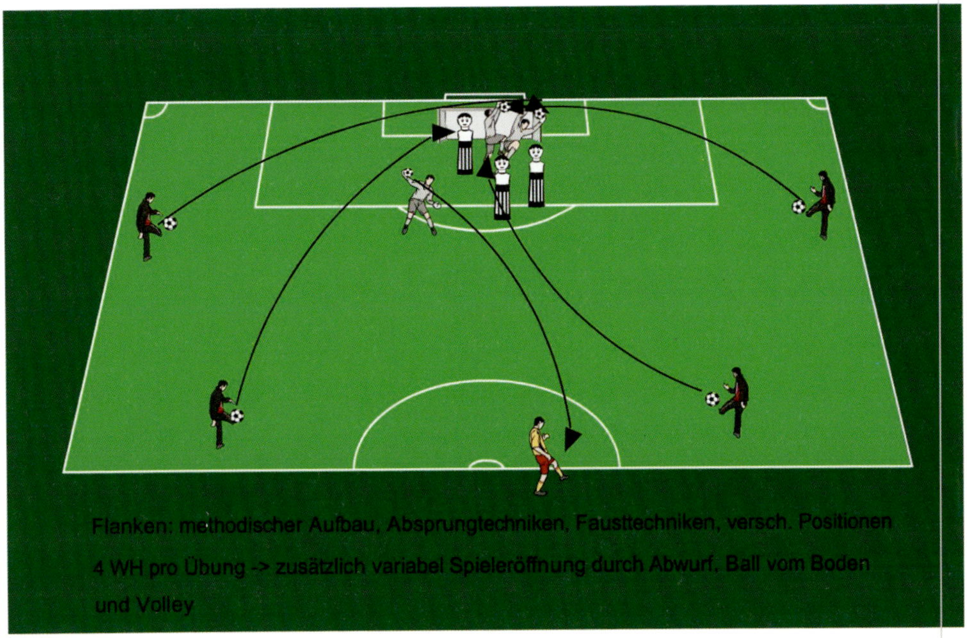

TW-TE ABC Faustabwehrtechniken 15 Min

Wiederholungen:
6x

Dauer:
Sek

Beschreibung

Teilnehmer (3):
Mirko Kos, Mathias Gindl, Patrick Pentz

Fähigkeiten

Zeit: 10:30:00 - 12:20:00 | Dauer: 85 min | Sonntag, Mai 31, 2020

Trainingsziel: TW TE ABC Indirekte Gefahren, Faustabwehrtechniken | Intensität: Mittel | Ort:

Anhänge

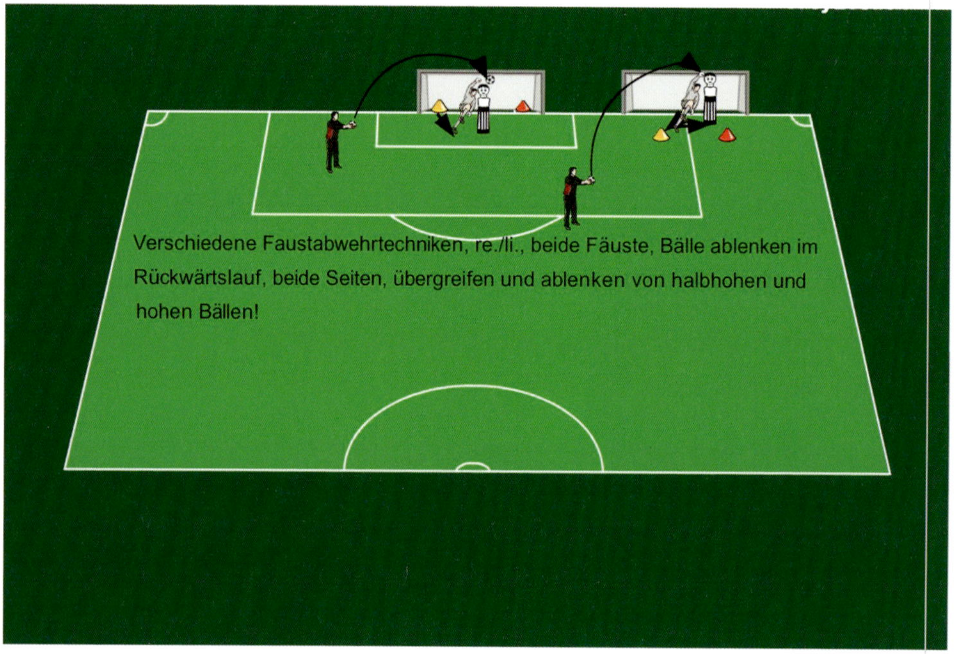

TW-TE ABC Indirekte Gefahren mit Offensivaktion 20 Min

Wiederholungen:
8x

Dauer:
Sek

Beschreibung

Teilnehmer (3):
Mirko Kos, Mathias Gindl, Patrick Pentz

Fähigkeiten

Zeit: 10:30:00 - 12:20:00	Dauer: 85 min	Sonntag, Mai 31, 2020
Trainingsziel: TW TE ABC Indirekte Gefahren, Faustabwehrtechniken	Intensität: Mittel	Ort:

Anhänge

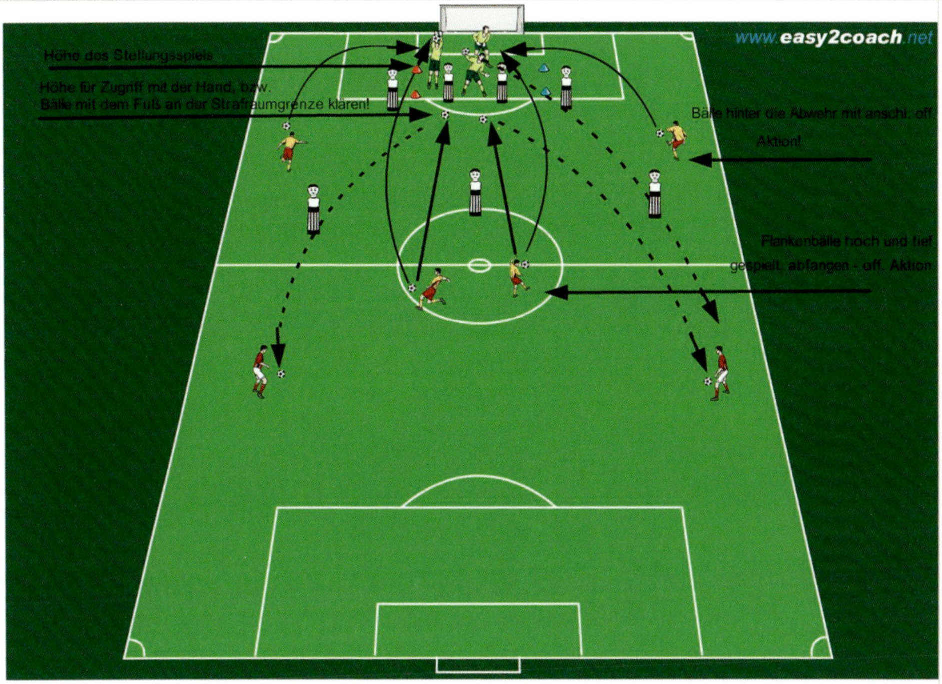

Ablenken von Überkopfbälle in der Rückwärtsbewegung (seitlich) 20 Min

Wiederholungen:
x

Dauer:
Sek

Beschreibung

Teilnehmer (3):
Mirko Kos, Mathias Gindl, Patrick Pentz

Fähigkeiten

ANHÄNGE

Abb. 42-47: Auszüge aus der Trainingsplanung von Franz Gruber

4.4.1 Adaption von Übungen

Unser Torhütertraining ermöglicht es, die Schwerpunkte aus dem Anforderungsprofil unterschiedlich zu setzen und gegebenenfalls wie in einem Baukastensystem miteinander zu kombinieren. Durch Variationen einer Basisübung können wir unterschiedliche Schwerpunkte setzen und an das Niveau des Torhüters anpassen. Nachfolgend zeigen wir Möglichkeiten, mit welchen Parametern Übungen verändert werden können:

Technikerwerb, isoliert
Technikerwerb mit Dummy
Spielnahes Training mit Dummy
Spielnahes Training mit Gegenspieler
Spielformen
Spiel

- Schärfe
  - Werfen
  - Schießen
    → Das schult den Ballzugriff und die Geschwindigkeit des Ballangriffs.
- Schussart
  - Ruhender Ball
  - Kurz angetippt
  - Direkt nach Zuspiel
  - Volley
  - Halbvolley
  - Dropkick
  - Aufsetzer
  - Variation des Schussbeins
    → Das schult die situative Anwendung von Ballangriff und -zugriff.
- Distanz
  - Vom Schützen
    → schult Reaktion.
  - Zum Ballzugriff
    → schult Ballangriff.

- Mehrfachaktionen
  - Zeit
  - Distanz
    → Das schult die Geschwindigkeit im Ballangriff.
  - Eine vorgeschaltete Bewegung
    → Das schult zusätzlich Orientierungsfähigkeit und Stellungsspiel.
- Sichtbehinderung
  - Dummy
  - Gegenspieler
  - Sonstige Sichtblockaden
    → Das schult Reaktion, Wahrnehmung und Antizipation sowie Orientierungsfähigkeit.
- Körperkontakt
  - Dummy
  - Gegenspieler ohne Körperkontakt
  - Gegenspieler mit Körperkontakt
  - Anzahl der Gegenspieler
    → Das schult Stabilität, Wahrnehmung und den situativ variablen Ballangriff und -zugriff.
- Abgefälschte Bälle
  → Das schult Reaktion, Wahrnehmung, Antizipation und den situativ variablen Ballangriff und -zugriff.
- Kognitive Zusatzübungen
  - Kommandos mit Farben, Zeichen, . . .
  - Rechnen, Fragen beantworten
    → Das schult Automatismen (Bewegungsablauf im Unterbewusstsein), Wahrnehmung, Fokus trotz Ablenkung.

5 LEITSÄTZE FÜR UNSER TORHÜTERSPIEL

- Ich nehme stets eine optimale Position auf dem Spielfeld ein, um dadurch aktiv zu agieren.
- Ich gehe aktiv zum Ball und versuche, ihn möglichst früh zu fangen.
- Ich bin immer im Spiel und rechtzeitig bereit, meiner Mannschaft zu helfen.
- Ich reagiere rasch auf unerwartete Ereignisse.
- Ich konzentriere mich auf die wesentlichen Komponenten meines Torhüterspiels.
- Wenn es die Situation zulässt, habe ich immer beide Hände am Ball.
- Ich gehe mit einer positiven Einstellung ins Spiel und Training.

Zusammenfassung: Leitsätze für unser Torhüterspiel

- Agieren vor Reagieren.
- Den Ball so früh wie möglich erreichen.
- Immer im Spiel sein.
- Rechtzeitig bereit sein (Grundstellung).
- Mit allem rechnen.
- Fokus auf das Wesentliche.
- Beide Hände am Ball.
- Freude am Spiel.

ANHANG

1 Danksagung

Viele Personen haben, bewusst oder unbewusst, zum Erscheinen dieses Buchs beigetragen. Stellvertretend dafür gebührt unser Dank im Speziellen:

- Den Vereinen FK Austria Wien und SV Guntamatic Ried für die Möglichkeit, als Trainer tätig zu sein und die Unterstützung hinsichtlich der Benutzung von Trainingsstätten und Utensilien sowie die Freigabe von verwendeten Dateien und Fotos.
- Peter Stöger für sein Vorwort und seine Anregungen.
- Irene Fuhrmann und Thorsten Fink für Ihr Vorwort und die Unterstützung dieses Buch-Projekts.
- Amelie Kandlhofer, Patrick Pentz, Mirko Kos, Mathias Gindl und Felix Wimmer für ihre Bereitschaft, für die Fotos und Videos zu diesem Buch mitzuwirken.
- Heinz Köhler für die hochwertigen Fotos und Videos, seine Begeisterung für Fußball und für dieses Buchprojekt.
- Vlado Cvjetkovic, der als langjähriger Torhütertrainer des SV Ried die Begeisterung für das Torhüterspiel und die detaillierte technische Ausbildung bei mir geweckt hat.
- Univ.-Prof. Mag. Dr. Günter Amesberger von der Universität Salzburg für seine fachliche Expertise und die Betreuung meiner Bachelor- und Masterarbeit.
- Dem Meyer & Meyer Verlag für das Verlegen des Buchs und die vielen konstruktiven Diskussionen.
- Unseren Eltern für alles, und dass in unserer Kindheit immer Platz für Sport war.
- Unseren Familien für ihre Unterstützung und ihr Verständnis für unsere Fußballverrücktheit.
- Allen Lesern dieses Buchs für ihr Interesse am Torhüterspiel und dieser Arbeit im Speziellen.

2 Steckbriefe der Torhüter

PATRICK PENTZ

Steckbrief

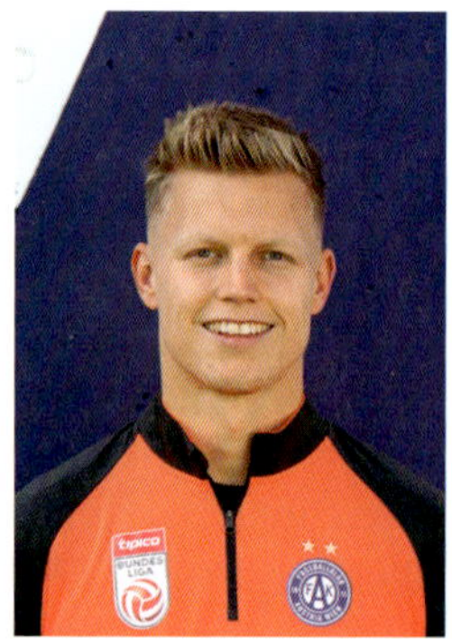

Geburtstag: 2. Januar 1997

Geburtsort: Österreich

Größe: 183 cm

Vereine:

2003-2006	SV Bürmoos
2006-2013	FC Red Bull Salzburg
2013-	FK Austria Wien

Nationalmannschaft:

2013	Österreich U17
2014-2015	Österreich U18
2018-2019	Österreich U21

Auszeichnungen:

Saison 2020/21 zum Besten Torhüter der Österreichischen Bundesliga gewählt

MIRKO KOS

Steckbrief

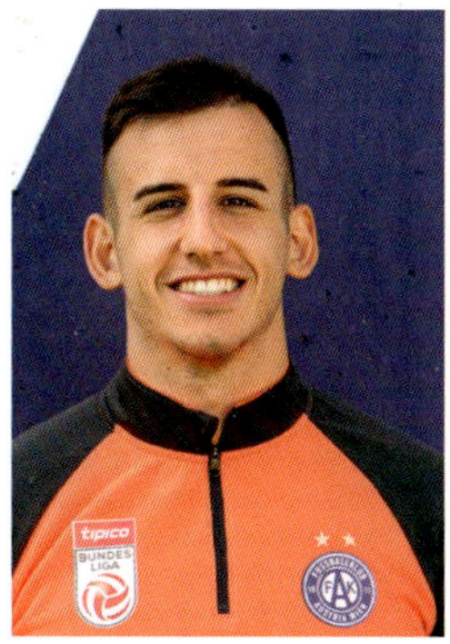

Geburtstag: 12. April 1997

Geburtsort: Österreich

Größe: 183 cm

Vereine:

2003-2009	ESV Mürzzuschlag
2009-2012	Kapfenberger SV
2012-	FK Austria Wien

MATHIAS GINDL

Steckbrief

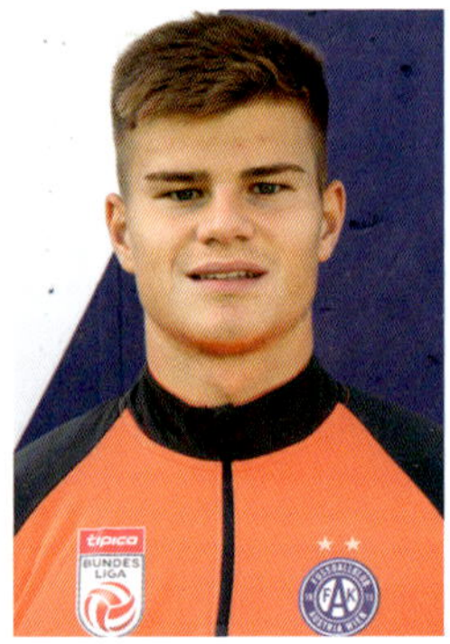

Geburtstag: 20. April 2000

Geburtsort: Österreich

Größe: 183 cm

Vereine:

2007-2013	SV Bad Pirawarth
2013-2014	SC Prottes
2014-2018	AKA St. Pölten
2018-	FK Austria Wien II

FELIX RUDOLF WIMMER

Steckbrief

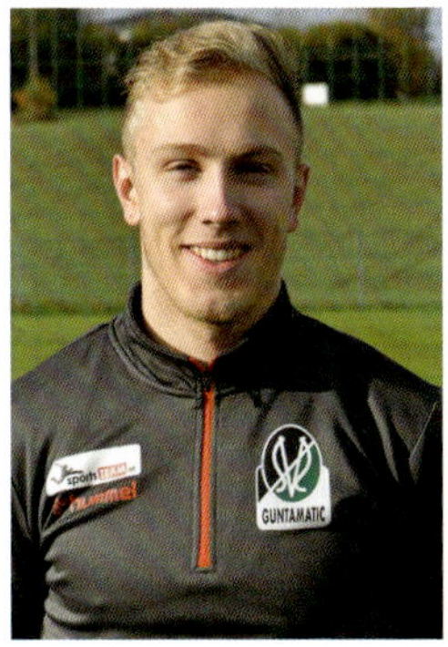

Geburtstag: 17. August 1998

Geburtsort: Österreich

Größe: 183 cm

Vereine:

2004-2009	SK Altheim
2009-2010	SV Ried
2010-2011	SV Palting
2011-2015	SV Ried
2015-2017	SK Altheim
2017-	Union Gurten

Nationalmannschaft:

2012-2013	Österreich U15
2013-2014	Österreich U16

3 Literaturliste und Empfehlungen für weiterführende Literatur zum Thema Torhüter

Literaturempfehlungen

Coyle, D. (2009). *The talent code. Greatness isn't born. It's grown. Here's how.* Random House Publishing Group.

Kahn, O. (2008). *Ich. Erfolg kommt von innen.* Riva Premium Verlag, München.

Leese, L. & Reng, R. (2002). *Der Traumhüter. Die unglaubliche Geschichte eines Torwarts.* Kiepenheuer & Witsch.

Leitert, H. (2007). *Die Kunst des Torwartspiels oder Die sieben Prinzipien der Meister.* Münster: Verlagshaus Monsenstein und Vannerdat OHG.

Literaturliste

Hoek, F. (1990). *Torwarttraining.* Berlin: BLV Verlag.

Jackson, P. (2015). *Eleven rings.* Virgin Books, London. .

Krebs, S. (2008). *Anforderungsprofil des Torwarts im Hochleistungsfußball.* Deutsche Sporthochschule Köln: Diplomarbeit.

Leitert, H. (1998). *Der Fußballtormann. Leistrungsstrukturmodell – Oberflächenstruktur – Tiefenstruktur – Anforderungsprofil.* Universität Wien: Diplomarbeit.

Maier, S. (1980) *Ich bin doch kein Tor.* Hoffmann und Campe, Hamburg.

Martin, D., Carl, K. & Lehnertz, K. (1991). *Handbuch Trainingslehre.* Schorndorf: Hofmann.

Rechner, M. & Memmert, D. (2010). *Das technisch-taktische Anforderungsprofil des modernen Fußballtorwarts – Die 5 × 3 Top-Basics des Torwartspiels.* Diplomarbeit. Deutsche Sporthochschule Köln.

Schöllhorn, W. I. (1998). *Systemdynamische Betrachtung komplexer Bewegungsmuster im Lernprozess.* Frankfurt/Main: Peter Lang.

Schöllhorn W. I. (1999). Individualität – ein vernachlässigter Parameter? *Leistungssport, 29 (2)*, 7-12.

Torhüter.de (http://www.Torhüter.de/index.php?id=3871) *„Ballangriff"*.

Trockel M. & Schöllhorn, W. I. (2003). Differencial learning in soccer. In W. I. Schöllhorn, C. Bohn, J. M. Jäger, H. Schaper, & M. Alichmann (Eds.), *EWOMS 2003 Book of abstracts* (p. 64). Köln: Sport und Buch Strauß.

Ubriaco, G. http://m.hockeyfans.at/zitate/30 am 09.07.2012

Zeilinger, L. (2011). *Psychische Kernkompetenzen von Fußballtormännern.* Universität Salzburg: Bachelorarbeit.

Ziegler, M. (2018). *Analyse des Torhüterspiels bei der WM 2018.* https://www.bdfl.de/images/ITK/2018/Ziegler_2018.pdf, besucht am 29.11.2020

4 Die Autoren

FRANZ GRUBER

Autor

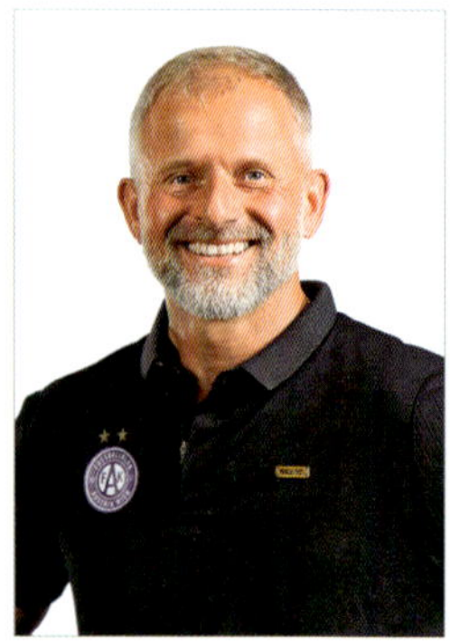

Wien
www.fk-austria.at

Der in Gmunden geborene Ex-Bundesligatorhüter ist seit 1999 als Torhütertrainer bei Austria Wien tätig. Von 2003 bis 2020 war er im Trainerteam der Profimannschaft und auch zu dieser Zeit bereits verantwortlich für den violetten Faden der gesamten Torhüterausbildung aller Altersstufen bei der Austria.

Seit Juli 2020 konzentriert er sich als Head of Goalkeeping vollständig auf die durchgängige Torhüterausbildung bei den Violetten – von den Kindern bis zu den Bundesliga-Mannschaften der Männer und Frauen.. Er arbeitete mit Cheftrainern wie Joachim Löw, Peter Stöger, Thorsten Fink, Nenad Bjelica und Karl Daxbacher zusammen und formte unter anderem Joey Didulica und Szabolcs Sáfár zu Austria-Legenden. Robert Almer, Heinz Lindner und Patrick Pentz schafften den Durchbruch zum Stammtorhüter in der österreichischen Bundesliga und wurden in das österreichische A-Team bzw. U-21-Nationalteam einberufen.

Mit Robert Almer und Heinz Lindner gingen auch zwei Stammtorhüter der jüngeren Vergangenheit der österreichischen Nationalmannschaft durch seine Schule. Franz Gruber besitzt die UEFA-Torhüter-Pro-Lizenz und die UEFA-B-Lizenz.

LEONHARD ZEILINGER, MSC

Autor

Mehrnbach
www.movez.at

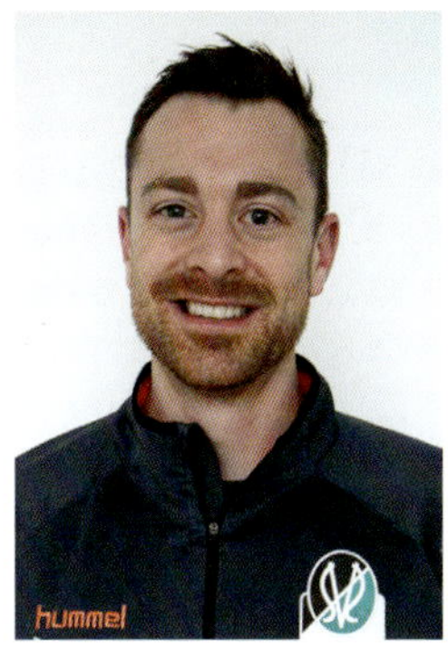

Der Absolvent der UEFA-A-Lizenz for Goalkeeping war über fünf Jahre als Torhütertrainer in der Akademie des Bundesligisten SV Ried tätig, in vier davon als Gesamtverantwortlicher für die Torhüterausbildung. Er arbeitete auch mit Torhüterinnen eines österreichischen Bundesligisten und individuell mit einer Nationaltorhüterin. In weiteren Funktionen war er unter anderem als Cheftrainer der U-16-Akademiemannschaft und zuletzt als Co-Trainer der Jungen Wikinger (Amateure) bei der SV Ried tätig sowie mehrere Jahre als Cheftrainer im Amateurbereich im Einsatz.

Das Masterstudium der Sport- und Bewegungswissenschaft an der Universität Salzburg mit Schwerpunkt Leistungssport und die UEFA-A-Lizenz runden den sportlich-theoretischen Background ab.

Seine Bachelorarbeit 2011 mit dem Thema „Psychische Kernkompentenzen von Fußballtorhütern" und die Erstellung eines Ausbildungskonzepts für Torhüter der Akademie der SV Ried waren die Initialzündung für dieses Buch.

Im Oktober 2012 gründete er die Firma „MOVEZ – Sport & Fitness Coaching".

5 Bildnachweis

Umschlagfoto:	© dpa – picture alliance
Covergestaltung:	Katerina Georgieva
Umschlaggestaltung:	Isabella Frangenberg
Innenlayout:	Katerina Georgieva
Satz:	www.satzstudio-hilger.de
Fotos Innenteil:	S. 12: © Rakuten Vissel Kobe, Inc., Ken Lambert; S. 244: © Werbeagentur WIRZ GmbH – Rudolf Gallauer; S. 245: © Furtner Sportfoto – Alois Furtner; S. 8: © Christian Hofer; S. 10, 53, 63, 71, 121, 191, 203: © Christopher Kelemen & Christopher Glanzl – ÖFB-Fotografen; S. 47, 56-61, 64-70, 72-81, 87-88, 94 rechts, 97-102, 112, 116-117, 119, 126-156, 159 unten, 160-161, 166 links, 169, 171-174, 178-179, 186-187, 225-228, 241: © Stefan Zeilinger & Leonhard Zeilinger; S. 94 links, 95, 104-111, 113-115, 118, 120, 122-125, 158, 159 oben, 162-163, 166 rechts, 167-168, 170, 175-177, 180-185, 190, 192-202, 204, 208-218, 238-240: © Heinz Köhler & Franz Gruber S. 182: © dpa – picture alliance
Abbildungen:	S. 112, 148, 160-161, 164-165, 172, 186, 188-189, 206-207, 220: © Easy Sports Graphics; S. 231-233: © easy2coach; S. 20 unten, 23 unten, 24 unten, 26, 224: © AdobeStock alle übrigen Abbildungen © Satzstudio Hilger
Lektorat:	Dr. Irmgard Jaeger
Projektleitung:	Riccardo Rip

easy Sports-Graphics

DAS *GRAFIKPROGRAMM* FÜR DEN FUSSBALL!

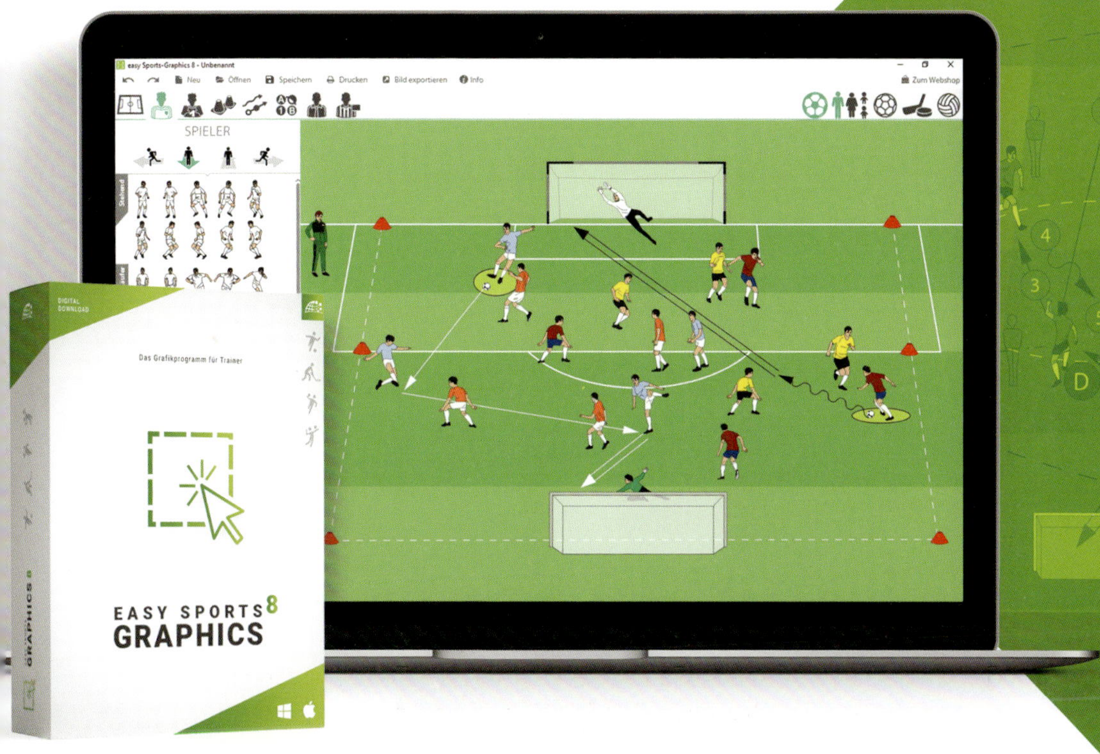

Die weltweite *Nr. 1* genutzt von über *40.000 Trainern!*

Erstellen Sie professionelle Sportgrafiken für Ihre ***Trainingsplanung, Präsentation, Webseite*** oder ***Buch***.

Schnelle Resultate
Installieren und loslegen! Über 2000 Spielfiguren, Felder und Tools!

Perfekter Bildexport
Druckreife Qualität in PNG, JPG und BMP

Intuitive Bedienung
Jederzeit die richtigen Elemente zur Hand. Schnell und einfach!

KOSTENLOSE DEMO AUF
easy-sports-software.com

WARUM KEEPERSPORT?

- GRÖSSTER ONLINESHOP FÜR TORHÜTER
- ÜBER 25.000 TORWARTARTIKEL
- PROFI-QUALITÄT
- TORWARTERFAHRUNG SEIT ÜBER 20 JAHREN
- ÜBER 600 TORWARTHANDSCHUHE
- SCHNELLE LIEFERUNG
- BERATUNG VON PROFIS
- PRO-PERSONALISIERUNG

SHOPPE DIE **GRÖSSTE AUSWAHL** AN TORWART-EQUIPMENT!
WWW.KS.ZONE

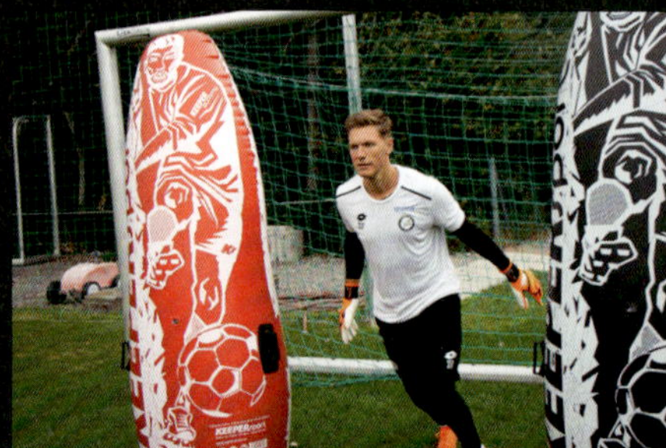

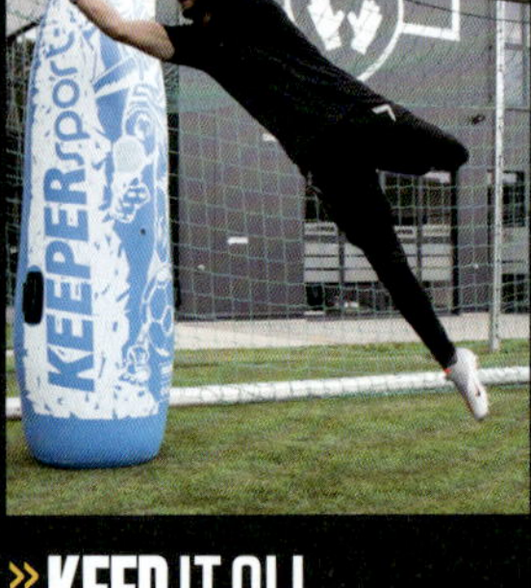

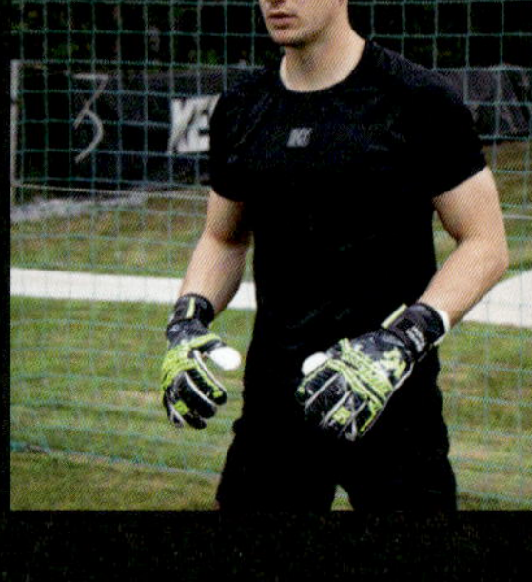

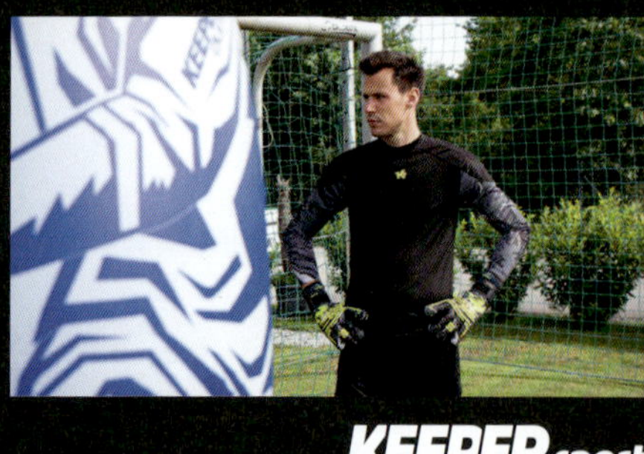

» KEEP IT ALL

KEEPERsport